KB140039

촛불집회와
다중운동

촛불집회와
다중운동

장우영 외 지음

머리말

이 책은 2017년도에 선정된 한국연구재단 일반공동연구지원사업의 결실이다. 촛불집회가 남긴 거대한 족적과 멈추지 않는 반향은 필자들에게 지적 갈애와 묵직한 소명의식을 함께 안겨주었다. 그리고 필자들은 촛불집회라는 새로운 유형의 사회운동을 탐구하는데 뜻을 모으고 분석 작업을 공유해왔다. 그러나 단일 사례의 분석을 통해 현상을 정의하고 본질을 이해하는 것은 여의치 않은 일이다. 그리고 연구자의 가치관에 따라 문제에 접근하는 시각과 그것을 다루는 방식도 엇갈리기 마련이다. 이런 면에서 다중(multitude)이라는 분석 개념은 집필의 준거점이자 독자들과 가교하는 장치이다. 사실 다중의 개념 또한 학문적 정련 과정을 거치며 저변을 확대하는 도상에 위치해 있다. 따라서 이 책에서 다중은 '세계화 정보화 환경에서 개변된 시민 덕성(civic virtue)과 사회적 연결망(social networking)을 갖춘 탈근대적 운동주체'로 다소 유연하게 개념화된다. 즉 필자들은 다중이라는 최소 공통분모에 입각해서 시각의 차이를 인정하고 좁혀가며 자신의 주제를 탐문하였다.

이 책은 크게 세 부분으로 구성되었다. Ⅰ장에서는 다중과 다중운동에 대한 이론적 논의를 심화시키며 이 책의 분석틀을 제공한다. 먼저 임혁백은 역사를 거슬러 다중의 실체와 개념의 뿌리를 추적하며, 오늘날 세계화 정보화 시대의 다중의 위상과 역할을 논의한다. 그리고 대의 민주주의의 틀을 뛰어넘어 헤테라키 민주주의(heterarchy democracy)를 견인하는 주체로서 다중의 권능을 강조한다. 다음으로 차재권은 커뮤니케이션 환경 변화에 조응하여 전통적 사회운동의 양식이 변화하는 맥락을 고찰한다. 나아가 기존 사회운동 분석틀의 한계를 비판적으로 인식하고 다중운동 분석틀을 혁신적으로 논구한다.

Ⅱ장에서는 촛불집회를 사례로 참여 주체, 레퍼토리, 자원 동원의 특징을 다각적으로 분석한다. 먼저 장우영은 역사적 제도주의의 시각에서 2002년에서 2017년에 이르는 동안의 촛불집회의 지속과 변화 특징을 논의한다. 특히 촛불집회의 경로의존성(path dependence)에 주목해서 대안 경로를 상쇄하며 기존 경로를 확대 재생산해온 요인을 규명한다. 다음으로 도묘연은 촛불집회 참가자의 미디어 이용과 결사체 활동을 분석한다. 아울러 비참가자와의 비교 고찰을 병행하여 촛불집회 참가자의 집합적 특성을 규명한다. 이어서 송경재는 저항 행동주의(protest activism)의 시각에서 촛불집회 참여자의 다층적인 불만을 강조한다. 또한 온-오프라인 네트워킹 저항의 전략과 현황을 분석한다. 그리고 김범수는 촛불집회와 서구 사례들을 비교 고찰하여 다중운동의 내재적 속성을 규명한다. 아울러 운동 이후 정치적 결과의 차이가 어떤 원인에서 비롯되었는지를 탐구한다. 마지막으로 조희정은 기술효용론의 시각에서 촛불집회 단계별로 참가자의 온라인 자원 동원의 특징을 고찰한다. 나아가 자원 동원의 확산과 정치적 효능감의 강화가 유기적으로 상호작용하는 메커니즘을 분석한다.

Ⅲ장에서는 촛불집회 이후의 민주주의 발전과 정치개혁 과제를

논의한다. 먼저 변창구는 촛불집회에서 확인된 다중운동의 민주주의적 의의를 고찰한다. 그리고 이를 토대로 촛불집회의 한계를 지적하며 촛불집회 이후 이념균열구조의 완화와 사회통합의 과제를 제언한다. 다음으로 이현출과 장우영은 촛불집회 참가자 분석 결과에 토대해서 정치개혁 의제를 도출한다. 그리고 대의실패(representation failure)를 교정하고 대의정치의 책임성(accountability)을 강화할 수 있는 거버넌스와 제도적 개혁방안을 제시한다.

이 책은 시의성을 잃지 않기 위해 다소 가쁜 호흡으로 출간이 진행되었다. 그럼에도 필자들은 촛불집회 참가자 현장설문조사와 국민 설문조사 및 온라인 트래픽 조사와 사례의 비교연구 등 정량적 정성적 분석전략을 다각적이고 체계적으로 동원하였다. 그리고 집담회와 워크숍 및 학술회의 발표와 학술지 게재를 통하여 학계와 치열하게 소통하며 문제의식과 분석결과의 품질을 부단히 제고하였다. 이런 열정적인 공업(共業)을 통해 이 책은 기존의 촛불집회 연구를 일신하는 성과를 내놓지 않았을까 기대한다. 마지막으로 이책은 필자들의 연구를 헌신적으로 조력한 후학들의 성과이기도 하다. 좁은 지면을 빌어 박혜민(대구가톨릭대학교), 정성은(건국대학교), 송준모(연세대학교), 윤수연(영남대학교)에게 깊은 감사의 마음을 전하며 이들의 빛나는 학문적 성취를 기원한다.

2019년 1월

저자들을 대신하여, 연구책임자 장우영

CONTENTS

1부

다중과 다중운동의 이해

1장. 다중과 헤테라키 민주주의

임혁백(고려대학교)

1. 머리말: 다중의 등장과 헤테라키 민주주의

세계화와 함께 민주주의를 이끄는 주체는 전통적인 인민(people), 시민(bourgeoisie), 계(class), 개인(individuals)이 아니라 다중(multitude)이 되었다. 원래 민주주의는 동질적인 시민들이 스스로 통치하는 정치체제였다. 고대 아테네에서 민주주의가 탄생하였을 때, 민주주의는 폴리스(polis) 내의 동질적인 교양시민들이 스스로 지배하고 지배받는 정치체제였다. 근대 대의 민주주의는 영토국가의 경계 내에 거주하는 인민, 시민, 개인들의 주권을 위임받은 대표들이 통치하는 정치체제였다. 근대국가는 국경이라는 경계 내의 인적, 물적 자원을 독점적으로 통제하는 영토국가(Staatsgrenze, Confino Dello Stato)였다. 영토국가가 이질적인 인구들의 유입을 통제하면서 영토국가 내의 인민들의 동질성이 높아졌고 근대적인 국민(민족, nation)이 탄생하였다. 네이션은 그 내부에 계급적, 종교적, 인종적, 종족적인 균열이 존재하고 있음에도 불구하고 '프랑스 나시옹'(nation Francaise), '우리 미합중국 인민들'(We, the People of United States of America)

에서 보듯이 영토 내의 동질적인 정체성을 가진 국민으로 건설되었다(nation building). 인민들은 국어, 국기, 국가(國歌), 국화와 같은 상징물을 만들어 공유하면서 계급적, 종교적, 종족적 차이에도 불구하고 특정한 국가의 '국민'으로 동질화하는 네이션 빌딩 프로젝트를 실시하였고, 이러한 바탕 위에서 근대적인 대의 민주주의가 작동할 수 있었다.

그런데 20세기 말에 세계화(globalization)의 물결이 확산되자 영토국가를 단위로 하는 근대 국제질서인 베스트팔리아 체제가 황혼을 맞게 되었고, 국경을 넘어서 사람, 상품, 금융, 기술, 정보가 자유롭게 드나드는 '국경이 없는 세계'(borderless world)가 도래하였고, EU와 같은 초국가적인 지역공동체가 등장하여 EU지역 내의 국가 간의 국경통제가 없어졌다. 국경을 넘어선 자유로운 사람과 경제의 이동은 기왕의 국민국가 내의 이질성을 강화시켰다. 다중은 세계화의 산물이다. 국경이 없는 세계로 인해 국적, 종교, 종족이 다른 이질적인 시민들이 유입되고, 전통적인 국민들도 국경을 넘어 자유롭게 이동하는 신유목민이 되면서 국민국가의 동질성은 약화되고 이질성은 강화되었다. 다중은 종족, 종교, 언어, 직업을 달리하는 다양한 정체성을 가진 이질적이고 다중적(multiplicity)인 시민들이다.

다중이 21세기 포스트 신자유주의 세계화 시대의 주체로 부상하면서 기존의 대의 민주주의는 다중을 대표하는데 어려움을 노정하였다. 대의 민주주의는 상대적으로 동질적인 시민들이 운영하는 민주주의였다. 그런데 이질적인 시민들이 유입되면서 다중화 되었을 때, 전통적인 대의 민주주의는 다중을 대표하기에 적합한 민주주가 아니게 되었다. 통일성, 동일성, 정체성을 가진 인민(people)과는 달리 다중은 "다수이면서 동시에 하나"인 비동시성적 특징을 갖고 있다(Negri and Hardt 2004, 105, 140). 다중은 분할할 수 없는 주권을 가진 개인들(individuals, *individuus*, "indivisible")로 구성되어 있지 않고 항상 변화하는 내적 다중성을 보유하고 있다. 그러나 다중은 이질적이지만 집단행동을 할 수 있는 독특성을 갖고 있다.

그런데 IT정치의 발전으로 소셜 미디어 민주주의가 출현하면서 위계적이고(hierarchical) 공급자 중심인 대의 민주주의로부터 수평적이고 수요자 중심의 민주주의 시대를 열었고 다양한 이질적인 개인들로 구성된 다중이 직접 참여하거나 다중의 다양한 의사가 대의될 수 있는 길이 열리게 되었다.

소셜 미디어 민주주의하에서 다중들은 정치와 정책의 공급자인 정당과 대표들에게 "응답하라", "점령하라"라는 탈제도적인 장외집회를 통해 자신들의 요구를 '공급'할 수 있게 되었다. 소셜 미디어 민주주의하에서 다중들은 제도 속으로 들어가 주권자로서 권리를 행사하여 정치와 정책을 생산하고 정치인과 정당에게 정치와 정책을 공급하고 자신이 원하는 대로 정치인과 정당이 행동하게 정치적 압력을 가하는 '프로유저' (pro-user: 생산 공급 사용자)가 될 수 있었다.

그러나 소셜 미디어 민주주의는 과소제도화, 반국가주의, 무정부주의, 지배성의 결여의 문제를 안고 있었다. 이러한 소셜 미디어 민주주의의 문제를 빅 데이터가 해결해주고 있다. 빅 데이터는 엄청나게 크고 다양한 정보를 빛의 속도로 정치인, 정당, 시민들에게 동시에 공급해주고 체계적으로 분석(analytics)해주고 해석해준다. 이

제 서민 다중들도 엄청난 정보를 갖게 되고 그 정보를 분석, 해석해 주는 빅 데이터를 이용하여 미시적, 중위적, 거시적 차원에서 민주적으로 참여할 수 있게 되고, 정부와 대표에게 책임을 물을 수 있는 데이터를 갖게 되고, 빅 데이터에 기반한 정확한 분석을 통해 다양한 이질적 다중들 간에 이견이 조정되고, 다중들 간에 협동과 협력을 통한 집단행동(collaboration)이 이루어진다. 빅 데이터 기반 민주주의하에서 다중은 '공급수요자'(prosumer)를 넘어서 정책의 생산자이자 사용자인 프로유저(pro-user)가 되고 민주주의는 한 단계 더 진화하여 시민, 국가, 시장이 공동통치(共治), 협력통치(協治)하는 헤테라키 민주주의로 진화하고 있다. 헤테라키 민주주의는 빅데이터를 기반으로 하여 주권자인 프로유저 다중들이 참여, 책임성, 응답성, 집단행동, 연대, 네트워킹, 협력(collaboration)을 만들어내는 탈근대적이고 참여적인 민주주의이다.

어의적으로(etymologically), 헤테라키 민주주의는 이질적 지배원리(heterogenous+archy)의 복합에 의한 민주주의를 의미한다. 말하자면 복합적 이질성의 지배로서의 민주주의이다. 헤테라키(heterarchy: 혼계, 복합지배)는 위계, 연계(network), 시장의 질서조직 원리가 혼합되어 복합적으로 지배하는 사회질서조직 원리인데, 그러한 헤테라키적 사회질서조직 원리에 기반한 민주주의가 헤테라키 민주주의이다. 헤테라키는 수직적인 위계적 질서조직 원리와는 달리 대칭적이고 수평적인 질서조직 원리이지만, 지배 즉 'archy'가 있다는 점에서 위계적인 대의 민주주의의 조직 원리의 일부를 공유한다. 또한 헤테라키는 책임성(accountability)이 작동하는 질서조직 원리이기 때문에 위계적인 대의 민주주의의 수직적 책임성(vertical accountability)을 공유하고 있다. 헤테라키는 수평적 질서조직 원리라는 측면에서 소셜 미디어 민주주의의 탈허브형 수평적 연계와 조직 원리를 공유한다. 헤테라키는 수직적, 위계적이지 않은 수평적 질서조직 원리라는 점에서 시장과도 조직 원리를 공유하나 행위의 당사자가 완전히 자기책임하에 자율적으로 의사를 결정하는(responsible autonomy: 무한책임의 자율성) 무정부적 시장과는 다르며, 책임성(accountability)의 기제를 통해 '힘이 부여된'(empowerment) 다중들이 질서 있게 민주적으로 지배한다.

이 점에서 헤테라키 민주주의는 위계적인 대의 민주주의와 수평적인 탈허브형 소셜 미디어 민주주의가 혼합, 복합, 융합된 민주주의이다. 대의 민주주의는 위계적 조직 원리에 기반하고 있다. 대의 민주주의하에서 선출된 대표는 고정적으로 주어진 임기 기간 중 자신을 선출해준 유권자와 정기적인 협의를 거치지 않고 유권자가 위임한 정책을 수행한다. 선출된 뒤에는 유권자와 지지자의 '뒷좌석 참견'(backseat driving)을 허용하지 않는다. 반면에, 소셜 미디어 민주주의는 연계적(network) 조직 원리에 기반 한다. 연계는 노드와 노드를 연결하는 링크의 조합방식에 따라 수평적 탈허브형, 수직적 단일 허브형, 멀티 허브형 등 여러 가지 아키텍처가 있다. 소셜 미디어 민주주의의 연계적 조직의 특징은 분산적이나 상대적으로 안정적이라는 데 있고, 이익 간의 조정은 노드 간의 상호적응에 의거한다. 대의 민주주의는 노드 간의 엄격한 기능분화와 수직적인 명령사슬 체계로 구성된 위계 조직인 반면, 소셜 미디어는 조직의 중앙에 중심 노드라는 지휘통제탑이 없이 수직적, 수평적 조정이 작동하는 네트워크 조직이다. 헤테라키 민주주의는 위계적 지배원리와 네트워크적 지배원리가 혼합 또는 융합된 혼계적(heterarchical) 지배원리에 기반한 민주주의이다.

2. 다중의 등장

다중은 다양한 정체성을 가진 개인들의 집단이다. 다중은 다양한 범주(category)의 집단들로 구성되어있기 때문에 계급(class), 인민(people), 민족(nation)으로 환원될 수 없다. 다중의 개념의 역사는 길다.

아리스토텔레스는 다중을 혼합정체(mixed regime)인 폴리티(polity)의 주권자(authoritative or sovereign)로 보았다. 폴리티를 구성하는 다중에는 시민병(hoplite), 농민, 목동, 장인, 상인, 노동자 등과 같은 민주적 다중과 부자, 현자, 귀족과 같은 과두적(oligarchic) 다중이 있다. 폴리티는 민주적 다중이 지향하는 민주정과 과두적 다중이 지향하는 과두제(oligarchy)의 덕성을 혼합한 혼합정체이다. 아리스토텔레스는 현실적으로 실현가능한 최상의 정치체제인 폴리티의 주권자를 다중으로 명명하였고, 민주적 다중과 과두적 다중이 각자 가지고 있는 덕성을 극대화하면 폴리티와 같은 덕성 있는 민주주의가 실현될 것이라고 주장하였다.

근대적 다중의 개념은 마키아벨리에서 부활하였다. 마키아벨리는 *Discourses*에서 다중을 강력한 카리스마를 가진 지도자를 추종하면서 폭군에 저항하여 무기를 드는 저항적 다중을 이야기하였다. 그러나 마키아벨리는 폭군을 전복시킨 뒤 저항적 다중은 공중적 다중으로 변모하여 새로운 지도자에 복종하면서, 법을 지키고, 자신의 이익보다 공동의 복지를 추구하고 근면과 열정으로 공적인 일을 담당하고 참여한다고 주장하였다. 마키아벨리는 다중의 저항적 측면을 강조하면서도, "다중은 우두머리(지도자)가 없으면 무력한 (helpless) 존재다"라고 이야기함으로써 다중의 주체적이고 능동적인 특성을 경시하고 지도자가 없으면 조직될 수 없는 수동적인 군중으로 다중을 묘사하였다.

홉스(Hobbes)는 마키아벨리의 정치적 다중의 개념을 반복하였다. 홉스는 다중을 주권정치체(sovereign political body)와 사회계약에 들어가기 이전의 인구들로 보았다. 말하자면, 다중은 자연상태하에서 법과 권리가 없이 흩어져 살고 있는 무자비하고 무법적인 개인들로 보았다. 이러한 자연상태하에서 만인의 만인에 대한 전쟁상태를 회피하고 질서를 회복하기 위해서 개인들의 주권을 군주에게 양도하고 자신의 생명, 재산, 자유를 보호받는다는 사회계약을 다중들 간에 맺음으로써 다중은 시민(De Cive)과 인민(people)이 되고 군주는 절대주권국가가 되었다. 홉스의 사회계약론은 개인들이 다중에서 시민으로 전환함으로써 근대국가의 주체가 되는 과정을 그리고 있다. 그러므로 홉스의 국가론은 고대 그리스의 자연친화적인 자연국가(natural state)에서 근대적인 시민의 생명, 재산, 자유를 보호하기 위해 사회계약을 통해 인공적으로 만들어낸 인공국가론이었다. 홉스의 저작, 리바이어던(Leviathan, 1651)의 표지는 창과 칼을 들고 있는 거대한 괴수국가, 리바이어던을 덮고 있는 수많은 '얼굴 없는 군중'(faceless crowd), 즉, 다중이 자연 상태의 주권을 리바이어던에 이양함으로써 근대주권국가 리바이어던을 건설하고, 그 대가로 리바이어던으로부터 생명, 자유, 재산을 보호받게 된다는 것을 보여준다.

홉스, 로크, 루소와 같은 사회계약론자들은 근대 국가건설(modern nation state building)의 주체로 시민과 인민으로 보았다. 다중은 사회계약 이전의 '얼굴 없는 군중'으로 남아 있어야 했다. 국가건설과 함께 산업혁명이 진전되었고 네이션(nation)이 형성되면서 사회적 동질성이 증대하였다. 산업혁명은 단순반복 동작으로 소품종 상품을 대량생산하는 포디즘(Fordism)으로 정점에 올랐다. 여러 다양한 노동자들이 동질화되어 정규직 단순생산 노동자를 지칭하는 노동계급이 되었고, 노동계급이 수적 다수가 되자 노동계급을 시민의 범주에 넣어야 한다는 참정권 확장운동(enfranchisement)이 일어났다. 민중(populaires), 노동하는 사람들(laborieuses), 농촌노동자들이 산업화의 진전과 함께 노동계급으로 편입되었다.

20세기 전간기(interwar period)에 대중사회(mass society) 현상이 일어났다. 대중(mass)은 경제적 범주가 아니라 저항의 범주였다. 대중은 전간기의 경제적 파산과 상실에 분노하는 소규모 자영업자들, 제국주의 세력의 침투에 저항하는 문화적 애국주의 대학생들, 근대를 조롱하는 탈근대적 예술인들, 소규모 자영농과 소작인들 등 다양한 사회적 구성체(social formations)의 사람들로 구성되어 있었다. 대중은 나치를 도와 나치즘이라는 전체주의 사회를 출현시켰고, 1968년 프랑스의 문화혁명을 주도하여 드골 정권을 무너뜨리기도 하였다. 대중은 계급과는 달리 단순한 경제적 범주가 아니고 문화적, 정치적 범주를 포함하는 이질성이 높은 사회적 범주였다. 그러나 세계화 이전에 대중은 여전히 국민국가의 경계 내에 위치한 다양한 사회적 집단으로 구성되어 있었고 국적과 주권을 가진 국민국가의 구성원으로서의 동질성을 유지하고 있었다. 대중은 계급을 포함하나 기본적으로 계급보다 덜 분화된 사회경제적 범주를 지칭하였다.

20세기 후반에 들어서서 산업사회, 대의 민주주의, 국민국가, 근대사회를 해체하려는 다양한 운동이 출현하였다. 탈근대(postmodernity)는 근대를 해체하고 재구성하려 하였고, 탈산업사회는 포디즘적 대량생산체제를 해체하고 포스트 포디즘적 다품종 소량생산체제로 경제를 재구성하려 하였으며, 계급, 종교, 종족, 언어적 균열을 기반으로 조직된 정당 간의 경쟁으로 특징된 대의 민주주의는 개인화된 지지자들(supporters)이 선거결과를 결정하는 e다중 민주주의로 변환하였다. 특히 세계화로 국민국가의 국경이 사실상 무너지면서 국민국가 내의 사람과 물질의 동질성이 급격히 약화되고 다양한 이질적인 요소들이 늘어나면서 국민국가의 이질성이 높아졌다.

탈근대시대에 다중 민주주의를 결정하는 균열구조는 전통적인 계급, 종교, 종족이 아니다. 따라서 이러한 균열구조에 바탕을 둔 전통적 정당들의 약화가 일어나고 있다. 다중사회에서는 특정한 모순이 다른 모순들을 헤게모니적으로 지배하지 않는다. 다양한 사회적 주체들이 병렬적이고 수평적인 관계에서 상대적으로 자율적이고 상호 결정적으로 집단행동에 들어간다. 근대적인 민족, 민중, 계급에 더하여 여성, 학생, 환경운동가, 탈핵운동가, 빈민운동가, 홈리스운동가, 평화운동가 등 다양한 탈계급, 탈근대, 탈정당 운동들이 다중 사회를 구성한다. 따라서 다양한 다중 집단들이 집단행동을 하기 위해서는 이익의 공동성(commonality)에 바탕을 두고 공동으로 정치적 실천에 돌입해야 한다. 다원적인 다중 집단의 '담론들'(discourses) 간에 소통을 통하여 다양한 다중의 프로젝트들을 융합하고 통합하여 롱테일 운동에 들어가야 한다. 근대국가 틀 내에서는 국어(native language)를 사용하지 못하는 다중들이 오프라인상에서는 소통을 할 수 없으나, 탈근대 IT혁명이 일어나면서 인터넷과 소셜 미디어와 같은 온라인 소통채널을 이용하여 큰 불편 없이 소통을 할 수 있게 되었다. 특히 세계화로 인해 국경을 넘어서 유입된 이주민들은 온라인 소통을 통하여 이질적인 담론들 간의 공통점에 공감하면서 롱테일 집단행동에 들어갈 수 있었다.

3. 세계화와 다중

세계화로 홉스의 '다중'이 다시 주목을 받게 되었다. 세계화로 국경이 개방되자 여러 이질적인 요소들이 국민국가의 국경 내로 유입되었다. 이는 동질적인 시민들이 조직한 정당에 의해 운영되는 대의 민주주의를 변화시키고 있다. 홉스가 이야기한 권리와 법이 없는 수많은 이질적인 개인들인 '다중'이 탈근대 사회의 중요한 주체로 등장한 것이다.

네그리(Negri)에 의하면, 다중은 첫째, 특이성(singularities)의 다양체이고, 둘째, 물질노동 헤게모니에서 비물질노동 헤게모니로의 이행에서 일어난 비노동 사회계급이고, 셋째, 무정형적인 대중에서 자율적, 독립적, 지적 발전이 가능한 다양성을 지닌 이질적 다수의 무리로서의 다중이다. 다중의 세 번째 특징은 자율적 다중이다. 네그리는 자율적, 독립적, 지적 다중에서 다중 민주주의의 가능성을 보고 있다. 다중은 분노와 봉기의 주체가 될 수 있을 뿐만 아니라, 자율적으로 스스로를 구성하는 구성 권력이 될 수 있다. 다중은 스스로를 형성하고 구성하는 구성 권력이 됨으로써 새로운 대안적 민주주의의 주체가 될 수 있다. 넷째, 다중은 대의되기 힘들다. 국민, 대중, 민중이 근대 대의 민주주의를 주도했다면, 다중은 탈근대 민주주의를 주도한다. 네그리가 이야기한 '특이성의 다양한 총체'로 구성된 이질적인 정체성 집단인 다중은 항상 네트워크를 통해 형성되고 확장되는 협동을 통해 형성된다. 다중을 개념화한 네그리는 국민, 대중, 민중은 하나의 통일체로서 대의(代議)되지만 다중은 대의될 수 없다고 한다. 왜냐하면 다중은 영토를 뛰어넘는 집단들의 총체이고 그들이 사용하는 소통수단인 소셜 미디어도 영토적 경계를 넘어 움직이는 탈영토적인 글로벌 미디어의 성격을 갖고 있기 때문에 '영토적 대의'를 특징으로 하는 근대적 대의 민주주의에 의해 대의되기 힘들다는 것이다. 대중과 군중과 달리 다중은 기왕에 조직된 것이 아니고, 항상 소셜 미디어를 통해서 소통하고, 동원하여 스스로를 능동적으로 그리고 유동적으로 조직화하는 탈근대, 탈영토, 탈주체, 탈정체성 시대의 민주주의를 이끌어가는 주권자이다. 다중의 탈영토성은 다중으로 하여금 대의 민주주의에 의해 대의되기 힘들게 한다.

네그리와 하트가 다중, 제국, 세계화에 관한 저서를 발표한 후 근대 시민으로 승격하기 전 단계에 머물렀던 다양한 비시민, 외국인, 그리고 특이성의 존재 등으로 구성된 다중이 탈근대 민주주의의 새로운 주체로 떠올랐다.

미국에서는 세계화로 인한 금융 자본주의의 불안정으로 글로벌 금융위기가 일어나자 사회적 양극화가 더욱 심해졌고 20:80의 사회가 1% 대 99%의 초양극화사회로 심화되었다. 그 결과 대량의 홈리스 집단이 뉴욕과 LA 메트로폴리탄 지역에서 주거 없이 방랑하게 되자 "월 스트리트를 점령하라"(Occupying Wall Street)와 같은 도시주거 빈민의 반란이 전 세계적으로 확산되었다. IT혁명으로 제조업의 세계적 재배치가 일어나면서 미국의 프로스트 벨트(Frost Belt), 영국의 잉글랜드 흑향지역(black cities)의 제조업 노동자들의 대량 실업이 발생하였다. 이러한 대량 실업은 비경제적인 요소와 결합하여 프로스트 벨트의 노동자와 남부의 근본주의적인 반이슬람주의와 멕시코인들의 이주를 반대하는 종족주의와 결합하여 경제적인 모순과 비경제적인 모순이 결합해서 형성된 다중을 낳았고, 이들이 2016년 영국의 브렉시트와 미국의 트럼피즘의 승리를 견인함으로써 다중이 새로운 민주주의의 주체가 되었다는 것을 보여주었다.

4. 대의 민주주의의 쇠퇴와 소셜 미디어 민주주의의 등장

브렉시트와 트럼피즘은 다중이 주도하는 민주주의가 이제 새로운 민주주의를 대표하고 있다는 것을 보여주고 있다. 실상 IT혁명, 세계화, 4차 산업혁명이 진행되면서 대의 민주주의는 '제도적 피로현상'을 노정하고 있다. 첫째, 대의 민주주의는 '대표의 실패'를 극복하지 못하고 있다. 민주적으로 선출된 대표가 주권자인 시민의 '완벽한 대리인'으로 행동하지 않고 자신의 사익을 추구하거나 강력하게 조직된 이익집단의 이익을 추구하려는 경향은 강하지만, 주권자인 시민들은 '공적 신뢰를 배반한' 대표들을 처벌하여 민주적 책임성을 확보하지 못하고 있다. 매디슨의 대의 민주주의하에서 대표는 주인인 유권자의 대리인(agent or delegate)이지, 주권자로부터 권력을 위탁받은(mandate) 수탁자 또는 피신탁자(fiduciary or trustee)가 아니다. '대리인'은 주인에 대해 항상 책임을 져야 하며 주인의 위임을 위반했을 경우 즉각 해고, 소환, 처벌당해야 한다. 그것이 민주적 책임성(democratic accountability)이고 매디슨의 민주주의를 작동하게 하는 비밀병기이다. 그런데 최근 대표들이 유권자의 '대리인'으로 행동하기보다는 국가의 일반이익을 수호하라는 위임을 받은 '수탁자'처럼 행동하려는 경향은 강하나, 고정적인 임기 보장 때문에 유권자의 위임을 위반한 대표를 처벌할 수 있는 제도적 장치는 미흡하다. 둘째, 주인인 시민과 대리인인 대표 간의 거리가 좁혀지기보다는 늘어나고 있다. 대의 민주주의는 정치인(대표)과 시민 간의 정치적 분업을 전제로 하고 있다. 슘페터의 미니멀리스트(minimalist)적인 대의 민주주의하에서 시민의 역할은 대표를 선출하는 데서 그치고 정책의 선택은 대표에게 일임된다. 그런데 이러한 정치적 분업이 심화되면서 시민들은 정치를 정치인, 선거운동전문가, 로비스트, 여론조사기관, 언론인들의 영역으로 간주하면서 점차 정치와 정당으로부터 멀어지고 정치와 정당에 대해 냉소적이 되고 있다. 그 결과 정치전문가들이 주권자인 시민을 대체하는 기술 관료적 민주주의가 강화되고 있다.

위기를 맞은 대의 민주주의의 대안으로 제퍼슨(Jefferson)의 직접 민주주의적인 '타운십 민주주의'가 떠오르고 있다.[1) 그러나 필라델

피아 헌법제정회의에서 제퍼슨의 타운십 민주주의는 대규모의 연방을 운영할 수 없다는 현실적인 실현가능성의 문제로 패배하였다. 그런데 21세기에 들어 IT혁명이 급속도로 진행되면서 직접 민주주의적인 타운십 민주주의가 다시 부활하고 있다. IT혁명이 직접적이고 참여적인 민주주의의 실현을 가로 막아온 시간적, 공간적 제약을 해제하여 근대 영토국가에서는 '대의 민주주의가 불가피하다'는 '대의 민주주의 불가피론'의 기반을 무너뜨렸기 때문이다. IT혁명으로 전자 매체가 제공하는 온라인 소통의 장을 통해 시민과 대표가 시공간에 관계없이 실시간으로 공적 토론에 참여할 수 있게 되었고, 사이버 공간을 통한 시민들과 대표 간의 다자간, 다방향 의사소통이 가능하게 되었다. 온라인 소통에 기반하고 있는 웹 민주주의는 인터넷이 주도한 웹 1.0 시대의 인터넷 민주주의에서 소셜 미디어가 주도하는 웹 2.0 시대의 소셜 미디어 민주주의로 진화하고 있다. 웹 1.0 시대의 디지털 민주주의는 20:80의 '파레토 법칙'에 따라 상위 20%의 사용자가 정보를 생산하여 검색과 하이퍼텍스트의 링크 형태로 제공하고, 80%의 네티즌은 전문가들이 제공하는 정보를 일방적으로 받아 소비하는 중앙집권적이고 일방통행적인 소통형태를 띠고 있었다. 그런데 2004년부터 모든 사람이 다양한 정보를 생산하고 소비하는 플랫폼 웹 환경에서 소통하고 정보를 공유

---

1) 200여 년 전 미국 건국의 아버지들이 필라델피아 헌법제정회의(1787-1791)에 모여 어떤 민주주의를 디자인할 것인가를 토의하였을 때, 당시 주 프랑스 대사인 제퍼슨은 목가적인 소규모의 직접 민주주의적인 '타운십 민주주의(township democracy)'를 선호했고, 매디슨과 해밀턴은 대규모 연방을 운영하는 대의 민주주의를 선호하였다. 제퍼슨은 폭군과 독재를 방지하기 위해서는 보통 시민들에 의해 가능한 최대한의 직접적인 통제가 가능한 인민 민주주의적인(popular democracy) 제도가 바람직하다고 주장하였다. 또한 제퍼슨은 인민 민주주의는 소규모의 지역공동체에서 가장 잘 실현될 수 있다고 주장하면서, 미국에서는 뉴잉글랜드 타운십 민주주의 정도의 규모가 적당하다고 했다.("Letter of Jefferson to John Taylor," 1816).

하는 웹 2.0 시대가 열렸다. 네티즌들이 넷 운영자가 제공하는 정보를 소비만 하던 웹 1.0 시대에서 스스로 정보를 생산하고 제공하면서 소비하는 프로슈머 네티즌이 주도하는 웹 2.0 시대가 열리면서 네티즌의 역량과 권력이 강화되었다. 웹 1.0 환경하에서는 소수 전문가가 파레토 법칙에 의해 중앙집권형으로 정보를 배분하는데 반해, 웹 2.0 시대의 네티즌은 정보의 생산자이면서 동시에 소비자(프로슈머: prosumer)가 되었다. 즉, 소수자 80%가 '롱테일(longtail) 법칙'(약자들의 긴 행렬)에 의해 인터넷 플랫폼을 장악하고, 플랫폼상에서 정보를 공유, 공감, 소통하면서 분산적이고 자율적으로 참여하여, 정책과 담론을 집단적으로 만들어나가는 '집단지성'(collective intelligence: 예, 위키피디아, 포크소노미)이 되었다. 롱테일 집단지성이 민주적 네트워크를 집단적으로 운영하는 민주주의가 소셜 미디어 민주주의이다. 소셜 미디어 민주주의는 '선출된 대표가 지배하는' 슘페터의 엘리트주의적 대의 민주주의보다 더 민주적이다.

소셜 미디어 민주주의는 공감, 공유, 소통하는 '소수 80%의 집단지성'이 운영하는 민주주의로 정의할 수 있다. 고전적 민주주의의 면대면 소통과 공론의 광장이 아고라이고, 도시공화국 민주주의 시대의 소통과 공론의 장이 카페와 광장(예, 베네치아의 프롤라인 카페와 산마르코 광장)이라면, 소셜 미디어 민주주의 시대의 소통과 공론의 장은 Twitter, Facebook, Ning, YouTube, WikiLeaks, MySpace, Bebo와 같은 '온라인 민주광장,' '일렉트로닉 아고라(electronic agora)' 또는 '일렉트로닉 아테나'이다. 고대 아테네의 직접 민주주의가 인터넷과 모바일 소통 기구를 통해 탈근대 21세기에 부활하고 있는 것이다.

소셜 미디어 민주주의를 주도하는 다수는 '소수자 다수 80%'이고 그들은 대중(mass)이나 민중(popular), 국민(people)이 아니라 '다중'(multitude)이다. 대중과 민중은 계급, 종교, 종족, 직업으로 구획화되고 조직된 동질적인 집단으로 구성되어 있는 반면, 다중 (multitude)은 다양한 정체성을 가진 '탈근대적 특이성의 다양체' (비물질적 노동을 통해 생산을 전유하는 '비노동 사회계급')이다.

다중이 주도하는 소셜 미디어 민주주의가 대의 민주주의를 대체하기는 어렵다. 다중은 유동적이어서 조직적으로 국가를 운영할 능력이 없기 때문이다. 다양한 주체의 다중은 소셜 미디어를 통해 소통하고 비판하나, 300년 전에 개점한 근대 초기 공론장인 파리의 '카페 프로코프'에서 근대 시민들 간의 토론이 결론이 없이 끝나고 헤어졌듯이, 소셜 미디어 소통도 결론을 못 내리고 끊임없이 여론을 '구성'만 할 뿐이다. 그러므로 소셜 미디어 민주주의는 아직까지는 대의 민주주의를 대체하기보다는 보완하는 역할에 그칠 수밖에 없다.

둘째, 소셜 미디어 민주주의가 대의 민주주의를 대체할 수 없는 또 하나의 치명적인 이유는 '지배'(archy 또는 cracy)의 성격이 약하기 때문이다. 민주주의는 democracy(demos+cratia), 즉 인민(demos)이 지배(cracy)하는 정치체제이지 무정부(anarchy)가 아니다. 위계적(hierarchy) 조직을 특징으로 하는 대의 민주주의가 '지배'의 성격이 가장 강한 반면, 연계 조직(network) 또는 자발적으로 형성된 수평적 조직(spontaneously-formed horizontal organizations)에 기반한 소셜 미디어 민주주의가 지배의 성격이 가장 약하다. 그래서 '아랍의 봄'에 중동과 북아프리카(MENA)의 다중들은 소셜 미디어로 소통하면서 난공불락의 가산제적 종교독재를 무너뜨렸지만 독재를 타도한 후 민주적 질서를 강제(enforce)할 수 있는 지배체제를 구축하는 데 실패함으로써 많은 경우 군부독재, 종교독재, 종족독재로 회귀하였다. 최근 중동과 북아프리카(MENA, Middle East and North Africa)에서 일어난 "짧은 아랍의 봄"은 소셜 미디어 민주주의의 '참여'와 대의 민주주의의 '지배'가 행복하게 결합하기가 어렵다는 것을 보여주었다.

따라서 다중이 참여할 수 있는 대안적 민주주의는 기존의 대의민주주의와 소셜 미디어 소통기구와 빅 데이터(big data)를 기반으로 '광장 민주주의'가 중용적 또는 융합적으로 결합한 '헤테라키(heterarchy, 혼계, 혼치, 융합) 민주주의'이다.

5. 헤테라키 민주주의의 역사적 기원

헤테라키 민주주의는 분명 4차 산업혁명의 빅 데이터에 기반한 탈근대적 복합지배 민주주의이나, 고대 아테네의 아리스토텔레스와 로마 공화정의 사상가인 키케로도 헤테라키 질서조직 원리를 적용한 민주주의를 이미 이야기하였다.

아리스토텔레스는 '현실적으로 가능한 가장 이상적인 정치체제'를 중용 민주주의를 뜻하는 폴리티(polity, 政體)로 불렀다. 폴리티는 가난한 다수의 지배인 민주주의(democracy)와 부유한 소수의 지배인 과두제(oligarchy)의 장점만을 극대화한 복합 정치체제(mixed constitution)였다. 폴리티를 실현하기 위해서는 소수의 부자

계급은 다수의 빈자계급에게 부를 양보하고(embourgeoisement), 다수의 빈자계급은 소수의 부자계급에게 수를 양보(예, 복수투표권)하는 계급타협을 통해 권력을 공유하고, 합의주의의 정치를 실시해야 한다. 아리스토텔레스는 폴리티가 사회적 갈등을 부추기고 양극화를 조장하는 극단주의자들을 추방하는 도편추방제를 통해 관용, 타협, 합의를 선호하는 중산층이 중위수 투표자가 되는 중용(golden mean) 민주주의를 실현시키기 때문에 '현실적으로 가능한 가장 이상적인 민주주의'로 보았다.

로마공화정의 이론가인 폴리비우스(Polybius)는 민주정(호민관, tribunal), 귀족정(원로원, senators), 군주정(통령, consul)의 덕성이 균형 있게 융합된 복합정체를 공화정(res publica)으로 정의했다. 키케로(Cicero)는 "원로원은 공적 심의(consilo)의 담당자(dominus)이고…권력(potestas)은 인민에게 있고, 권위(auctoritas)는 원로원에 귀속될 때 존재하는 법적 균형(ex temperatinone iuris)을 바탕으로 해야만 온건하고 조화로운 정체가 유지될 수 있다"라고 주장했다. 이러한 혼합지배 체제하에서 公衆(populus)은 정의에 대한 합의(iuris consensu)와 공유된 이익(utilitatis communione)에 기초한 사회적 협력(societus)을 하게 된다는 것이다(Cicero, *De Re Publica*).

동양에도 서구적인 헤테라키 민주주의는 아니나, 헤테라키(복합지배)의 개념이 있었다. 공자는 "군자(君子)는 화이부동(和而不同)"([論語], "子路" 24편)한다고 했다. 공자는 서로 다른 생각, 사상, 존재를 인정하고 존중하는 다원주의적 사고의 틀 속에서 화합하고 융합하여 天下爲公의 공공성의 정치를 실현해야 한다고 설파하였다. 다산 정약용 선생도 공공성의 정치를 실현하는 원리를 '활사개

공'(活私開公)이라고 함으로써 공공성의 정치는 개인과 사적영역을
활성화시키는 다원주의로부터 출발해야 하고 그러기 위해서는 공공
영역과 정부를 개방하고 공개해야 한다고 주장했다. 다산의 활사개
공은 당시 지배적인 근본주의적 성리학이 주장하는 '滅私奉公'을
부정하는 담대한 개혁사상이다. 대표적인 근본주의적 성리학자인
우계 성혼은 정자(程子)를 인용하여, "공정하면 하나가 되고 사사로
우면 만 가지로 달라진다고 하였으니, 신하가 자기 몸을 아끼지 않
고 오로지 멸사봉공(滅私奉公)하며 나라를 걱정한다면 천 명, 만 명
이 한마음이 될 수 있습니다. 그리고 만일 스스로 사리사욕을 챙겨
자신만을 아낀다면 사람마다 각기 다른 마음을 가질 것이니, 어찌
하나로 통일될 수 있겠습니까"라고 함으로써(成渾, [牛溪集]), 공의
의 정치를 실현하기 위해서는 사익을 '박멸'하고 공익과 공공 영역
을 독점하고 있는 국가에 봉사해야 한다는 '위계적 원리'를 고수한
것과 비교해 볼 때, 다산이 얼마나 다원주의적 공공성의 정치를 지
지하는 가를 알 수 있다. 다산은 사적영역의 활성화 없이 공공영역
이 번창할 수 없고 따라서 공공영역을 개방하고, 공유하고, 공개함
으로써 사적영역을 죽이지 말고 활성화시켜야 한다고 주장함으로써
공적 영역과 사적 영역, 公과 民의 다원주의적 공존과 화합의 헤테
라키적인 사고를 하였다.

　18세기 유럽의 계몽주의자들은 신흥 부르주아 지배계급에 의한
자본주의의 공공성을 지지 하였다. '온화한 상업'(*doux* commerce,
gentle manners commerce)의 개념을 발전시킨 몽테스키외(Montesquieu)
는 '온화한 상업'이 야만적 행동을 세련시키고 부드럽게 하며, 파괴
적 열정과 권력남용을 견제한다고 하면서 부르주아와 자본주의의

공공성을 주장했다. "상업은 파괴적 편견을 치료하고, 야만적 습속을 다듬고 부드럽게 한다." 몽테스키외는 자본주의와 민주주의의 헤테라키적 양립가능성에서 나아가 자본주의가 민주주의의 기초라고 주장한다. "상업의 정신은 검약, 경제, 절제, 노동, 지혜, 평온, 질서, 규칙성의 정신을 가져온다. 이러한 정신이 지배하면 부자들이 만들어내는 것은 어떤 나쁜 효과도 없을 것이다"(Montesquieu, *Esprit de Lois*, 1748). 돈을 벌려고 하는 자본가들은 실용적이고, 타협에 능하며 타인의 관점에 관용적이다. 그들은 돈을 벌기 위해서 누군가 원하는 것을 개발하고 생산하여 수요를 충족시키려 한다. 그들이 원하는 것은 '명예를 위한 전쟁'이 아니라 '돈을 계속 벌기 위한 평화'이다. 몽테스키외의 '부드러운 상업' 이론은 동시대의 계몽사상가인 제임스 스튜어트, 존 밀라, 아담 스미스, 루소, 흄, 페인, 콩도르세에 의해서 지지되었다. 공공성을 가진 상업(*doux commerce*)이 정치적 민주주의를 발전시킨다는 몽테스키외의 온화한 상업이론은 19세기와 20세기에 자본주의와 민주주의가 헤테라키적으로 공존하는 자본주의적 민주주의(capitalist democracy)의 이론적 기초가 되었다.

그러나 미국 헌법의 아버지들은 몽테스키외의 [법의 정신]에 나오는 "부드러운 상업"보다는 "3권 분립"에 더 관심이 많았고 대의기구 간의 견제와 균형을 통해 수평적 책임성, 응답성을 보장하는 대의 민주주의 제도 디자인에 몰두하였다. '부드러운 상업'을 통한 헤테라키 민주주의는 생각할 여유가 없었다. 영국의 자본가들은 반곡물법 동맹을 맺어 1839년부터 반곡물법 입법투쟁을 하여 1846년 반곡물법 입법에 성공했으나 그들은 성공하자마자 반곡물법 동맹을 정당으로 승격시켜 직접 지배하려 하기보다는 동맹을 해체하여 구지주·귀족계급이 계속 지배하도록 힘을 자제하였다. 영국의 자본가들은 자본가 이익사회와 자본가정당을 헤테라키적으로 결합하여 자본가계급 일당지배 의회독재로 변모시키려 하기보다는, 율리시스가 사이렌의 유혹에 넘어가지 않기 위해 돛대에 몸을 묶은 것처럼, 커진 힘을 자제하고 영국의 의회 민주주의에 스스로 자신들을 묶어 대의 민주주의의 견제에 맡김으로써 역설적으로 자신들의 계급이익을 극대화하려 하였다.

그러나 21세기에 들어서서 대의 민주주의에 대한 피로감이 커지고 IT혁명과 4차 산업혁명의 핵심인 빅 데이터 혁명으로 대의 민주주의의 불가피성이 무너졌으나, '아랍의 봄'에서 보는 바와 같이 소셜 미디어 민주주의가 정권을 무너뜨리는 데는 능하나 붕괴된 정권을 작동시키는 거버넌스 능력이 약하다는 것이 드러나면서 소셜 미디어 민주주의와 대의 민주주의를 융합한 헤테라키 민주주의가 등장하여 실험되고 있다. 스페인의 포데모스, 독일의 해적당(정보공유를 내건 카피레프트 정당), 오픈소스 소프트웨어를 통해 Partido de la Red라는 Net Party를 창당한 아르헨티나의 '데모크라시 OS'(2012)가 대표적인 헤테라키 민주주의 정당이고, 이태리의 '루미오', 문재인 정부의 '광화문 1번가', 경기도의 '블록체인'이 대표적인 헤테라키 정책플랫폼의 예이다.

6. 한국에서의 헤테라키 민주주의의 전개

일제하에서 滅私奉公이라는 이름으로 사적 자유가 말살되었으나 1945년 일제로부터 해방되면서 다원주의적 공론장이 부활하였고, 지식인, 노동자, 농민들의 다양한 자율적 결사체(associations)가 조직되면서, 정당, 조합, 부인회, 청년회 등이 결성되었다. 그들은 새로운 근대 국가를 건설하기 위해 매진하였다. 그 결과 1948년에 탄생한 대한민국은 농지분배를 포함한 생산수단의 국공유 규정, 보편적 교육의 권리와 의무, 미국 수정헌법 1조에 버금가는 기본적 자유의 보장, 근로자 이익분배 균점권을 규정함으로써 헌정체제의 공정성, 공익성, 공유성의 원칙을 확고히 세웠다. 그리고 헌법전문에서 헌법제정의 주체를 '우리들 대한국민'이라고 했고 헌법 제1조 1항에 '대한민국은 민주공화국'이라고 명기함으로써 공화주의와 공공성 정치의 실현을 우리 헌정이 추구해야 할 최고의 실천적이고 선언적인 규범이라고 공표하였다. 대한민국은 출범부터 자유주의와 공화주의의 헤테라키적 결합에 의해 자유 민주주의 국가를 건설하였다.

그런데 제1공화국의 자유 민주주의는 이승만 대통령의 한국형 보나파르티스트 연성 권위주의 독재의 길로 가면서 본질이 사상된 채 외형만 남게 되었고, 그 외형마저도 1960년 3.15 부정선거로 형해화 되었다. 그러자 대학생과 언론이 중심이 되어 이승만 정권을 타도하는 4.19 학생혁명이 일어났고, 그 결과 자유 민주주의가 회복되고 다원주의적인 공론장이 회복되어 시민들은 정치의 공공성을 회복하기 위한 토의에 들어갔으나, 1년이 못 되어 민주정부는 군사

쿠데타에 의해서 전복되었다. 4.19 학생혁명은 광장 민주주의였고 거리에서의 시위와 광장에서 '거리의 의회'(street parliament)를 열어 독재를 타도하고 새로운 민주정부의 구성에 대해 토의하였다. 그 결과 제2공화국이라는 의회 민주주의 형태의 대의 민주주의를 탄생시켰으나 의회 민주주의는 광장 민주주의와 헤테라키적으로 결합하지 못하고 거버넌스의 혼란, 무정부(anarchy), 무질서를 낳음으로써 1961년 5월 군사쿠데타로 권력을 찬탈한 군부독재에 강제로 권력을 넘겨주어야 했다. 1979년 10월 26일 중앙정보부장 김재규에 의해 독재자 박정희가 암살당함으로써 인치주의 통치체제인 유신체제는 바로 붕괴하였고 다시 '서울의 봄'으로 불리는 광장 민주주의가 부활하였으나, 광장 민주주의는 유신체제 이후 과도기적 체제인 최규하의 과도기 혼종(hybrid) 권위주의와 헤테라키적 결합을 하지 못한 채 최규하 과도정부와 실세인 전두환 장군의 신군부 세력과 거리에서의 대결을 선택하였다. 중간지대는 없었다. 전두환은 광장 민주주의 세력을 거리로 끌어내어 유혈적으로 진압하여 공포와 위협으로 통치하는 군부권위주의 체제를 1981년 5월 광주 대학살을 통해 수립하였다.

유신체제의 붕괴 이후 군벌주의(caudillismo)란 전근대적 인치주의적(personal) 가산주의 독재(patrimonialism)의 일종으로 신군부라는 군벌(military chieftains)이 지배하는 가산주의 독재였다. 가산주의 독재는 권력의 사유화, 인치주의, 사인주의, 정실주의, 폭력과 공포에 의한 지배를 특징으로 하고 있고, 자연히 정통성이 가장 약한 정권이었다. 5공 신군벌주의가 1985년 선거경쟁이라는 공론장을 다시 열었을 때, 민주화 세력들은 전두환 신군벌주의 정권의 부정, 부패, 비리, 불법, 불의를 공개하고, 토론하고, 비판하는 장을 열었고, 비판적 공론장은 선거 후에도 계속해서 전두환 정권에 민주주의를 회복하도록 압력을 넣어 1987년 6월 29일 노태우와 전두환 정권으로 하여금 민주화의 압력에 굴복하게 하였다. 1987년 6월 민주화 항쟁의 성공은 1985년 선거로 태어난 신한민주당의 의회 내의 개헌운동이라는 대의 민주주의와 1986년부터 지루하게 결론이 없이 계속된 시민운동 세력들이 거리에서의 정권에 대한 개헌 투쟁이라는 광장 민주주의가 헤테라키적으로 결합한 결과였다.

이와 같이 해방 후 한국의 헤테라키 정치는 한국의 운동정치 세력이 주도한 '거리의 의회'에서 전개된 광장 민주주의와 제도권 정치인과 정당이 주도한 대의 민주주의의 결합이었다. 운동정치세력들은 광장으로의 동원에는 능하나, 시민들을 동원하여 독재를 타도한 뒤에 정통성이 있는 정부를 세우고, 효과적으로 통치하는 데는 능하지 못했다. 자연히 대의 민주주의하의 구 정치제도권 대표들에게 주도권이 넘어 가면서, 광장 민주주의는 대의 민주주의와 헤테라키적으로 결합하지 못하고 오히려 대의 민주주의로부터 제외되는 결과를 가져왔다. 광장 민주주의 세력의 배제는 신민주정부의 정통성의 기반을 약화시키고 신민주정부가 효율적이고 효과적인 거버넌스를 확립하지 못하게 하였다.

2016년과 2017년의 촛불혁명은 광장 민주주의와 대의 민주주의가 황금분할적으로 결합해서 성공한 헤테라키 민주주의의 대표적 사례이다. 1960년, 1979년-1980년, 1987년의 민주혁명과 촛불혁명의 차이는 광장으로의 동원주체와 대상이 1960, 1979, 1987년의 경우 동질적인 특정 시민대중이나 계급이었던데 반해, 촛불혁명의 경우 이질적인 '작은 자들의 함성'이라 할 수 있는 다중이었다는 것과, 전자의 경우 동원은 화염병과 돌멩이를 수반한 폭력적 동원이었던 데 반해, 촛불혁명의 경우 온라인 소통매체를 통한 평화적인 대규모 동원이었고, 전자의 경우 거리와 오프라인에서 화염병과 돌멩이로 독재정권을 타도하여 정권을 교체하려 한 반면, 촛불혁명은 온-오프라인 헤테라키적 융합 선거운동을 통해 '종이 돌'(paper stones)을 던져 정권을 교체하여 혁명을 완수하려 하였다는 점이 달랐다.

한국의 촛불혁명은 소셜 미디어를 활용한 광장 민주주의로 독재를 타도한 뒤, 대의 민주주의의 적법한 절차에 따라 선거로 선출된 제도권 정치인들에게 권력을 이양함으로써, 선거, 정권교체, 대의 정부수립이라는 질서정연한 정권교체를 이룩하였다. 말하자면, 수평적이고 네트워크적인 소셜 미디어 민주주의와 위계적인(hierarchy) 대의 민주주의가 조화롭게 융합한 헤테라키 민주주의를 통해 평화적 정권교체라는 명예혁명을 성공시킬 수 있었다. 소셜 미디어 방식으로 거대한 다중을 거리와 광장으로 동원하고, 촛불혁명 이후에는 위계적인 대의 민주주의로 권력을 이전함으로써 포스트 촛불혁명기에 질서 있게 신지배체제(archy)를 구축할 수 있었다.

촛불혁명 이후 헤테라키 민주주의는 4차 산업혁명(지능정보사회)의 4가지 핵심(ICBM: IoT, Cloud, Big Data, Mobile) 중의 하나인 빅 데이터라는 새로운 기반을 갖게 됨으로써 미래 민주주의의 지배구조가 될 수 있게 되었다. 빅 데이터를 통해 시민들은 엄청난 정보를 체계적으로 분석할 수 있게 되었고, 정부정책에 대한 비판뿐 아니라, 정책을 정부와 대표에게 직접 생산 공급할 수 있게 되었으며,

실제로 정부 운영에도 참가할 수 있게 됨으로써 명실상부한 정보주권 시민이 되었다. 빅 데이터를 통해 시민들은 정부와 대의기구의 정책결정과정에 들어갈 수 있었고, 그 안에서 대표와 정부가 하고 있는 행동을 들여다볼 수 있게 됨으로써 '밖에서 감시하는 소셜 미디어 민주주의'를 넘어서 '안으로 들여다보는 정보 민주주의'를 실현할 수 있었다. 또한 빅 데이터 기반 헤테라키 민주주의는 소셜 미디어 민주주의의 최대약점인 지배성(archy)의 부족을 극복할 수 있었다. 빅 데이터 기반 헤테라키 민주주의는 온-오프라인 공론장에서 '집단지성'(collective intelligence)이 되어 여론을 형성하고, 빅 데이터를 활용하여 대의 기구 내로 들어가 엘리트 대표들의 정책결정을 감시하고 감독할 수 있다. 이와 같이 빅 데이터 기반 헤테라키 민주주의는 1) 시민과 동료시민 간에 상호 책임성을 강화할 수 있고, 2) 경계 파괴와 경계 침투로 대표와 정부에 대한 감시능력을 강화하며, 3) 직접적인 정부와 정치 참여로 국가와 정부에 대한 시민의 자발적 충성이 강하며, 4) 시민과 대표로 하여금 협력하여 창조적 해결책을 모색하는 협동성(collaboration)이 강하다.

헤테라키 민주주의의 시민은 능동적이고 적극적인 시민이다. 위계적인 대의 민주주의하에서 시민들은 정부와 정당이 생산한 정책들을 일방적으로 소비하는 수동적 시민이었으나, 헤테라키 민주주의하에서 주권자인 국민은 정책의 생산자이자 사용자(produsage)가 될 수 있다. 빅 데이터는 바로 수동적 시민을 능동적으로 정책을 생산하고 사용하는 적극적 시민으로 거듭나게 해준다. 그러기 위해서 보통 시민들도 엄청난 정보가 필요하고 그 정보를 분석하고 해석해주는 빅 데이터가 요구된다. 따라서 국가는 보통 시민들도 쉽게 빅 데이터에 접근하고 빅 데이터를 분석할 수 있는 정보 분석 (analytics) 도구를 제공하고 교육해야 한다.

첫째, 빅 데이터는 '정보가 많아지면 세상이 달라지고'(more is different), '큰 정보가 세상을 바꾼다.'는 정보화 시대가 요구하는 민주주의 실현의 기술적 기반이다. 민주주의는 완전한 정보를 가진 시민(informed citizens)에 의해서 이루어진다면, 정보화시대의 헤테라키 민주주의는 "더 많은 시민들이 더 많은 데이터와 정보를" 가졌을 때 실현된다. 둘째, 빅 데이터는 시민들을 프로슈머(prosumer)에서 프로유저(prod-user: user participation and content creation)로 진화시킴으로써 헤테라키 민주주의가 요구하는 대표와 시민 간의 수평적 협력을 가능케 한다. 셋째, 빅 데이터는 대표의 정보통제(gate-keeping)를 제거하고, 시민의 대표에 대한 게이트 워칭(gate-watching)을 활성화시킬 수 있는 기술적, 데이터적 기반을 제공한다. 넷째, 공동의 빅 데이터 활용(copyleft)과 개인적 보상(copyright)을 조화시킴으로써 시장, 위계, 네트워크의 복합원리에 기초한 헤테라키 민주주의의 기반을 확대시킨다. 다섯째, 빅 데이터는 대표들의 시민의 요구에 대한 응답성(responsiveness)과 시민의 대표에 대한 책임성(accountability)을 제고함으로써 민주주의의 질(quality of democracy)을 향상시킨다. 여섯째, 미래정치의 시각에서 보면, 빅 데이터는 기존의 대의 민주주의와는 달리 사회위기를 선제적으로(proactively) 진단, 처방, 예측할 수 있는 정치를 실현한다.

이와 같이 4차 산업혁명의 총아인 빅 데이터는 정치적인 측면에서 헤테라키 민주주의를 실현할 핵심적 소통과 정보 분석 도구임은 확실하다. 빅 데이터의 많은 긍정적 기능과 기대에도 불구하고 빅 데이터가 민주주의를 위태롭게 할 수도 있다는 비판적인 견해도 나오고 있다.

첫째, 빅 데이터는 정보를 가진 소수의 정보귀족들이 자신의 영지에서 정보를 독점함으로써 정보의 공유와 확산이 이루어지지 않는 분권적인 정보 봉건제(data fiefdom)를 타파할 것이나, 특정한 정보 집단이 빅 데이터 정보를 집중하고 독점하여 중앙집권적인 정보독재를 실시하여, 대중에게 정보를 차단하고, 바깥 세계와 단절시켜 국민을 높은 수준으로 통제하고 억압하는 정보독재 구축에 이용되는 것을 막을 수 없다. 정보 독재자는 시민들의 성적(sexual), 종교적, 정치적 성향을 모니터링하고 이를 바탕으로 시민을 감시, 통제하는 '감시국가'(surveillance data state)를 구축할 수 있다.

둘째, 빅 데이터의 발달로 정보는 무한정으로 자유롭게 접속가능하나 정보를 민주적으로 관리하는 정보 거버넌스가 확립되어 있지 않으면, 정보가 무질서하게 유통되고 사이버 에티켓 사회가 형성되지 않아 해킹, 익명성을 빌린 비방과 음해, 공격이 난무하여 헤테라키 정보사회가 아니라 정보 무정부(information anarchy)를 초래할 수 있다. 정보 무정부주의하에서 시민들은 광범위하게 정치에 참여하고는 있으나, 정보 거버넌스가 확립되어있지 않아 공론장에서 심의와 토의가 부족하여 다중의 포퓰리즘적 참여폭발로 대의기구들에 대한 과부하를 초래할 수 있다. 이 경우 공론이 형성되기보다 일시적이고 조작된 여론('fake news')에 의해 공론이 압도될 위험이 있다. 그러므로 빅 데이터가 헤테라키 민주주의 실현에 기여하기 위해서는 데이터와 정보의 자유가 확보되어야 하고, 정보독재자뿐 아니라 정보 포퓰리즘의 출현을 사전에 예방할 수 있는 제도적 장치를 갖추어야 한다.

결론적으로, 헤테라키 민주주의는 빅 데이터를 이용하여 시민에 대한 임파워먼트(empowerment)를 통해 대표와 정부에 대해 책임성을 묻고 대표와 정부가 국민의 요구에 대해 응답하도록 한다는 점에서는 대의 민주주의를 강화하는 측면이 있지만, 소셜 미디어를 통해 공론장을 활성화하여 정책을 생산하고 정부와 대표에게 공급하여 실현시켜주도록 압력을 넣는다는 점에서는 직접 민주주의의 측면이 있는 복합지배 민주주의이다.

헤테라키 민주주의는 중간 규모의 국가에 잘 맞는 민주주의이다. 거대 국가는 직접적이고 참여적인 민주주의를 하는데 적당하지 않고, 소규모의 국가는 대의 민주주의를 하기보다는 직접적이고 참여적인 민주주의를 하는 것이 더 비용이 적게 든다. 아리스토텔레스, 루소, 로버트 달은 직접적이고 참여적인 소규모의 민주주의를 선호했고, 반면에, 매디슨은 미국과 같은 대규모의 나라에서는 대의 민주주의가 가장 적합하다고 주장했다. 한국은 거대국가도 아니고 도시국가도 아닌 중규모의 국가이기 때문에 헤테라키 민주주의가 적합하다. 더구나 ICT 인프라가 세계 최고 수준으로 발달해있고 빅 데이터 시대도 열리고 있다. 이러한 빅 데이터 기반을 가진 한국은 빅 데이터 기반 헤테라키 민주주의를 실현할 수 있는 최적의 국가이다.

참고문헌

Machiavelli, Nicolo. 2017. *Discourses on the First Decade of Titus Livius*. London: Forgotten Books.

Woods, Cathal. 2017. "Aristotle's Many Multitudes and their Powers." *Journal of Ancient Philosophy* 11(1): 110-143.

Negri, Antonio. 정남현 · 박서현(역). 2011. 『다중과 제국』. 서울: 갈무리.

2장. 네트워크 사회의 다중운동: 커뮤니케이션 환경 변화와 사회운동

차재권(부경대학교)

1. 머리말

1980년대 민주화운동을 주도했던 학생운동은 강력한 카리스마를 기반으로 대중선동 능력이 뛰어난 운동의 지도부와 일사불란한 명령의 전달체계 등 강력한 조직력이 운동의 성패를 좌우하는 매우 중요한 요소였다. 아울러 심리적, 인적, 물적 자원의 동원능력, 즉 강력한 저항 이데올로기를 통해 대중심리를 장악하고 그들을 운동의 대열에 동참하게 함으로써 물리적인 동원능력을 과시할 수 있는 조건이 운동이 고조기에 이르렀다는 징표로 여겨지기도 했다. 386세대의 대학생들이 주축세력으로 활약했던 그러한 민주화 시기의 사회운동은 1987년 민주화 투쟁이 성공을 거둔 이후에도 노동운동을 포함한 다양한 사회운동 분야에서 일종의 정형화된 사회운동 양식의 하나로 자리 잡았다.

하지만 2000년대에 접어들면서 우리나라 사회운동의 방향은 확연히 변화하는 모습을 보이기 시작했다. 인터넷 사용이 일반화 되면서 사회운동의 동원능력을 좌우하는 중요한 요소인 의사소통 방식에 획기적인 변화가 나타나기 시작하면서 사회운동의 존재양식에도 근본적인 변화가 초래되었다. 대자보와 전단지를 통해 대중의 참여를 이끌어내야만 했던 민주화 투쟁 시대의 운동방식과는 달리 인터넷이라는 편리한 가상공간을 통해 저항운동에 필요한 인적, 물적 자원의 동원과 지지를 이끌어낼 수 있게 됨으로써 사회운동의 내용과 규모 그리고 범위가 크게 바뀌게 된 것이다. 물론 인터넷 기술의 발달 초기인 웹 1.0의 시대에는 인터넷을 통한 사회운동의 방식 역시 운동의 지도부가 하나의 서버(server) 역할을 하면서 일방적인 형태로 운동과 관련된 정보를 수집하고 그것을 가공해 운동에 관심을 갖거나 참여하는 행위자들에게 전달하는 단방향적인 의사소통이 주를 이루었다. 사회운동의 말단에 존재하는 참여자들은 온라인 커뮤니케이션 채널을 통해 일방적으로 주어지는 정보를 소비하거나 그에 대한 반응으로 사회운동에 대한 지지를 보낼 뿐 스스로가 정보의 수집 혹은 가공 과정, 나아가 운동의 전술이나 전략과 관련된 의사결정에 참여할 수 있는 가능성은 기본적으로 제한되어 있었다.

그러나 인터넷 기술의 계속적인 진화는 쌍방향 의사소통이 가능해지는 플랫폼 기반의 웹 2.0 시대를 지나 시맨틱 웹(semantic web) 기술을 활용한 지능형 웹 기술인 웹 3.0 시대로 접어들면서 사회운동은 물론 사회 전반의 커뮤니케이션 방식의 일대 혁명을 불러오고 있다. 사회운동의 존재양식 또한 이와 같은 웹 기술의 진화가 불러온 운동의 주체와 조직 그리고 운동방법의 변화에 따라 엄청난 변화를 수반하게 되었다. 2000년대 중반 이후 전면적인 사회현상의 하나로 등장하기 시작한 촛불시위는 이와 같은 웹 기술의 진화가 사회운동의 존재양식을 어떻게 바꿔놓고 있는지를 잘 보여주는 대표적인 사례라 할 수 있다.

2016~2017년 겨울을 뜨겁게 달구었던 박근혜·최순실 국정농단에 항의하는 촛불시위는 그 이전의 촛불시위와도 또 다른 모습을 보여줄 정도로 사회운동의 변화는 혁명적인 방식으로 전개되었다. 2016~2017년 촛불시위는 비록 형식적인 측면에서는 시위를 조직하는 지도부[1]가 시위를 이끈 것처럼 비쳐지지만 사실상 그러한 형식상의 지도부가 시위의 전개 방향이나 시위에서 제시되는 의제 그리고 대중적 저항 행동의 수준을 결정하는데 그다지 큰 영향력을 발휘하지 못했다는 분석이 지배적이다. 다시 말해, 2016~2017년의 촛불시위는 네트워크 시대에 사회운동의 동원 및 조직 방법에 근본적인 변화가 초래되고 있음을 보여주는 중요한 사건이었던 것이다. 자발적으로 시위에 참여하는 대중의 규모는 시위의 지도부로서는 예측하기도 어려웠고 그렇게 참여한 대규모의 시위 군중을 일정한 방향으로 통제하면서 이끌고 나가기도 불가능한 상황이 촛불집회가 횟수를 더해 가면서 더욱 두드러지게 나타났다. 대중은 스스로 조직되면서 다음 단계에 그들이 요구해야 할 의제마저도 스스로 결정해 나갔으며, 시위에 참여한 대중들에 의해 즉흥적으로 제시되는

---

1) 2016년 촛불시위의 경우 민주노총을 포함한 총 53개 단체로 이루어졌던 '민중총궐기 투쟁본부'가 집회를 주최함으로써 초기 대중동원을 이끌어내는데 기여하였다. 하지만 이후 11월 3일 제2차 촛불집회에서는 시위의 대중화를 위해 여러 시민사회단체들의 연대체인 박근혜 정권 퇴진 비상국민행동(또는 박근혜 정권 퇴진행동) 결성을 위한 준비위원회가 출범하였고 이어 11월 9일의 제3차 촛불집회에서 공식 발족함으로써 이후 촛불집회를 조직하는 공식적인 주최 단체의 역할을 수행하였다. '퇴진행동'에 참여한 시민단체의 수가 1,553개에 달할 정도로 전국적인 대표성을 지닌 조직이었다.

정치적 요구의 수준은 촛불시위를 자신들이 추구하는 정치적 목표와 연계하려 했던 야당세력은 물론 순수한 대중운동의 차원에서 시위를 주도했던 지도부의 예상을 뛰어 넘는 수준이었다.

2016~2017년 촛불시위가 보여준 이와 같은 변화된 사회운동의 흐름이 오프라인 중심의 전통적인 사회운동은 물론 온라인 커뮤니케이션 네트워크에 기반을 둔 새로운 사회운동의 존재양식까지도 근본적으로 변화시켰는가? 이 글은 전통적 사회운동의 존재양식이 온라인 소통수단의 발달에 따른 네트워크 사회로의 진화로 인해 어떤 변화를 겪게 되는지를 이론적인 차원에서 조망함으로써 그와 같은 물음에 대한 해답을 찾고자 한다. 아울러 소셜 미디어 발달에 따른 네트워크 사회에서 사회운동의 새로운 존재양식으로서의 다중운동(multitude movement) 개념의 이론적 유용성을 확인하는 것도 본 연구가 추구하는 또 다른 목적이다.

이를 위해 이 글의 2절에서는 전통적인 사회운동의 존재양식에 대한 일반적인 이론적 논의들을 소개한다. 이어 3절에서는 온라인 소통수단의 기술적 진화에 따른 사회운동의 전반적인 환경변화를 살펴보면서 그와 같은 기술 환경의 변화가 사회운동의 존재양식에 어떤 시대적 변화를 요구하게 되는지를 살펴본다. 4절에서는 사회운동의 환경변화와 그에 따른 전통적인 사회운동이론의 수정의 필요성을 따져 본다. 또한 5절에서는 소셜 미디어 등 온라인 커뮤니케이션 수단의 혁명적인 기술진화가 가져온 새로운 네트워크 시대 사회운동의 존재양식으로서의 다중운동의 개념적 필요성과 함께 다중운동하에서 사회운동의 적용 메커니즘을 촛불시위 등 다양한 경험적 적용 사례들을 통해 분석한다. 끝으로 그와 같은 사회운동의 본질적인 존재양식의 변화가 제시한 민주주의적 함의를 살펴보면서 글을 맺는다.

2. 사회운동에 관한 일반적인 이론적 논의

1) 사회운동의 개념적 정의

사회운동(social movement)은 좁게도 넓게도 볼 수 있는 개념이다. 좁게 보자면 사회운동은 단순히 지배하려는 자와 저항하려는 자 사이의 자극과 반응에 의해 매개되는 단순한 행동으로 비춰질 수 있다. 하지만 사회운동은 종종 그와 같은 단순한 자극-반응 기제에 의해 나타나는 행동의 표출 그 이상을 의미한다. 그처럼 넓은 견지에서 이해되는 사회운동은 그와 같은 행동의 표출을 가져오는 "궁극의 가치를 보여주는 '상징'과 그 아래 수준의 '지식'에 연결되어 있는 공통의 의미와 가치 그리고 지식을 둘러싼 참여자들 사이의 의사소통 과정과 이를 통한 조직화된 동원과정에서 여러 복잡한 선택과 결단의 문제"와 관련되는 총체적인 그 무엇이라 할 수 있다 (박영신 2006, 101).

이처럼 복잡한 사회현상의 하나라 할 수 있는 사회운동을 이론적인 차원에서 살펴보려는 움직임은 사회학, 정치학 등 관련 학문 분야에서 매우 활발하게 이루어져 왔다. 또한 사회운동을 바라보는 시각의 차이에 따라 사회운동에 대한 다양한 정의가 시도되었다. 고전적 사회운동이론의 원조 격인 블루머(Blumer 1957)는 사회운동을 "기존의 사회관계의 어떤 분야를 변화시키려는 집단적 노력 혹은 사회관계의 대규모적 불특정 변화"라고 정의한 바 있다(145). 터너(Turner 1964)는 그와 같은 맥락에서 사회운동을 "사회변화가 명백하고 문화적 변화가 일어나는 가장 중요한 방법 중 하나"로 꼽기도 했다. 스멜서(Smelser 1968) 역시 '집단행동(collective action)'을 "사회운동을 재정의 하는 신념에 기초한 동원화"로 정의한 바 있다(8). 터너와 킬리언(Turner and Killian 1972)과 같은 고전적인 사회운동이론가들은 사회운동을 "사회 내 혹은 사회의 일부분인 집단 내 변화를 추구하거나 제어하기 위해 일정한 지속성을 지니는 집단적 행동"으로 정의했다(246).

사회운동을 자원동원(resource mobilization)의 시각에서 바라보는 일련의 학자들은 사회운동에 대해 보다 정치적인 맥락에서의 정의를 강조한다. 매카시와 잘트(McCarthy and Zald 1977)는 사회운동을 "사회의 보상체계 및 어떤 사회구조 요소들을 변화시키기 위한 선호를 대표한 한 인구집단 내의 일련의 의견과 신념"으로 정의했다(1217-1218). 틸리(Tilly 1979)도 그와 유사한 맥락에서 사회운동을 "권력의 행사와 배분에 있어 변화를 요구하는 그리고 이러한 요구의 관철을 위해 공공 저항을 강행하는 사람들의 행동과정에서 공식적 대표성을 결여한 저항 구성원들을 대변하여 성공적으로 요구를 주장하는 사람들과 국가의 권력보유자들 사이의 지속적인 일련의 상호작용"으로 정의한 바 있다(12). 립스키(Lipsky 1982)에게 있어 사회운동은 "한 가지 혹은 그 이상의 정책이나 조건에 반대하는 정치적 행동양식으로서 쇼맨십이나 혹은 특이한 속성을 전시하는 특성을 가지며 체제 내부에서 활동하면서 정치나 혹은 경제체제로부터 보상을 획득하려는 노력"으로 정의된다(137). 터로우(Tarrow

1989)는 틸리의 정의와 유사한 맥락에서 사회저항운동을 "행위자나 혹은 그들을 대표하는 자들의 목표를 위해 제도나 엘리트, 정부당국 혹은 다른 사회집단을 겨냥한 분열적인 집단행동"으로 정의했다(11).

이처럼 다양한 사회운동에 대한 정의들로부터 사회운동에 공통적으로 드러나는 속성을 종합해 보면 다음과 같다. 먼저 사회운동은 집단행동적 성격을 띠고 있다는 것이다. 둘째, 일차적인 저항방법으로 폭력보다는 비폭력적인 분열과 붕괴의 전략을 선호한다는 것이다. 셋째, 사회운동은 행동의 형태로 명시적으로 드러나는 행위라는 것이다. 넷째, 다른 집단, 엘리트 혹은 국가에 부담을 주는 주장을 내포하고 있다는 점이다. 다섯째, 목표나 전술을 선택함에 있어 매우 전략적인 접근을 한다는 점이다(이종렬·권해수 1989, 1282-1283).

2) 사회운동에 대한 다양한 이론적 접근 방법들

1960년대 이전까지 사회운동은 주로 운동에 참가하는 행위자들에 의해 표출되는 일종의 사회병리적 차원의 현상으로 이해되는 경향이 강했다. 사회운동이란 것이 결국 상대적 박탈감(relative deprivation)으로 인해 공황상태에 빠진 개인들이 참여하게 되는 비이성적이고 감정적인 집단행동(collective action)에 다름 아닌 것으로 치부되곤 했던 것이다(최현·김지영 2007, 253). 하지만 1960년대 이후부터 서구를 중심으로 신사회운동이 본격화되면서부터 사회운동을 이처럼 개인적 수준의 요인으로 치환하려는 학문적 노력은 힘을 잃어가게 된다. 대신 그와 같이 개인의 사회병리학적 행동을 야기하게 되는 보다 거시적인 구조적 요인에 대한 관심이 더욱 강화되어 갔다. 이들에게 있어 집합행동은 "한 체제나 사회의 구성요소인 규범, 가치, 제도가 서로 조화되지 못하는 구조적 긴장이나 불균형이 발생할 때 이를 변화시키기 위해 발생한 사회적 행동"으로 이해되는 경향이 강했다(최현·김지영 2007, 253).

사회운동에 대한 다양한 이론적 접근법을 분류하는 방식 역시 다양하다. 피븐(Frances F. Piven)은 사회운동에 대한 이론적 시각을 스멜서(Smelser 1968)로 대표되는 심리적 스트레스 시각, 홉스바움(Hobsbawm 1959)이 대표하는 문화적 이념적 시각, 올슨(Olson 1965) 등의 합리적 선택이론 시각, 틸리(Tilly 1986), 갬슨(Gamson 1975), 매카시와 잘트(McCarthy and Zald 1977), 오버샐(Obershall 1978), 가너와 잘트(Garner and Zald 1985) 등이 주장하는 자원동원론적 시각으로 분류한다(이종렬·권해수 1989, 1285).

하지만 일반적으로 사회운동에 대한 이론적 접근법은 크게 보아 개인적 수준에서 접근하는 미시적 접근법과 자원이나 구조 혹은 네트워크의 관점에서 접근하는 집합적 차원의 거시적 접근법으로 구분된다. 저항과 혁명에 관한 미시적 수준의 접근법들은 분노나 공포와 같은 사회운동에 참여하는 주체들이 갖게 되는 심리적 측면의 요소들에 초점을 두어 사회운동을 이해하려 한다. 이런 개인적 차원의 미시적 접근법에 기댄 사회운동에 대한 설명들은 의외로 단순하다. 사회가 발전해 감에 따라 개별 시민들이 현재의 생활 여건에 불만을 느끼게 되고 그들이 그런 변화된 환경에 대해 분노나 공포를 느낄 때마다 그런 심리적 환경을 조성한 근원적인 요인들에 대해 집단적인 반응을 일으키게 되는 데 그것이 바로 사회운동으로 나타나게 된다는 것이다.

이와 같은 사회운동에 대한 미시적 접근법은 크게 '사회적 고립 혹은 소외 이론'과 상대적 박탈감 이론으로 대별된다. '사회적 고립 혹은 소외 이론'은 전통적인 사회학이 기반하고 있는 산업사회에 대한 분석에 그 바탕을 두고 있는데 콘하우저(Kornhauser 1959), 랑 부부(Lang and Lang 1961), 스멜서(Smelser 1962) 등 주로 1950년대 후반에서 1960년대 초반 사이에 두각을 나타낸 사회학자 들의 연구가 대표적이다. 예컨대 콘하우저는 대중사회(mass society) 의 다원주의적 가정들에 기초해서 저항과 혁명으로 대표되는 사회 운동적 현상을 사회통합의 부재에서 비롯된 사회적 결핍증세의 일 환으로 간주한다(Kornhauser 1959). 스멜서는 콘하우저처럼 심리학 적 명제에 대한 답을 직접 찾기보다는 그러한 심리학적 변수들이 집단행동을 일으키게 되는 사회적 조건을 찾아내는 데 초점을 맞추 었다. 사회적 고립이나 소외의 개념을 통해 사회운동의 동인을 설 명해내려는 미시적 차원의 시도들은 결국 사회적 고립과 소외에 시 달리는 개별 행위자들이 갖게 되는 부정적인 인지 내용이 어떻게 구체적으로 집단적인 반응을 야기해 사회운동의 수준으로 나아가게 하는 지에 대해서는 제대로 된 설명을 제공하지 못했다.

데이비스(Davis 1962), 파이어아벤트 부부(Feirabend and Feierabend 1966), 거(Gurr 1970), 리크바크(Lichbach 1987) 등에 의해 주장된 상대적 박탈감 이론은 이런 점에서 사회적 고립 및 소외 이론의 시 각에서 개별행위자들의 사회운동 참여를 설명하려 했던 전통적 사 회학자들의 이론적 약점을 보완하는 대안적 주장으로 제시되었다. 상대적 박탈감 이론은 사람들이 그들이 실현코자 하는 가치들이 현실에서 좌절될 때 그에 대한 반응으로 폭력적인 형태의 정치적 행동들이 나타나게 된다고 본다. 데이비스(Davis 1962)는 장기적인 사회적 발전을 통해 축적된 것들이 단기간의 경제적·사회적 퇴행에 의해 파괴될 가능성이 높아지는 시기에 혁명이 발생할 가능성이 높아진다는 조금은 기계적이고 극단적인 수준의 상대적 박탈감 이론을 제시한 바 있다. 그의 주장에 따르면 혁명이 초래되는 것은 정작 사람들이 가치 있다고 생각하는 것들의 공급과 관련된 실질적인 요소보다는 오히려 불만족한 마음의 상태라는 주관적 요소에 의한 것일 수 있다. 거(Gurr 1970)는 데이비스가 주장한 상대적 박탈감 이론을 단순한 심리학적 조건을 넘어 사회학적 조건까지 포함하여 폭 넓게 설명함으로써 상대적 박탈감 이론의 이론적 지평을 확대하였다. 그에 따르면 사람들은 그들이 기대하는 생활조건을 충족하지 못할 때 불만을 느끼게 되고 그러한 박탈감과 좌절감이 공격적인 충동으로 나타나게 된다. 이른바 '좌절-공격 가설'에 입각하여 사회운동의 기원을 설명하고 있는 것이다.

하지만 상대적 박탈감 이론 또한 위컴-크롤리(Wickham-Crowley 1997)나 리크바크(Lichbach 1995)가 주장하였듯이 상대적 박탈감이 만연한 사회임에도 불구하고 즉각적인 봉기가 나타나지 않는 현실을 제대로 설명해 내지 못하거나 이론을 직접적으로 검증할 충분한 개인적 수준의 데이터 수집이 어려워 경험적 반증가능성을 결여하고 있는 등 이론적인 비판에 봉착했다. 또한 저항세력의 행동에 대응하는 레짐 차원의 대응에 대한 관심이 결여되어 있을 뿐만 아니라 데이터 중심적 속성이 지닌 시간적 제약성의 한계(Ellina and Moore 1990) 등으로 인해 이론적 한계에 봉착하게 된다.

사회운동에 대한 개인적 차원의 미시적 접근이 갖는 이와 같은 이론적 한계를 극복하기 위한 움직임은 집단행동의 역사적, 사회경제적, 정치적, 문화적 조건들, 즉 개인의 행동을 결정짓는 '구조(structure)'에 초점을 맞춘 거시적 접근법에 입각한 사회운동에 관한 이론의 발달을 가져왔다. 자원동원이론(resource mobilization theory)은 그러한 '구조'에 천착한 거시적 차원의 접근법을 대표하는 이론이라 할 수 있다.

매카시와 잘트(McCarthy and Zald 1977)에 의해 발전된 자원동원이론은 "자원동원을 위한 조직 활동 및 정치적 리더십의 중요성"에 초점을 맞춤으로써 미시적 수준의 이론들이 남겨놓은 이론적 공백을 메우고 있다.[2] 이 이론의 주창자들은 "재정적, 조직적 자원에 접근할 수 있어서 직업적인 사회운동조직들을 만들어 내는 정치기업가(political entrepreneurs)가 대중운동을 이끈다."고 주장한다(Lohmann 1994, 56). 그들은 자원동원이론을 이끌어 내면서 분노나 불만을 강조하는 사회운동에 대한 전통적 시각들을 거부한다. 한편, 오버샬(Oberschall 1979, 1980)은 자원동원의 효율성에 주목하여 매카시와 잘트의 이론을 발전시켜 나갔다. 그는 자원동원이론은 훨씬 쉽고 빠르며, 반대세력을 대규모로 충원할 수 있는 곳이면 어디서나 성공가능성이 높다고 주장한다. 마르크스(Marx 1979)는 사회운동을 촉진 혹은 억제하는 전략전술들에 주목함으로써 보다 넓은 맥락에서 자원동원능력을 설명하려고 노력한다. 모리스(Morris 1993)는 버밍햄 대치사태의 사례 연구를 통해 동원능력이 지닌 중요성을

---

2) 자원동원이론에 관한 보다 자세한 내용들은 Zald and Ash(1966), McCarthy and Zald(1977), Jenkins and Perrow(1977) 등을 참고하기 바란다.

옹호하면서 제3자의 역할이 중요함을 강조하는 "폭력 테제(the violent thesis)"를 거부한 바 있다.

미시적 관점에서 사회운동을 설명하는 이론들 중에는 정치적 기회구조학파(Jenkins and Perrow 1977; Tilly 1978; Skocpol 1979; McAdam 1983, 1989; Tarrow 1988, 1991, 1996, 1998; Goldstone 1980, 1997)가 있다. 이 학파는 집단행동이 사회에서 행해지는 정치과정의 순차적 결과에 기초하고 있다고 주장한다. 맥아담(McAdam 1983, 1989)에 따르면 사회운동은 정치적 기회의 확대, 조직역량의 정도, 저항활동을 정당화하면서 동기를 부여해주는 특정한 공유된 인식의 발전이라는 3가지 요소가 결합되면서 나타나게 된다. 3가지 요소 중 정치적 기회구조가 가장 중요한 요소라고 그는 주장한다. 정치적 기회구조학파의 주장이 지닌 몇 가지 약점에도 불구하고 많은 학자들이 정치적 기회구조학파의 이론을 경험적으로 증명하는 분석들을 내어놓았다(Katzenstein and Mueller 1987; Rochon 1988; Tarrow 1989; Smith 1991; Brockett 1991, 1992; Costain 1992; Meyer 1993).

하지만 정치적 기회구조이론의 비판자들은 "기회구조"라는 이이론의 핵심 개념이 분명히 정의되지 않은 것이라고 비판한다(Gamson and Meyer 1995; McAdam 1989; Opp and Gern 1993). 맥아담(McAdam 1989)에게 '정치적 기회구조(the structure of political opportunities)'는 "집단행동을 촉진하는 동시에 제약하기도 하는 제도정치의 특징"으로 묘사되고 있고(251), 아이징어(Eisinger 1973)에겐 "사회의 집단들이 권력을 얻고 정치체제를 통제할 가능성의 정도"로 정의되고 있다(11). 이처럼 정치적 기회구조의 개념은 그런 기회구조의 범위와 경계에 대해 분명한 그림을 그릴 수 없도록 모호하게 정의되고 있는 것이다.

갬슨과 메이어(Gamson and Meyer 1995)는 "정치적 기회구조란 개념은 결국 사회운동 환경 - 정치제도 및 문화, 다양한 종류의 정치적 동맹관계의 위기, 정책의 변동 등등 - 의 모든 국면을 다 흡수해 버린 스펀지가 되어버릴 위험에 처해 있다"고 비판함으로써 그러한 개념적 모호성을 비판하고 있다. 그들에 따르면 정치적 기회구조란 개념은 너무도 많은 것을 설명하려 듦으로써 결국 아무것도 설명하지 못한 꼴이 되어 버린 것이다(Gamson and Meyer 1995, 24). 정치적 기회구조를 개념화했던 맥아담 또한 정치적 기회구조 학파를 떠나면서 정치적 기회구조란 개념이 지닌 이런 약점을 인정하고 있다. 그는 정치적 기회구조이론이 정치적 기회구조가 집합행동을 촉진하는 다른 환경적 요소들과 구별이 되지 않을 뿐 아니라 정치적 기회구조를 구성하는 제도적 권력체제가 지닌 특징들을 더 정확히 정의해 내지 못한다는 점에서 한계가 있음을 지적한다.

한편 지속적인 동원 및 충원과 관련된 분쟁정치를 설명함에 있어 사회적 네트워크의 역할에 초점을 맞추는 일단의 학자들도 있다(Curtis and Zurcher 1973; Finifter 1974; Isaac, Mutran, and Stryker 1980; Snow, Zurcher, and Ekland-Olson 1980; Oliver 1984; Opp 1986, 1989; Opp and Gern 1993). 그런 학자들 중 일부는 사회집단이나 조직들에 관심을 나타내는 반면(Curtis and Zurcher 1973; Snow, Zurcher, and Ekland-Olson 1980; Opp 1989) 다른 학자들은 개인적인 네트워크에 관심을 집중하기도 한다(Finifter 1974; Isaac, Mutran, and Stryker 1980; Opp 1986). 옳

과 건(Opp and Gern 1993)은 1989년 5월과 9월 사이에 동독의 억압적 체제하에서의 시위에서 개인과 집단의 네트워크가 수행한 역할에 초점을 맞추고 있다. 그들은 여러 가지 개인적 참가유인을 밝혀내는 미시적 모형을 제안하고 있는데, 현존하는 조정 메커니즘과 함께 사회적 맥락에서의 정치적 사건과 변화들이 1989년의 대규모 시위를 빚어내었다고 주장한다. 이런 유인들 중에서 인지된 개인적인 정치적 영향력에 의해 측정되는 정치적 불만만이 시위 참가에 주요한 영향을 미쳤으며, 시위참가를 유도한 대부분의 요인들은 개인적인 또래집단 네트워크에 집중되어 있다고 주장한다. 따라서 그들은 개인적 네트워크야말로 시민동원을 위한 가장 중요한 맥락이라고 주장한다. 그들은 "시위참가에 따른 비용이 상대적으로 적고 상황에 따라 유인이 달라지는 경우, 높은 공공재적 동기부여와 레짐에 비판적인 친구들을 가졌다는 사실들이 시위참가를 유도하는 주요한 요인들"이라고 주장한다(676). 올리버(Oliver 1984) 또한 이웃과의 사회적 통합이 어떤 위협에 대응해 집단적으로 행동하는 이웃의 능력에 있어 중요한 요소라고 주장한다(604).

한편, 문화주의적 주장들을 미시적 수준의 접근법의 범주에 포함시킬지는 어느 정도 논란의 여지가 있다. 그러나 문화주의자들이 문화나 이데올로기의 개념을 모든 것을 아우르는 상부구조(super-structure)로 간주하고 있다는 점에서 문화주의적 주장들을 거시적 수준의 접근법 중 하나로 간주할 수 있다. 문화주의적 접근의 대표적 주창자인 야스퍼(Jasper 1997)는 어떤 개인이나 집단도 어떤 문화적 해석 없이 객관적으로 주어진 목표나 이해관계를 갖고 있지 않다는 점에서 사회운동으로 나타나는 저항 역시 문화적 특수성을 기반으로 구성되어진 것으로 이해한다(10). 사회운동에 관한 기존의 연구문헌들에서 구성주의적 시각에 바탕을 둔 문화주의적 주장들은 쉽게 찾아볼 수 있는데 스캇폴(Skocpol 1979)의 구조주의적 접근법을 비판한 시웰(Sewell 1985)이나 집단적 신념, 이데올로기, 문화를 고려할 필요가 있음을 지적한 굿윈(Goodwin 1997)의 주장이 대표적이다. 굿윈은 혁명적 이념들과 전략적 레퍼토리들이 모두 국가적 관행들로부터 나온 것이라고 볼 수 없는 다양한 종류의 사회관계들과 문화체제들에 그 뿌리를 두고 있다고 주장한다(Goodwin 1997, 26). 헌트(Hunt 1984) 역시 비록 문화적 상징과 수사에 대해 초점을 두는 것을 혁명주의의 경험적 지표들이 갖고 있는 사회적, 공간적 분포에 대한 실질적인 구조적 분석과 결합시키려 노력하고 있지만 틀림없이 사회적, 공간적 분배가 수행하는 역할보다는 문화적 상징과 수사가 수행하는 역할을 더 많이 강조하고 있다. 또한 대부분의 문화주의적 접근을 옹호하는 학자들은 이른바 "신사회운동학파(new social movement school)"에 속해 있는데, 그들은 1960년대 중반 이후 서유럽에서 일어난 중요한 사회적 저항의 형식에 관심을 기울임으로써 문화적, 이념적 가치의 중요성을 탐색했다(Touraine 1971, 1977, 1981, 1985, 1988; Offe 1985; Melucci 1980, 1981, 1988; Inglehart 1990; Habermas 1962, 1984; Kriesi 1989, 1993).

거시적 수준의 접근법에 속하는 각 이론이 무엇을 가장 중요한 것으로 여기든 간에 대체로 개인의 행동을 규정하는 거시적 구조물들은 스펀지처럼 생긴 것으로 묘사되고 있다. 그런 구조물들은 외생적으로 주어진 것으로, 저항과 혁명이 일어나는 그 순간에 거기에 있는 것으로 간주된다. 사후적 관찰은 언제나 특정한 형태의 거시적 구조물의 존재와 그런 거시적 구조물이 최초의 봉기와 참여를 이끌어냄에 있어서 수행하는 지배적인 역할을 인정할 만반의 준비가 되어 있다. 개별 행위자들은 거시적 구조물이 생산해내는 저항과 혁명의 필수불가결성을 지지하기 위해 고안된 단순한 수동적 객체에 지나지 않는다. 그런 점에서 이 접근법은 미시적 접근법이 멈추어 선 한계를 훨씬 넘어선 듯하다.

개별행위자들의 의사결정이나 전략적 행위들에 관심을 갖고 있다는 점에서 사회운동에 관한 이론에 있어 합리적 선택 접근법(rational choice approach)은 미시적 접근법의 한 유형으로 간주될 수 있다. 특히 정치학의 다른 분야와는 달리 분쟁정치 분야에서는 합리적 선택 이론의 영향이 지배적이다. 역사적, 구조적, 문화적 전통에 기초를 둔 일부 학자들은 그린과 샤피로(Green and Shapiro 1994)가 살펴본 바와 같이 집합행동문제에 대한 연구가 합리적 선택이론의 발전의 중심에 서 있다는 주장에 대해 어떻게든 동의하지 않을 것이다(9).

사실 합리적 선택이론은 종종 다른 경쟁적 접근법들을 옹호하는 학자들이 그들 자신의 이론적 딜레마로부터 벗어날 수 있도록 도움을 주는 과정에서 중요한 역할을 수행하도록 요구받았다. 합리적 선택이론이 경쟁이론을 정복해 나가려고 의도적으로 노력했다기보다 경쟁이론의 주창자들이 스스로 합리적 선택이론의 도움을 요청한 면이 없지 않다. 예를 들어 상대적 박탈이론의 창시자인 거(Ted R. Gurr)는 박탈이론의 주창자로 알려져 있지만 그의 이론적 분석틀을 들여다보면 합리적 선택이론이 포함되어 있다. 또 다른 사례가 리크바크(Mark Lichbach)에 의해 제공되는데, 그는 상대적 박탈

이론에서 합리적 선택이론으로 선회한 경우이다. 심지어 정치적 기회구조학파의 가장 완강한 주창자였던 맥아담 역시 합리적 선택이론의 도움을 요청하지 않을 수 없었다. 이 모든 점을 고려해 보건대, 합리적 선택이론을 특별한 주의를 기울여 다루면서 그 이론이 사회운동 이론의 발전에 독립적으로 기여한 부분이 무엇인지를 조사해 볼 필요가 있다.

위에서 언급하였듯이, 합리적 선택이론은 한편으로는 사회운동 이론을 다루는 여러 학파에 의해서 주목을 받아왔다. 다른 한편, 합리적 선택이론가들은 그들의 연구 관심을 사회운동과 분쟁정치(contentious politics)의 연구로까지 확장시키려고 노력하였다. 특히 합리적 선택이론에 대한 대부분의 비판이 특정 기회 혹은 집합적 행동의 전통 즉 파업, 소란행위(charivari) 혹은 저항시위 등에 의해 제공된 동기와 억압을 소홀히 다룸으로써 비롯되었다는 점에서, 이러한 이종(異種) 학문분야 간의 노력(interdisciplinary efforts)은 중요하다(Tarrow 1996, 879). 어떤 학자들은 어느 정도의 통합 가능성을 발견하지만, 다른 학자들은 그렇지 못하다. 예를 들어, 툴럭(Tullock 1974)은 합리적 선택 관점으로부터, 상대적 박탈이론의 관련성과 합리적 행동모델과의 적합성을 강하게 거부하였다(36-39).

반대로, 다른 학자들은 박탈감의 잠정적 영향(effect)이 일반적으로 합리적 선택 관점에 부합한다고 주장한다(DeNardo 1985, 52-7; Muller and Opp 1986, 472-4). 마르크스(Marx 1979)는 동원 가능한 자원들을 살펴본 후에 자원동원론(resource mobilization theory)에 대한 귀중한 비판을 제공하였다. 또한 자원 동원이론과 관련하여, 학자들은 합리적 선택이론과의 통합 가능성을 발견하였다. 예를 들어 오버샐(Oberschall 1979)은 행위자의 선택을 제한하는 사회 조건과 구조들을 시험함으로써 합리적 선택이론과 동원이론을 연결시키려고 하였다. 울레이너(Uhlaner 1989)는 조직 세력(organized groups)의 지도자들이 구성원들로 하여금 집합적 목표를 적극적으로 지지하게끔 하는 선택적 동기(selective incentives)를 제공할 것을 제안하고 있다. 총(Chong 1991)은 자발적인 대중 협조(spontaneous mass coordination)는 일어나지 않기 때문에, 헌신적인 활동가들은 리더십을 제공해야만 한다고 주장한다. 이러한 종합적 노력 이외에도, 합리적 선택론을 연구하는 다수의 학자들은 전통적인 집합행동 모형의 미시경제학적 가정들(microeconomic assumptions of the original Collective Action model)을 완화시킴으로써 그들의 설명력을 확장시키는데 성공하였다(Berejikian 1992; Taylor 1988; Lichbach 1994, 1995).

대부분의 분쟁정치(contentious politics) 학자들은 합리적 선택이론을 가지고 집합적 행위에 대한 설명을 할 필요가 있다고 어느 정도는 인정하지만, 일부 그룹의 학자들은 여전히 합리적 선택이론의 단순화된 개념(simplistic notions)을 받아들이기를 거부한다. 그들은 종종 "그들이 정치적 행동에 대해 과소 사회화된 설명(undersocialized' explanation)을 제공하고 따라서 사회관계 속에서의 개별행위자들의 배태성(embeddedness)을 설명하는데 실패한다는 것을 이유로" 집합적 행동에 대한 합리적 선택론의 분석을 비판한다(Granovetter 1985, 481; Lohmann 1994, 56). 때때로 그러한 비판은 합리적 선택론자 자신들로부터 비롯된다. 그들은 "정치 참여에 있어서의 무임승차자 문제를 다루는 합리적 선택론 접근법이 주장하는 바가 실패함에 따라(alleged failure), 많은 학자들은 개별행위자들의 참가 여부를 결정짓는 사회 환경이 집합적 행동의 유효성이나 가망성을 향상시킬 것을 제안한다."고 주장하고 있다(Lohmann 1994, 56). 사이먼(Simon 1985)은 합리성 원칙이 실질적 합리성 이론(theories of substantive rationality)에 통합되기 때문에, 정치적 현상(political phenomenal)을 이해하는 데 오직 제한적인 도움만을 줄 뿐이라고 비판한다. 그린과 샤피로(Green and Shapiro 1994)의 신랄한 비평은 합리적 선택론의 이론 주도적 성향과 합리적 선택학파가 본래부터 지닌 경험적 검증의 부족을 지적한다. 합리적 선택이론에 대한 이 모든 비판적 설명들은 분쟁정치 분야에서 일반적으로 논의되어 왔지만, 분쟁정치(contentious politics)의 구체적 측면에 대해서는 어떠한 포괄적인 비판도 가해지지 않았다. 합리적 선택이론에 대한 모든 비판에도 불구하고, 분쟁정치에 대한 그들의 공헌은 굉장한 것으로 여겨진다. 무엇보다도 합리적 선택론은 오랫동안 지속된, 미시적 수준과 거시적 수준의 분석을 통합하는 임무를 해결하는데 기여하고 있다. 리크바크(Lichbach 1995)는 집합행동에 관한 이론이 이제는 미시적 수준의 개별행위자나 혹은 거시적 수준의 사회단체보다는 중간 수준의 그룹에 초점을 맞추고 있음을 지적한다(292). 합리적 선택이론이 남긴 것은 무엇인가? 합리적 선택론 접근법을 보다 발전시키기 위해서 무엇을 해야만 하는가? 이러한 의문들에 대한 해답은 리크바크(Lichbach(1995)의 『모반자의 딜레마(*The Rebel's Dilemma*)』의 결론부분에 잘 나타나 있다. 그는 미시적 수준의 접근법을 심화시키는 동시에 거시적 수준의 접근법을 보다 광범위하게 활용할 것을 권고한다.

3. 온라인 커뮤니케이션 기술의 진화와 사회운동의 환경 변화

소셜 미디어(social media)란 개인이 중심이 되어 자신의 생각이나 의견, 경험 및 정보 등을 손쉽고 간편한 방법으로 다른 사람과 공유할 수 있는 온라인 플랫폼(online platform)을 가리킨다. 이런 소셜 미디어의 기술적인 표현 양식은 단순한 블로그(blog)에서부터 소셜 네트워크 서비스(SNS: Social Network Service), 위키(Wiki), UCC 등 다양한 형태로 존재한다. 이 중 커뮤니케이션의 영향력 측면에서 트위터, 페이스북, 카카오 스토리, 인스타그램, 네이버밴드 등 개인 간 의사소통 수단으로 주로 사용되어온 SNS가 가장 주목받고 있다.

SNS를 중심으로 한 소셜 미디어 기술은 사회운동은 물론 선거캠페인, 노동운동, 기업 마케팅 등 다양한 영역에서 커뮤니케이션 과정의 혁신적 변화를 이끌어 내고 있다. 선거정치에서 소셜 미디어가 발휘하는 영향력은 2008년 버락 오바마의 대통령 당선으로 인해 널리 알려지기 시작했다. 한편 소셜 미디어 기술의 진화는 사회운동의 양상도 크게 변화시켰다. 소셜 미디어의 확산으로 인해 최근의 사회운동은 새로운 조직화(organization) 및 세력화(coalition)의 양상을 나타내고 있다. 소셜 미디어 사용이 정치 커뮤니케이션의 범위와 방법에 변화를 가져오게 되었고 그에 따라 사회운동의 빈도나 규모, 나아가 조직과 활동 등 모든 면에서 큰 변화가 나타나고 있는 것이다(서정건·김예원 2014, 102).

인터넷, 소셜 미디어 등 디지털 커뮤니케이션 기술의 발달이 사회운동을 포함한 정치참여 전반에 미치는 영향에 대해서는 다양한 견해가 제시되고 있다. 라인골드(Howard Rheingold)는 '스마트 맙(smart mobs)'이라는 개념을 통해 인터넷 기술의 진화에 따른 디지털 시대에 컴퓨터와 인터넷으로 무장한 시위참여 대중들이 펼치는 새로운 정치참여의 양상을 설명해 내고 있다(Rheingold 2002). 정연정(2004)은 디지털 정치참여(digital political participation)의 측면에서 인터넷 기술의 발전이 정치참여에 긍정적인 영향을 미치고 있음을 입증하고 있으며, 인터넷을 통한 정치정보 이용이 선거를 통한 정치참여에 직접적인 영향을 미친다는 여러 연구 또한 제시되고 있다(유석진·이현우·이원태 2005).

인터넷 기술의 발전은 시민사회의 여러 제도들을 강화하고 공공영역에서의 정보소통과 정치참여의 기회를 확대함으로써 기존의 권력구조를 변화시키는 새로운 장치로서의 가능성을 보여주었다. 본첵(Bonchek 1997)에 따르면 인터넷이 정치참여에 따른 비용과 장벽을 해소해줌으로써 정치에 대한 공중의 신뢰를 회복하는 데 도움을 준다(76). 바버(Barber 1999)는 공동체 조직들에게 권력을 하향 배분케 하는 인터넷 기술 진화의 결과에 주목한다. 전자투표, 게시판, 이메일, 채팅 그룹은 아이디어와 이슈의 교환이 이루어지는 새로운 공공영역을 대표하는데 인터넷이 만들어 낸 그런 공공영역은 직접 민주주의의 실현과 공동체 네트워크 형성의 계기를 마련해 주고 있다(Rheingold 1993; Browning 1996).

그렇다면 과연 소셜 미디어 사용이 위에서 살펴본 바와 같은 사회운동의 극적인 변화를 가져오게 된 이유는 무엇일까? 첫째, 소셜 미디어의 확산이 오프라인상에서의 전통적 사회운동 이론이 직면해

왔던 근본적 문제인 '무임승차'의 문제를 해결할 수 있는 단초를 제공했다는 점을 들 수 있다. 앞서 살펴본 바의 다양한 사회운동에 관한 이론 중 합리적 선택 이론은 비록 미시적인 차원에서의 개인 행위자를 분석단위로 하는 이론적 접근 방법이지만 '구조'를 강조하는 거시적 차원의 사회운동 이론의 발전에도 큰 영향을 미쳐 왔다. 이처럼 사회운동 이론의 매우 중요한 이론적 정초가 되어 온 합리적 선택 이론 학파가 가장 중요시하는 집합행동의 법칙(logic of collective action)에서는 바로 공공재(public goods) 생산에 있어 무임승차(free riding) 문제가 필연적으로 발생할 수밖에 없다는 것이다. 따라서 미시적인 접근방법이든 혹은 거시적인 접근방법이든 관계없이 무임승차 문제의 발생은 사회운동이 극복해야 할 난제 중 난제였으며, 사회운동에서 자원과 인력의 동원을 어렵게 만드는 가장 중요한 요인으로 간주되어 왔다. 하지만 디지털 융합(digital convergence)에 기반한 소셜 미디어 시대의 도래는 사회운동 세력들이 사회운동에 내재해 있는 이러한 본질적인 문제를 근본적으로 제거할 수 있는 새로운 가능성을 열어 주었다.

그와 같은 '무임승차' 문제의 해결은 베넷과 세거버그(Bennett and Segerberg 2013)가 제시한 이른바 '연결행동의 법칙(logic of connective action)'이 전통적인 합리적 행위자에 의한 '집단행동의 법칙'을 대체하고 있기 때문에 가능한 것이었다. 즉, 소셜 미디어가 매개하는 새로운 유형의 정치적 커뮤니케이션과 정치참여(political participation)의 방식은 보다 손쉽게 온라인 공간을 통해 무임승차가 아닌 적극적인 참여를 선택하게 함으로써 공공재 생산 과정에서의 무임승차 문제를 해소할 수 있게 하였던 것이다. 만약 전통적인 사회운동이론에

서 요구하는 오프라인 공간에서의 면대면(face-to-face) 접촉을 전제
로 한 운동 참여였다면 오프라인 공간에서 보다 훨씬 적극적인 참
여보다는 무임승차를 선택하는 행위자가 더 많았을 것이다.

둘째, 기본적으로 소셜 미디어 시대의 사회운동에서 그와 같은
무임승차의 문제가 해소될 수 있게 된 것은 루피아와 신(Lupia and
Sin 2003)이 지적하듯 커뮤니케이션 비용(communication costs)의
감소가 가장 큰 유인으로 작동했을 가능성이 높다. 이처럼 커뮤니
케이션 비용이 감소하게 된 데는 디지털 기술의 융합이 정보처리에
있어서의 시간성과 공간성의 제약을 뛰어넘게 해주었기 때문이었
다. 즉, 디지털 컨버전스 시대의 기술진화에 의해 사회의 각 개인이
서비스와 네트워크 그리고 단말이 완전 융합된 하나의 네트워크를 구
성하는 개별화된 노드(nod)의 형태로 디지털 노마드(digital nomad)
화3)되면서 개별 행위자의 커뮤니케이션 참여 비용이 감소하게 된
것이다.

오프라인상의 집합행동은 과다한 비용 소요를 동반하는 데 반해
온라인상에서의 집합행동은 현저한 비용 감소로 보다 참여가 용이
해지면서 더 강력한 시민참여의 수단을 확보하게 된다. 즉 웹 기술
의 진화는 정보의 생산, 유통, 소비와 관련된 거래비용(transaction
costs)을 감소시킴으로써 시민의 정치참여에 필요한 기본적인 토대
를 마련해 준다(조화순·송경재 2004, 201). 인터넷 기술의 발달은

---

3) 디지털 노마드(digital nomad)란 디지털 융합 기술이 발달하면서 노트북, 휴대폰, PDA 등의 각
종 디지털 기기를 활용해 시간과 장소에 구애됨이 없이 외부세계와 언제 어디서든 접촉하며 소
통할 수 있는 상태에 있는 개인을 의미한다. 원래 라틴어로 '유목민'을 의미했던 노마드의 개념
은 미디어 학자인 마셜 맥루한에 의해 처음 제시된 이후 프랑스 사회학자인 자크 아탈리에 의
해 고대에서부터 현대에 이르기까지 인류가 지녀왔던 유목성이 강조되면서 더욱 보편화된 개념
으로 사용되기에 이르렀다.

과거 오프라인 상에서만 존재했던 전통적 사회운동세력들에게 물질적, 인적 정보적 차원의 자원을 보다 풍부하게 활용할 수 있게 함으로써 "새로운 정치적 기회구조"를 제공한다(송경재 2009, 58). 인터넷 기술의 발달로 형성된 사회운동의 새로운 네트워크가 사회운동의 활성화에 긍정적으로 기여할 것이라는 전망은 여러 학자들에 의해 주장되고 있다(Benkler 2007; van Dijk 2002; Negri and Hardt 2004). 특히 반 다이크(van Dijk 2002)는 인터넷에서의 커뮤니케이션 상호작용성(interactivity)에 주목하면서 인터넷 기술에 바탕을 두고 형성된 사회운동의 새로운 네트워크는 단지 의사, 정보의 소통만이 아니라 이를 통한 집합행동으로까지 연결될 수 있음을 강조하고 있다. 이들의 논의를 종합해 보면 기존 오프라인 중심의 사회운동이 인터넷 기술과 접목되면서 조직형성과 작동원리에 있어서 근본적인 변화를 겪게 됨으로써 기존의 '포드주의적 운동방식'에서 진화하여 '다중심적인 네트워크 조직운동'으로 체계화되고 있다(송경재 2009, 59).

먼저 기존의 사회운동단체들이 인터넷을 저렴한 비용으로 그들의 조직기반과 활동영역을 늘리는 유용한 도구로 활용하는 측면에서 인터넷과 사회운동 간의 관계를 모색한 국내 연구로는 황용석·김재영·정연정(2000), 윤성이(20001), 정연정(2000) 등이 있다. 이들은 인터넷의 활용이 사회운동단체의 조직기반을 확대하고 운동의 응집성을 증가시키며, 다른 단체들과의 연대 및 조화를 증진함에 있어 긍정적인 효과를 미칠 뿐 아니라 통상 재정적으로 취약한 사회운동단체들로 하여금 비용의 효율성 및 사회운동의 공간적 제약성을 극복할 수 있는 유용한 도구로 활용된다고 주장한다.

셋째, 빔버와 그의 동료들(Bimber, Flanagin and Stohl 2005)이 주장하듯 디지털 융합 기술의 발달로 네트워크를 통한 참여가 훨씬 쉬워지면서 공공재와 사유재(private goods) 간의 전통적인 구별이 의미 없게 되고, 따라서 공과 사의 경계를 구분하기 위한 새로운 구분의 기준이 필요하게 된 점도 전통적인 사회운동의 존재양식이 변화하게 된 중요한 이유 중 하나라 할 수 있다. 이는 새로운 공론 장으로서의 온라인 공간이 반드시 하버마스가 말한 합리적 토론만이 수행되는 것이 아니라 포스터(Poster 1997)나 달그린(Dahlgren 1995)이 공론장의 탈공간화와 참여의 확대로 인해 공적 영역과 사적 영역 간의 경계가 불명확해지는 비이성적 공론장의 특성을 온라인 공간이 함께 지니고 있음을 말해주는 것이다.

넷째, 개별 행위자의 정보처리 능력이 극대화 된 점도 사회운동의 근본적인 변화를 초래한 원인의 하나로 지적될 수 있다. 전통적인 사회운동의 패러다임이 작동하던 시대에 정보는 수직적 위계구조의 최상위에 자리한 권력담지자의 수중에 집중된다. 따라서 일반 대중들은 정보의 비대칭 구조로 인해 합리적 의사결정에 제약을 받게 되며, 따라서 정보를 독점한 권력담지자의 의견과 결정을 수동적으로 수용할 수밖에 없는 처지에 놓이게 된다. 하지만 디지털 융합사회에 소셜 미디어로 무장한 다중으로서의 스마트 맙은 다양한 디지털 미디어를 통해 정보를 실시간으로 처리할 수 있게 된다. 최근 새로운 비즈니스 영역으로 각광받고 있는 빅 데이터 산업은 정보의 집적 및 처리 속도와 정확도를 증가시킴으로써 다중의 정보처리능력을 배가시키는 데 크게 기여하고 있다.

물론 소셜 미디어가 사회운동에 미친 영향이 반드시 긍정적인 형태로만 나타나는 것만은 아니다. 대다수의 학자들이 소셜 미디어의 활용이 사회운동의 동원능력을 강화한다는 데 동의하고 있는 것은 사실이지만(Tufekci 2010; Algeri 2010) 소셜 미디어를 포함한 온라인 커뮤니케이션 기술의 발전이 가져다주는 효과가 그다지 높지 않다는 비판적인 주장도 제기되고 있다. 글래드웰(Gladwell 2010)은 전통적인 오프라인 중심의 사회운동에 비해 소셜 미디어 등 온라인 중심의 사회운동이 연대성(solidarity)의 측면에서는 훨씬 그 힘이 약하다고 주장한다. 그는 사회적 유대관계의 측면에서 트위터나 페이스북과 같은 소셜 미디어를 통한 연결고리는 사회적 유대가 약한 연결고리를 기반으로 하고 있기 때문에 사회변동을 주도해 나가는 것이 근본적으로 불가능하다고 주장한다. 파파차리시(Papacharissi 2010)는 소셜 미디어로 연결된 개별 시민들은 자신의 생각과 행동을 공유하는 사적인 수준에 머물러 있을 뿐 아니라 대중적 포퓰리즘과 결합될 경우 냉소적인 집단행동으로 치달을 가능성이 높다고 비판한다. 브레이(Bray 2013)는 미국 월 스트리트 금융자본에 반대했던 '점령하라' 운동(Occupy Movement)이 너무도 느슨한 소셜 네트워크상의 연대에만 의존한 나머지 결국에는 정부의 강제퇴거 조치가 내려진 이후에는 산발적인 아나키즘적 경향의 운동으로 전락하고 말았음을 강조한다. 이외에도 소셜 미디어 기반 사회운동이 오히려 청년 및 고소득층에 한정된 동원능력을 보임으로써 수평적이고 탈위계적이기보다는 현실과 별반 다르지 않은 위계적 관계를 형성하기도 한다는 비판도 일부 제기되고 있다(서정건·김예원 2014, 111).

4. 사회운동의 환경변화와 사회운동이론의 이론적 수정의 필요성

전통적 사회운동 이론의 하나라 할 수 있는 상대적 박탈 이론 (Relative Deprivation Theory)에 따르면 "진정으로 한 가지 이슈에 관심을 갖는 사람은 … (중략) 모든 장애를 극복할 수 있다"(Nagel 1987, 50). 즉 억압-저항 관계에서 상대적 박탈감에 젖어 저항세력에 일단 가담하게 되면 억압의 강도와 관계없이 저항에 지속적으로 참여하게 된다는 것이다. 그러나 이러한 상대적 박탈 이론의 비현실적인 가정은 억압-저항 관계를 집합행동(collective action)의 시각에서 접근하는 합리적 선택이론(rational choice theory)의 집중적인 비판을 받게 된다.

사회운동에 대한 미시적 접근법 중 하나인 합리적 선택이론은 사회운동에 참가하는 집합행동의 문제에 관심을 집중한다. 집합행동은 어떤 경우에도 '모반자의 딜레마(rebel's dilemma)'를 야기하게 되는데 이는 저항에 참여하여 받게 되는 편익(benefits)(승리감, 자유의 획득 등)은 모두에게 공유되는 것이지만 반대로 참여에 따른 비용(costs)은 참여자 개인에게 부과되는 것이므로 합리적 개인은 참여의 전략 대신 무임승차(free riding)의 전략을 선택하게 되고, 참여한 경우에도 예상되는 억압의 강도에 따라 낮은 단계의 저항행위를 우선적으로 선택하게 된다는 것이다. 따라서 이런 상황에서 사회운동 진영에는 언제나 소수의 활동가들만이 남게 되고 저항 또한 대규모로 장기간 지속될 수 없다는 것이다. 저항세력의 지도부가 이런 '모반자의 딜레마'를 극복하고 대규모의 지속적인 저항활동을 펼쳐나가기란 쉽지 않다.

리크바크(Lichbach 1998)는 합리적 선택이론의 측면에서 억압 및 저항세력이 각각 추구해야 할 전략들을 시장(market), 공동체(community), 계약(contract), 위계(hierarchy)의 4가지 측면에서 접근, 분류하고 있다.4) 억압-저항 관계에서 저항세력의 지도부가 집합행동의 문제, 즉 '모반자의 딜레마'를 극복하고 보다 규모가 크고 강력하고 지속적인 저항을 조직하기 위해서는 무엇보다 먼저 저항 참여자들의 편익(benefits)은 증대시키고 비용(costs)은 감소시킴으로써 그들의 합리적 계산(rational calculus)의 결과를 긍정적인 것으로 만들어야 한다.

사회운동 연구에 있어 핵심적 주제 중 하나인 억압-저항 간 연관 관계에 관한 여러 연구 성과들은 대체로 합리적 행위이론의 관점에서 국가의 억압이 최소한 단기적으로는 저항을 감소시키는 효과를 가져올 것으로 가정한다. 물론 라슬러의 경우 장기적으로는 저항이 오히려 증대될 것이라고 주장하고 굽타·싱·스프라그(Gupta, Singh, and Sprague 1993) 또한 민주주의 체제하에서 발생하는 저항 활동에서는 국가의 억압이 오히려 더 큰 저항을 불러 오게 될 것이라고 경고하고 있지만 그들 모두 리크바크의 합리적 행위 이론에 입각한 '모반자의 딜레마' 가정에 충실한 결론을 내고 있다.

그러나 2009년 이란의 대선시위, 2008년 우리나라의 쇠고기 수입 반대 촛불시위, 2016~2017년 박근혜 대통령 탄핵 촛불시위 등의 경우에서 보는 것처럼 트위터(tweeter), 웹 블로깅(web blogs),

---

4) 리크바크(1998)가 제시하고 있는 억압-저항 간 대결에서 이기기 위한 전략의 리스트는 너무도 길어 본 논문에서는 모두 제시하지 않는다. 그가 제시한 전략들에 대해서는 페이지 22~26을 참고하기 바란다.

팟 캐스트(pod cast)와 같은 웹 2.0 기술이 적용된 저항 수단들이 저항세력 내부의 정보전달과 동원에 활용된다면 이는 억압-저항 관계에서 국가 억압의 우월적 지위를 위협하기에 충분한 요소로 작용하게 된다. 웹 기술을 통해 보다 수월해진 정보전달과 소셜 네트워킹(social networking)을 통한 조직 관리는 저항세력의 지도부에 편익증대, 비용감소의 전략을 보다 용이하게 해줄 것이다.

사회운동 참여자들에게 무엇보다 중요한 편익은 적어도 리크바크(Lichbach 1995)의 설명에 따르자면 참여에 대한 열정(zealot)이다. 참여 행위의 지향점에 대한 열정은 참여자 자신의 참여 행위가 한계편익(marginal benefit)을 극대화 시키는 역할을 하게 됨을 자각할 때 더 커지게 된다. 인터넷 공간에서 이루어지는 저항의 이념과 목표에 대한 집단공유5)의 일상화는 이념과 목표에 대한 열정을 내면화 시켜주는 역할을 수행한다. 인터넷 공간에서 이루어지는 저항 참여자들 간의 활발한 정보교환과 의사소통은 그 자체로 저항의 비용을 줄여주는 효과를 나타낸다. 리크바크(Lichbach 1995)에 따르면 합리적 행위자로서의 저항 참여자에게 부과되는 비용은 각종 저항 활동에 참가함으로써 소요되는 시간과 금전적 비용, 예측할 수 없는 국가 억압과 그에 따른 정신적, 육체적 피해 등으로 매우 다양하며, 저항세력의 지도부 또한 저항의 이념과 목표에 대한 열정을 지닌 잠재적 저항 참여자에 대한 검색비용(search costs) 등을 지불해야 한다. 인터넷 공간이 새로운 공공영역으로 등장하면서 저항 참여자나 저항세력의 지도부는 이러한 비용을 오프라인에서보다

---

5) 이념과 목표에 대한 집단공유는 주로 카페 모임이나 인스턴트 메시징, 채팅, 토론방, 게시판, 트위터링 등을 통해 일상적으로 이루어지게 된다.

훨씬 더 절약할 수 있게 된다.[6)]

리크바크(Lichbach 1995)가 제시한 '모반자 딜레마'의 또 다른 해결 방안은 불완전 정보(incomplete information)의 활용이다. 그의 주장에 따르면 억압, 저항세력은 불완전 정보의 유통을 통제하기 위해 서로 경쟁한다. 저항세력은 '모반자의 딜레마'를 해결하기 위해 공공성(publicity), 환상(illusions), 이념(ideology), 상징(symbols)을 활용하여 억압세력에 대한 분노를 극대화하려 하지만 억압세력은 반대로 '모반자의 딜레마'를 극대화하기 위해 그것들을 활용한다 (Lichbach 1995, 24). 불완전 정보를 놓고 억압과 저항세력 간에 벌어지는 이러한 경쟁에서 인터넷 기술의 진화는 상대적으로 저항세력의 입지를 높여 준다. 사이버 공간에서 벌어지는 억압-저항 세력 간의 정보전쟁은 억압세력이 일방적으로 기술적 우위에 있음에도 불구하고 결국 저항세력의 승리로 끝나는 경우가 많다. 인터넷 필터링(internet filtering) 기술이 고도화되는 만큼 그것을 우회하는 저항세력의 기술 또한 발전하며, 저항세력에 대한 불완전 정보를 배포하는 억압세력의 서버들이 불특정 다수의 해커 공격으로 불능 상태에 빠지는 경우도 빈번하게 일어나고 있다.[7)]

---

6) '모반자의 딜레마'를 극복하기 위한 저항의 편익증대, 비용감소 방법에 대한 보다 구체적인 내용은 리크바크(Lichbach 1995) 36-48 페이지를 참고하기 바란다.

7) 이외에도 리크바크(Lichbach 1995)가 제시한 '모반자 딜레마'의 극복방안 중에 인터넷 기술의 발전에 민감할 수밖에 없는 항목들을 다수 열거할 수 있을 것이지만 본 연구에서는 더 이상 구체적으로 다루지 않는다. 그런 방안들 대부분이 인터넷 기술의 발전에 따라 억압세력보다는 저항세력에 보다 유리하게 작용하게 될 것으로 짐작된다.

5. 다중의 등장과 사회운동에서 다중운동으로의 변화

자본주의는 제2의 황금기를 지나면서 완전히 새로운 질서로 진화해 나가게 되는데 1980년대 이후부터 본격적으로 전개되기 시작한 신자유주의 세계화의 과정이 그것이다. 신자유주의 세계화는 기본적으로 주권국가 중심의 국제체제인 베스트팔리아 체제를 근본부터 해체시키기 시작했다. 살라몬(Lester Salamon)이 제시한 사회주의, 복지국가, 발전국가, 지구환경의 4가지 위기 속에서 세계화와 지방화가 동시에 전개되면서 국가 주권의 약화 현상이 두드러지게 나타나기 시작했다. 주권 국가의 약화는 자연스럽게 그 주권 국가 안에 깃들어 사는 국민(nation 혹은 people)의 존재양식에도 변화를 가져왔다.

처음으로 다중(multitude)의 개념을 제시했던 네그리와 하트(Negri and Hardt 2004)가 근대 제국주의 시대의 저항 주체인 '인민(people)'이 '다중(multitude)'으로 대체되고 있음을 역설한 것은 이런 신자유주의 세계화에 따른 전 세계적 차원의 새로운 패러다임 변화를 염두에 둔 것이었다. 네그리와 하트에게 있어 다중은 마르크스주의에서 계급적 적대관계에 기반을 둔 '인민'이나 '민중'과는 차원이 다른 개념으로 그들이 제시한 다중은 적대적 계급 관계를 제거하는 것에 방점이 찍혀 있는 것이 아니라 상호 다양한 차이를 인정하고 존중하며 특정한 사안이나 작업들에 능동적으로 참여하는 전혀 새로운 시민생활의 주체적 존재로서의 다중인 것이다(강진숙·소유석 2016, 13).

그들이 말하는 다중은 "다수이면서 동시에 하나"라는 점에서 기존의 국민이나 인민(혹은 민중), 대중과는 구별되는 개별 인격의 존재양식이다. 그들은 서로 이질적인 독립된 개인들로 분산하여 존재하지만 동시에 어떤 계기가 생겨나면 언제든지 하나의 거대한 집합체로 묶여져 집단행동의 주체가 될 수 있는 그런 독특한 존재인 것이다. 디지털 융합기술에 의해 구현된 새로운 네트워크 사회에서 이루어지는 사회운동에 참여하는 사람들은 특정 집단이나 공적 조직에 대한 소속감보다는 자아의 정체성을 더 소중하게 여기는 경향이 강하다. 아울러 그들은 대중동원능력에 의존하는 집단적 수단에 의해 목표를 달성하기보다는 자기 나름대로의 독특한 운동 방식을 통해 운동의 목표를 달성하는 데 더 많은 관심을 갖는 경향이 있다. 일사분란한 동원 체제에 의존하는 전통적인 운동방식보다는 보다 유연한 형태의 개인화된 집합행동에 의존하는 방식을 더 선호하고 있다(최재훈 2017, 91). 물론 이들이 그러한 형태의 개인화된 집합행동을 통해서도 운동의 목표를 달성할 수 있는 데는 오프라인을 통하지 않고도 활발한 의사소통을 가능케 하는 정보통신기술의 발달이 큰 역할을 했다.

<표 1> 국민·대중·인민·다중의 개념 비교

구분	국민	대중	인민(민중)	다중
영어 표현	nation	mass	people	multitude
발현 시기	18~19세기	19세기 후반~ 20세기 초	20세기 초~20 세기 후반	21세기
범위	국적 보유자	유권자 (다수의 일반인)	사회경제적 소외층과 피지배대중 전체	개인 (공동 행동)
이념	공화주의	대의 민주주의	인민 민주주의 (민중 민주주의)	참여/숙의 민주주의
계급관계의 구분	계급적 구분 없음	계급적 구분 없음	내부의 계급적 차이 무시	계급적 구분 없음

<표 1>은 노동운동, 민중운동 등을 포함하는 전통적인 의미에서의 사회운동과 구별되는 다중운동의 주체로서의 다중이 전통적 사회운동의 주체인 인민, 민중, 시민, 국민, 대중 등의 개념과 어떤 차이를 나타내는지를 비교한 것이다. <표 1>을 통해 알 수 있듯이 다중은 국민, 대중, 인민(민중)과는 달리 20세기 후반부터 본격화되기 시작한 참여 및 숙의 민주주의의 이념에 기반한 것으로 계급적 이해관계로부터 완전히 벗어나 평소에는 철저히 약한 유대로 연결된 분사된 개인으로 존재하다가 공통의 이슈가 제기되는 순간 분노의 공동화를 통해 집합행동에 나선다는 점에서 독특한 특성을 갖고 있다.

이른바 '집합행동의 개인화'를 가능케 하는 이런 '다중'의 존재는 기본적으로 <표 2>가 보여주는 바와 같이 서구 사회운동의 세 가지 국면 중 2008년 금융위기 이후에 조성되는 사회운동의 세 번째 국면에서 비로소 일상화된 형태로 나타난다. 이 국면에서 사회운동의 중요한 행위자인 '다중'은 매우 수평적인 조직적 구성 원리에 입각해 평소에는 개인별로 다른 개성과 욕구에 입각해 주체의 의미를 추구하거나 개인적 역량 강화를 위해 노력한다. 하지만 개인화된 형태로 산재해 있던 그들도 신자유주의 세계화의 실패와 함께 찾아온 장기적인 경기침체를 의미하는 뉴 노멀(New Normal)의 위기 상황에서는 쌍방향 커뮤니케이션이 언제든지 가능한 소셜 미디어를 통해 빠른 속도로 다중운동의 대열에 합류함으로써 2011년 전 세계적으로 발생한 긴축반대운동과 같은 효과적인 집합행동을 실천에 옮기기도 한다.

<표 2> 서구 사회운동의 세 가지 국면

구분	첫째 국면	둘째 국면	셋째 국면
시기	19세기~20세기 초 (과도기: 전간기)	2차 대전 직후~2008년 전(과도기: 신자유주의 시기)	2008년 금융위기 이후
사회경제적 배경	산업 자본주의의 확산	케인즈주의 경제관리 체제의 수립과 와해	장기 경제 침체(New Normal)
매체 환경	인쇄매체(지방신문, 잡지 등)	매스미디어: 시청각 매체(TV, 전국 신문 등)	소셜 미디어: 쌍방향 매체(인터넷, 스마트폰 등)
중심목표	생존	관리	자율성
대표적인 운동	노동조합, 좌파정당	노동조합, 좌파정당(구사회운동) / 여성운동, 환경운동(신사회운동)	2011년의 전 세계적 긴축 반대 운동
제도정치와의 쟁점	보통선거제도 실시	사회국가의 건설·유지(구사회운동) / 현실 사회국가에서 배제된 쟁점 제기 (신사회운동)	탈신자유주의, 기성 정치체제 개혁, 사회국가의 재건·강화
주된 일상 과제	조직화	영향력 강화	주체의 의미 추구 및 역량 강화
조직 양식	대면적 위계제	원격적 위계제	수평적 네트워크

출처: 장석준(2016), p.69.

<표 1>을 통해 살펴본 '다중'의 모습이 사회운동과 결합하여 가장 극적인 형태로 드러난 것이 2016-2017년의 촛불시위이다. 2016-2017년의 촛불시위가 2008년 5월~8월의 광우병 촛불시위와 명백히 다른 점은 자발적으로 참여한 시민들이 시위 전반을 주도하였다는 점이다. 2008년의 광우병 촛불시위 역시 처음 촛불시위가 조직되기 시작했던 5월에는 주로 여고생, 노동자, 회사원, 자영업자, 주부 등 다양한 계층의 조직화되지 않은 개인들이 자발적으로 시위에 참여하는 양상을 보였다. 하지만 경찰의 적극적인 대응으로

시위가 더욱 격렬해지고 광우병 이외의 다른 파생적 이슈들이 함께 대두되면서 점점 시위의 주도권은 민주노총과 같은 조직화된 집단으로 넘어가게 되고, 그 결과 시위가 더욱 격렬해 지면서 조직화되지 않은 개인의 참여가 현저히 줄어드는 현상이 나타나게 된다(이현우 2008). 초기 시위를 주도했던 조직화되지 않은 개인으로서의 다중이 서서히 억압-저항 관계의 상호작용이 강화되면서 특정 계층과 계급이 주도하는 전통적인 사회운동의 양상으로 퇴화되어 갔던 것이다.

이런 점에서 2016-2017년 촛불시위는 전혀 다른 운동 양태를 보인다. 2016-2017년 촛불시위 역시 1차 촛불시위가 개최되었던 2016년 10월 29일부터 다양한 계층의 조직화되지 않은 개인이 자발적으로 시위에 참여하는 양상을 보였다. 2016-2017년 촛불시위 역시 2008년 광우병 촛불시위에서처럼 시위가 계속되는 과정에서 '박근혜 대통령 퇴진'이라는 단일 이슈 외에도 '사드 배치 반대'나 '국정교과서 폐지'와 같은 파생적인 이슈들이 나타났다. 하지만 '박근혜 대통령 퇴진 혹은 탄핵'이라는 일관된 이슈는 20차에 걸친 촛불시위 전반을 관통하는 이슈로 줄곧 유지되어 왔다. 사실상 촛불시위의 형식적인 지도부 역할을 담당했던 '박근혜 정권 퇴진 비상국민행동'이나 주요 야당이 투쟁의 수위를 낮추고자 고민할 때 오히려 시위에 참가한 불특정 다수인 다중이 스스로 투쟁의 수위와 정치적 요구의 수준을 집단적으로 결정하는 양상을 나타내었다. 사실상 '퇴진행동'은 시위의 방향과 이슈를 결정할 수 없는 상황에 처하게 되었으며, 시위의 주도권은 완벽하게 조직화되지 않은 다수의 시위 군중들에게 넘어갔다.

이런 점에서 2008년과 2016-2017년 촛불시위는 이전의 전통적인 사회운동이 보여주는 존재양식과는 매우 다른 모습을 보여주었다. 촛불시위를 새로운 사회운동의 유형으로 자리매김하길 원했던 연구자들에게 그것은 전혀 다른 운동의 주체들에 의해 주도되는 것이었고 그와 같은 조직화되지 않은 개인은 네그리와 하트가 제시한 '다중'의 개념과 일맥상통한 것이었다. 2008년 광우병 촛불시위를 분석한 일련의 연구들이(이득재 2008; 백욱인 2008) 이들의 존재를 단순한 '시민'의 범주를 넘어선 '다중'으로 파악하기 시작한 것도 촛불시위를 주도한 운동주체의 이러한 차별적 특성에 대한 분석을 기반으로 한 것이었다.

2016-2017년 촛불시위의 참가자들은 2008년 광우병 촛불시위 참가자들에 비해 그러한 '다중'으로서의 특성을 더욱 적나라하게 보여준다. 최재훈(2017)은 2016-2017년 촛불시위가 최근 한국사회에 등장한 새로운 유형의 사회운동 레퍼토리를 가장 극명한 형태로 드러낸 사건으로 '다중'에 의한 집합행동의 개인화가 얼마나 강력한 현실적 힘이 될 수 있는지를 잘 보여준 사례라고 주장한다. <표 3>은 집합행동에 나서는 행위자, 즉 운동주체들이 지닌 성격과 그들이 지향하는 조직화의 수준과 방향에 따라 다양한 형태로 존재하는 다양한 운동양식들을 정리한 자료이다. <표 3>을 통해 알 수 있듯이 역사적인 시간의 측면을 고려할 때 인류가 경험해온 집합행동의 다양한 존재양식들은 노동자·민중운동에서 사회운동으로 다시 다중운동으로 진화해 나가는 매우 단선적인 과정을 거쳐 진화해 나가고 있다.

<표 3> 집합행동의 다양한 존재 양식들

구분	노동자·민중운동	사회운동	다중운동
주체의 성격	인민/민중	시민/대중	다중
주체의 계급성	계급적	비계급적	탈계급적
조직화의 성격	위계적	위계적/반위계적	비위계적
조직화의 수준	높음	중간	낮음
조직 이념	민중론	시민론	다중론
이슈의 성격	사회경제적	탈물질적	사회경제/탈물질적
억압-저항 관계의 특성	적대적 관계	적대적-비적대적	비적대적
운동의 표현 형태	폭력	폭력/비폭력	비폭력

　그렇다면 소셜 미디어에 기반한 네트워크 시대의 다중운동은 어떤 특성을 지니고 있는가? 첫째, 다중운동의 형태로 나타나는 소셜 미디어 시대 사회운동은 대부분 '허브'라 불리는 '비위계적 네트워크 구조 속에 존재하는 작은 중심들'을 갖고 있다. 이와 같은 다중운동의 허브는 통상 온라인상의 허브 사이트 형태로 존재하게 되는데 이 허브 사이트는 "중앙의 운영 사이트들과 주변의 다양한 전문 사이트들 사이의 연합체"를 의미하는 것으로 "중앙의 운영 사이트는 한편으로는 그것을 둘러싸고 있는 연합 사이트들에게 소통 수단을 제공하고, 다른 한편으로는 그것들로부터 다양하고도 전문화된 정보와 서비스를 제공받는다"(이향우 2012, 257-258).

　둘째, 이런 허브 사이트들은 그 내부의 다수의 '어피너티 그룹(affinity group)'을 갖고 있다. 어피너티 그룹은 "일반적으로 서로 잘 알고 신뢰할 수 있으며 사회정치 사안에 대한 직접 행동을 함께 하는 3명에서 20명의 사람들로 구성된 활동가 그룹"을 일컫는 말이다(이향우 2012, 258).[8] 피차도(Pichardo 1997)에 따르면 최근 나타나고 있는 비위계적이고 탈중심적이며 유연한 네트워크형 사회운동은 사실상 이와 같은 다수의 어피니티 그룹들 간의 느슨한 연대와 협력의 결과물이라고 해도 과언은 아니다.

셋째, 다중운동에서 드러나는 대중의 운동 행태는 철저하게 집합행동이 개인화(personalization)된 형태를 띠게 된다는 점이다. 베넷과 세거버그(Bennett and Segerberg 2011)에 의해 집합행동의 개인화로 명명된 이와 같은 다중운동에 참여하는 다중이 보여주는 행동의 특성은 공식적인 조직에 소속되지 않는 철저히 개인적인 자격으로 사회운동에 동참하며 자신만이 지닌 생활방식과 가치관을 토대로 다양한 의제들 중에 자신의 대의와 맞는 의제를 선별하여 행동에 참여하는 방식을 띠고 있다는 점에서 기준의 대중운동에 참여하는 대중의 운동 행태와는 완전히 다른 특성을 나타낸다. 베넷과 세거버그는 이를 "복수의 소속과 정체성 그리고 풍부한 네트워크 접속을 자랑하는 디지털로 서로 연결된 개인들이 대규모 저항의 속도와 규모와 조직에 점점 더 핵심적인 것으로" 되는 현상으로 이해한 바 있다(Bennett and Segerberg 2011, 772, 이향우 2012, 259에서 재인용).

6. 맺음말

신자유주의 세계화에 저항하는 세계적인 차원에서의 반세계화 시위 사례나 2008년 광우병 촛불시위, 2016~2017년 박근혜-최순

---

8) 어피니티 그룹은 19세기 스페인의 무정부주의 활동에서부터 시작되었으며, 1970년대 미국 반전운동을 통해 다시 출현했다가 1999년 시애틀 세계무역기구 반대 시위를 포함한 최근의 신자유주의 세계화에 반대하는 각종 시위에서 두드러지게 나타나고 있다(이향우 2012, 258).

실 국정농단 촛불시위 등 최근에 나타난 일련의 사회운동의 전개 양상은 조직화된 대중 동원을 기반으로 하는 전통적인 사회운동과는 판이하게 다른 모습을 보여주고 있다. 무선인터넷, 블로그, 페이스북, 플리커, 팟 캐스트, 트위터 등 웹 2.0 기술이 적용된 서비스와 장비들로 무장한 발전된 형태의 '스마트 맙'이 사회운동의 주류로 등장하면서 사회운동의 본질적인 변화가 초래되고 있는 것이다. 이른바 '다중'으로 불리는 새로운 사회운동의 주체들은 집합행동의 개인화를 통해 전통적인 사회운동을 새로운 차원의 '다중운동'으로 바꿔가고 있다.

21세기형의 새로운 인류라 해도 과언이 아닌 '다중'은 첨단의 정보통신 기기들로 무장한 채 세계를 자유롭게 돌아다니며 정보의 생산과 소비를 동시적으로 수행하는 정보의 생비자(prosumer)로 행동한다. 그들은 특정한 이념이나 조직에 헌신하지 않으며 개인적 주체성과 삶의 의미를 찾아 뿔뿔이 흩어져 고립된 개인으로 존재한다. 하지만 그들이 보유하고 있는 스마트 미디어를 통해 지속적인 소통과 지식을 공유하는 일을 게을리 하진 않는다. 스마트 기기를 통해 느슨한 연대(weak tie)로 연결되어 있던 그들에게 분노의 공통분모가 생기는 순간, 그들은 라인홀드가 예견했듯 영리한 군중으로 돌변한다. 집단지성을 발휘해 문제를 해결하기도 하고 오프라인에서의 직접적인 현실정치 참여를 통해 사회의 변화를 꾀하기도 한다. 이런 '다중'과 그들의 사회참여는 전통적인 사회운동의 원리로는 쉽게 설명하기 어려운 특성들을 보여주고 있어 '다중운동'이라는 또 다른 개념의 사회운동에 관한 이론 체계를 요구하고 있다. 다중운동이 지배하는 새로운 환경은 합리적 선택이론이 정초하고 있는 '무임승차'나 '정보 비대칭'과 같은 가정과 전제들이 더 이상 이론적 유효성을 입증할 수 없음을 보여주고 있으며, '다중'이 지배하는 새로운 '다중운동'의 시대에 부합하는 사회운동에 대한 새로운 이론적 설명의 틀을 구축할 것을 요구하고 있다.

참고문헌

박영신. 2006. "사회 운동의 역동 구조: 상징, 지식, 실행." 『사회이론』 12권, 97-121.

백욱인. 2008. "촛불시위와 대중: 정보사회의 대중형성에 관하여." 『동향과 전망』 74호, 159-188.

서정건·김예원. 2014. "소셜 미디어 시대의 사회운동과 정당정치: 미국의 소득 불평등과 '점령하라' 운동(Occupy Movement) 사례를 중심으로." 『한국정당학회보』 13집 2호, 101-129.

송경재. 2009. "네트워크 시대의 시민운동 연구: 2008 촛불집회를 중심으로." 『현대정치연구』 2권 1호, 55-83.

유석진·이현우·이원태. 2005. "인터넷의 정치적 이용과 정치참여: 제17대 총선에서 대학생 집단의 매체이용과 투표참여를 중심으로." 『국가전략』 11집 3호, 141-169.

윤성이. 2001. "인터넷 혁명과 시민운동의 새로운 전개." 한국정치학회 라운드 테이블 발표문.

이득재. 2008. "촛불집회의 주체는 누구인가." 『문화과학』 55권, 90-109.

이종렬·권해수. 1989. "사회운동의 성공요인과 정책변화에 대한 영향분석: 도시철거민 저항운동의 사례분석." 『한국행정학보』 24집 3호, 1281-1298.

이향우. 2012. "소셜 미디어, 사회운동의 개인화, 그리고 집합 정체성 구성: 페이스북 그룹 '함께 점령' 사례 분석." 『경제와 사회』 95권, 254-287.

이현우. 2008. "정치참여 유형으로서의 촛불집회: 대표성과 변화." 한국국제정치학회 학술대회 발표 자료집.

장석준. 2016. "1987년 이후 한국 사회운동의 역사적 궤적과 현재의 성찰: 서구 사회운동과 비교하며." 『시민과 세계』 29권, 57-84.

정연정. 2000. "미국 시민이익집단 활동과 인터넷 이용." 『한국정치학회보』 34집 4호, 337-358.

정연정. 2004. "영리한 군중(Smart Mobs)의 등장과 디지털 정치참여." 『국제

정치논총』 44권 2호, 237-258.

조화순·송경재. 2004. "인터넷을 통한 시민 정책참여: 단일이슈 네트운동의 정책결정과정."『한국행정학보』 38권 5호, 197-214.

최재훈. 2017. "집합행동의 개인화와 사회운동 레퍼토리의 변화."『경제와 사회』 113호, 66-99.

최현·김지영. 2007. "구조, 의미 틀과 정치적 기회: 1980년대 한국의 민주화 운동."『경제와 사회』 75권, 251-281.

황용석·김재영·정연정. 2000.『인터넷 시대의 새로운 정치환경』. 서울: 커뮤니케이션북스.

Algeri, D.. 2010. What Malcolm Gladwell doesn't understand about social media(a n d what every law firm should know). http://www.greatjakes.com/blog/what-malcolm-gladwell-doesn%E2%80%99t-understand-about-social-media-and-what-every-law-firm-should-know-for-marketin/

Barber, Benjamin. 1999. "Three Scenarios for the Future of Technology and Strong Democracy." *Political Studies Quarterly* 113: 573-590.

Benkler, Yochai. 2007. *Wealth of Networks: How Social Production Transforms Markets and Freedom.* New Haven: Yale University Press.

Bennett, W. Lance, and Alexandra Segerberg. 2013. *The Logic of Connective Action: Digital Media and the Personalization of Contentious Politics.* New York: Cambridge University Press.

Berejikian, Jeffrey. 1992. "Revolutionary Collective Action and Agent-Structure Problem." *American Political Science Review* 86: 647-657.

Bimber, Bruce, Andrew J. Flanagin, and Cynthia Stohl. 2005. "Reconceptualizing Collective Action in the Contemporary Media Environment." *Communication Theory* 15(4): 365-388.

Blumer, Herbert. 1957. "Collective Behavior." In *Review of Sociology: Analysis of a Decade,* edited by J. B. Gittler, 127-158. New York: Wiley.

Bonchek, M. S.. 1997. "From Broadcast to Netcast: The Internet and the Flow of Political Information." Ph.D. Dissertation, Harvard University.

Bray, Mark. 2013. *Translating Anarchy: The Anarchism of Occupy Wall Street.* New York: John Hunt Publishing.

Brockett, Charles D.. 1992. "Measuring Political Violence and Land Inequality in Central America." *American Political Science Review* 86: 169-176.

Browning, Graeme. 1996. *Electronic Democracy: Using the Internet to Influence American Politics*. Wilton, CT: Pemberton.

Chong, Dennis. 1991. *Collective Action and the Civil Rights Movement*. Chicago: University of Chicago Press.

Costain, Anne. 1992. *Inviting Women's Rebellion: A Political Process Interpretation of the Women's Movement*. Baltimore, MD: Johns Hopkins University Press.

Curtis, Russell L., and Louis A. Zurcher. 1973. "Stable Resources of Protest Movements: The Multi-Organizational Field." *Social Forces* 52: 53-61.

Dahlgren, P.. 1995. *Television and the Public Sphere*. London: Sage Publication.

Davies, James Chowning. 1962. "Toward a Theory of Revolution." *American Sociological Review* 27: 5-18.

DeNardo, James. 1985. *Power In Numbers: The Political Strategy of Protest and Rebellion*. Princeton, NJ: Princeton University Press.

Eisinger, Peter K.. 1973. "The Conditions of Protest Behavior in American Cities." *American Political Science Review* 67: 11-28.

Ellina, Maro, and Will H. Moore. 1990. "Discrimination and Political Violence: A Cross-National Study with Two Time Periods." *Western Political Quarterly* 43: 267-278.

Feierabend, Ivo K., and Rosalind L. Feierabend. 1966. "Aggressive Behaviors within Polities, 1948-1962: A Cross-National Study." *Journal of Conflict Resolution* 10: 249-271.

Finifter, Ada W.. 1974. "The Friendship Group as a Protective Environment for Political Deviants." *American Political Science Review* 68: 607-625.

Gamson, W. A.. 1975. *The Strategy of Social Protest*. Homewood, Ill.: Dorsey.

Gamson, William A., and David S. Meyer. 1995. "The Framing of Political Opportunity." In *Opportunities, Mobilizing Structures and Framing: Comparative Applications of Contemporary Movement Theory*, edited by Jon McCarthy, Doug McAdam, and Mayer N. Zald. New York: Cambridge University Press.

Garner, Roberta A., and Mayer N. Zald. 1985. "The Political Economy of Social Movement Sectors." In *The Challenge of Social Control*, edited by Gerald Suttles, and Mayer N. Zald, 119-145. Norwood: Ablex.

Gladwell, Malcolm. 2010. "Small Change: Why the Revolution Will Not Be Tweeted." *The New Yorker* 4: 42-29.

Goldstone, Jack A.. 1980. "The Weakness of Organization: A New Look at

Gamson's The Strategy of Social Protest." *American Journal of Sociology* 85: 1017-1042.

Goodwin, Jeff. 1997. "State-Centered Approaches to Social Revolutions: Strengths and Limitations of a Theoretical Tradition." In *Theorizing Revolutions,* edited by John Foran. London: Routledge.

Granovetter, Mark. 1978. "Threshold Models of Collective Behavior." *American Journal of Sociology* 83: 1420-1443.

Green, Donald P., and Ian Shapiro. 1994. *Pathologies of Rational Choice Theory: A Critique of Applications in Political Science.* New Haven: Yale University Press.

Gupta, Dipak K., Harinder Singh, and Tom Sprague. 1993. "Government Coercion of Dissidents: Deterrence or Provocation?." *Journal of Conflict Resolution* 37: 301-339.

Gurr, Ted Robert. 1970. *Why Men Rebel.* Princeton: Princeton University Press.

Hipsher, Patricia. 1996. "Is Movement Demobilization Good for Democratization? Some Evidence from the Shantytown Dwellers' Movement in Chile." *Politics and Society*

Hobsbawm, Eric J.. 1959. *Primitive Rebels.* Manchester, England: Manchester University Press.

Hunt, Lynn. 1984. *Politics, Culture, and Class in the French Revolution.* Berkeley: University of California Press.

Isaac, Larry, Elizabeth Mutran, and Sheldon Stryker. 1980. "Political Protest Orientations Among Black and White Adults." *American Sociological Review* 42: 249-268.

Jasper, James M.. 1997. *The Art of Moral Protest: Culture, Biography, and Creativity in Social Movements.* Chicago: University of Chicago Press.

Jenkins, J. Craig, and Charles Perrow. 1977. "Insurgency of the Powerless: Farm Workers' Movements, 1946-72." *American Sociological Review* 51: 812-829.

Katzenstein, Mary Fainsod, and Carol McClurg Mueller. 1987. *The Women's Movements of the United States and Western Europe: Consciousness, Political Opportunity, and Public Policy.* Philadelphia: Temple University Press.

Kornhauser, William. 1959. *The Politics of Mass Society.* Glencoe, IL: Free Press.

Kriesi, Hanspeter. 1989. "New Social Movements and the New Class in the Netherlands." *American Journal of Sociology* 94: 1078-1116.

Kriesi, Hanspeter. 1993. *Political Mobilization and Social Change: The Dutch Case in Comparative Perspective*. Aldershot, England: Avebury.

Lang, Kurt, and Gladys Engel Lang. 1961. *Collective Dynamics*. New York: Thomas Crowell.

Lichbach, Mark Irving. 1987. "Deterrence or Escalation? The Puzzle of Aggregate Studies of Repression and Dissent." *Journal of Conflict Resolution* 31: 266-297.

Lichbach, Mark Irving. 1994. "What Makes Rational Peasants Revolutionary? Dilemma, Paradox, and Irony in Peasant Collective Action." *World Politics* 46: 382-417.

Lichbach, Mark Irving. 1995. *The Rebel's Dilemma*. Ann Arbor: University of Michigan Press.

Lipsky, Michael. 1982. "Protest as a Political Resource." In *Classics of Urban Politics and Administration,* edited by William J. Murin. Oak Park. Ill.: Moore Publishing Co. Inc.

Lohmann, Suzanne. 1994. "The Dynamics of Informational Cascades: The Monday Demonstrations in Leipzig, East Germany, 1989-91." *World Politics* 47: 42-101.

Lupia, Arthur, and Gisela Sin. 2003. "Which Public Goods are Endangered?: How Evolving Communication Technologies Affect the Logic of Collective Action." *Public Choice* 117: 315-331.

Marx, Gary T.. 1979. "External Efforts to Damage or Facilitate Social Movements: Some Patterns, Explanations, Outcomes, and Complications." In *The Dynamics of Social Movements: Resource Mobilization, Social Control, and Tactics,* edited by Mayer N. Zald, and John D. McCarthy. Cambridge, Massachusetts: Winthrop Publishers.

McAdam, Doug. 1983. "Tactical Innovation and the Pace of Insurgency." *American Sociological Review* 48: 735-754.

McAdam, Doug. 1989. "The Biographical Consequences of Activism." *American Sociological Review* 54: 744-760.

McCarthy, John D. and Mayer N. Zald. 1977. "Resource Mobilization and Social Movement: A Partial Theory." *American Journal of Sociology* 82: 1212-1241.

Meyer, David. 1993. "Protest Cycles and Political Process: American Peace

Movements in the Nuclear Age." *Political Research Quarterly* 47: 451-479.

Morris, Aldon D. 1993. "Birmingham Confrontation Reconsidered: An Analysis of the Dynamics and Tactics of Mobilization." *American Sociological Review* 58: 621-636.

Muller, Edward N., and Karl-Dieter Opp. 1986. "Rational Choice and Rebellious Collective Action." *American Political Science Review* 80: 471-489.

Hardt, Michael, and Antonio Negri. 2004. *Multitude: War and Democracy in the Age of Empire*. New York: The Penguin Press. 조정환·정남영·서창현 역. 2008. 『다중: 제국이 지배하는 시대의 전쟁과 민주주의』. 서울: 세종서적.

Negri, Antonio. 2008. *Reflections on Empire*. Cambridge: Polity Press. 정남현·박서현 역. 2011. 『다중과 제국』. 서울: 갈무리.

Oberschall, Anthony. 1978. "The Decline of the 1960s Social Movements." In *Research in Social Movements, Conflict and Change*, edited by L. Kriesberg, 257-290. Greenwich, Conn.: JAI Press.

Oberschall, Anthony. 1979. "Protracted Conflict." In *The Dynamics of Social Movements: Resource Mobilization, Social Control, and Tactics*, edited by Mayer N. Zald and John D. McCarthy. Cambridge, Massachusetts: Winthrop Publishers.

Oberschall, Anthony. 1980. "Loosely Structured Collective Conflict: A Theory and an Application." *In Research in Social Movements, Conflict, and Change, Volume 3*, edtied by L. Kriesberg. Greenwich. Connecticut: JAI Press.

Oliver, Pamela. 1984. " 'If you don't do it, nobody else will': Active and Token Contributors to Local Collective Action." *American Sociological Review* 49: 601-610.

Opp, Karl-Dieter, and Christiane Gern. 1993. "Dissident Groups, Personal Networks, and Spontaneous Cooperation: The East German Revolution of 1989." *American Sociological Review* 58: 659-680.

Opp, Karl-Dieter. 1986. "Soft Incentives and Collective Action: Participation in the Anti-Nuclear Movement." *British Journal of political Science* 16: 87-112.

Opp, Karl-Dieter. 1989. *The Rationality of Political Protest: A Comparative Analysis of Rational Choice Theory*. Boulder, CO: Westview Press

Papacharissi, Zizi. 2010. *A Private Sphere: Democracy in a Digital Age*. Cambridge: Polity Press.

Pichardo, Nelson. 1997. "New Social Movements: A Critical Review." *Annual Review of Sociology* 23: 411~430.

Rheingold, Howard. 1993. *The Virtual-community: Homesteading on the Electronic Frontier.* Reading, MA: Addison-Wesley.

Rheingold, Howard. 2002. *Smart Mob.* Cambridge, MA: Perseus Publishing.

Rochon, Thomas R.. 1988. *Mobilizing for Peace: The Antinuclear Movements in Western Europe.* Princeton, N.J.: Princeton University Press.

Sewell, William Jr.. 1985. "Ideologies and Social Revolutions: Reflections on the French Case." *Journal of Modern History* 57: 57-85.

Simon, Herbert A.. 1985. "Human Nature in Politics." *American Political Science Review* 79: 293-304.

Skocpol, Theda. 1979. *States and Social Revolutions.* Cambridge: Cambridge University Press.

Smelser, Neil J.. 1962. *Theory of Collective Behavior.* New York: Free Press.

Smelser, Neil J.. 1968. *Essays in Scoiological Explanation.* Englewood Cliffs, N.J.: Prentice Hall.

Smith, Christian. 1991. *The Emergence of Liberation Theology: Radical Religion and Social Movement Activism.* Chicago: University of Chicago Press.

Snow, David A., Louis Zurcher, and Sheldon Ekland-Olson. 1980. "Social Networks and Social Movements: A Microstructural Approach to Differential Recruitment." *American Sociological Review* 45: 787-801.

Tarrow, Sidney. 1988. "National Politics and Collective Action: Recent Theory and Research in Western Europe and the United States." *Annual Review of Sociology* 14: 421-440.

Tarrow, Sidney. 1989. "Struggle, Politics, and Reform: Collective Action, Social Movements, and Cycles of Protest." Ithaca: Cornell University. Wester Societies Program Occasional Paper No.21.

Tarrow, Sidney. 1989. *Democracy and Disorder: Protest and Politics in Italy, 1965-75.* New York: Cambridge University Press.

Tarrow, Sidney. 1991. *Struggle, Politics, and Reform: Collective Action, Social Movements, and Cycles of Protest.* Ithaca, NY: Cornell University Press.

Tarrow, Sidney. 1996. "Social Movements in Contentious Politics: A Review Article." *American Political Science Review* 90: 874-882.

Tarrow, Sidney. 1998. Power in Movement: *Social Movements and Contentious*

Politics. Cambridge: Cambridge University Press.

Tilly, Charles. 1969. "Collective Violence in European Perspective." In *Violence in America: Historical and Comparative Perspectives,* edited by Hugh D. Graham, and Ted R. Gurr, 5-45. Washington D.C.: US. Government Printing Office.

Tilly, Charles. 1978. *From Mobilization to Revolution*. New York: McGraw-Hill.

Tilly, Charles. 1986. *The Contentious French*. Cambridge: Harvard University Press.

Tufekci, Z.. 2010. "What Gladwell Gets Wrong: The Real Problem is Scale Mismatch (Plus, Weak and Strong Ties are Complementary and Supportive)." http://technosociology.org

Tullock, Gordon. 1974. *The Social Dilemma*. Fairfax. VA: Center for the Study of Public Choice. George Mason University.

Turner, Ralph and Lewis Killian. 1972. *Collective Behavior*. Englewood Cliffs, N.J.: Prentice Hall.

Uhlaner, Carole J.. 1989. "Rational Turnout: The Neglected Role of Groups." *American Journal of Political Science* 33(2): 390-422.

Van Dijk. 배현석 역. 2002. 『네트워크 사회』. 서울: 커뮤니케이션북스.

Wickham-Crowley, Timothy P. 1997. "Structural Theories of Revolution." In *Theorizing Revolutions,* edited by John Foran. London: Routledge.

Zald, Mayer N., and Roberta Ash. 1966. "Social Movement Organizations: Growth, Decay and Change." *Social Forces* 44: 327-341.

2부

———

촛불집회와 다중운동의 특성

3장. 촛불집회의 지속과 변화: 역사적 제도주의의 시각에서*

장우영(대구가톨릭대학교)

1. 문제제기

촛불집회는 2000년대 한국사회의 시민참여를 상징하는 정치적 의례로 제도화되었다. 2002년 미군 장갑차에 의한 여중생 사망 규탄을 시발로, 2004년 노무현 대통령 탄핵 철회, 2008년 미국산 쇠고기 수입 반대, 2016-2017년 박근혜 대통령 퇴진 촉구에 이르기까지 일관되게 촛불집회로 명명되어온 대규모 시위들은 한국의 사회운동과 민주주의를 진전시킨 표상으로 평가받고 있다. 우선 사회운동의 측면에서 촛불집회는 사회운동을 '일탈이나 아노미 같은 비합리적 병리적 현상이 아닌, 공익의 추구를 위해 기존 규범과 제도변동을 지향하는 정상적이고 합리적인 집합행동'(김성일 2017)으로 정착시켰다. 특히 촛불집회는 탈체제가 아닌 체제 내적 범위에서 특수 계층이 아닌 범국민적 공감과 연대를 추구하였으며, 이로 인

---

* 이 글은 한국정치연구 27집 ·3호(2018년)에 게재된 필자의 논문을 보완하여 작성한 것임.

해 촛불은 자발적 동원을 의미하는 정치적 기표로 각인되며 비관습적 정치참여를 관습화하는 효과를 낳았다(장우영 2017). 그리고 민주주의의 측면에서 촛불집회는 시민참여를 통해 대의정치의 실패를 통제하는 실천의 장으로 역할 하였다. 나아가 촛불집회 과정에서 대의 민주주의의 틀을 넘어 참여 민주주의와 혼합정체(mixed constitution)를 지향하는 공론이 온·오프라인 공간에서 활발하게 진행되었다.

그러나 모든 촛불집회가 범국민적 공감과 참여를 통해 목표를 달성한 것은 아니었다. 주요 사례들을 살펴보면 2011년 한미 FTA 반대 촛불집회는 노동·농민 부문을 주축으로 진보적 사회운동단체들이 총결집하는 양상을 보였다. 그러나 과거의 전선운동을 재현하는 차원을 벗어나지 못하고 공간적으로도 서울에 국한되며 단기간에 소멸되었다. 그리고 2013년 국정원의 대선 개입 진상규명 촛불집회는 국가권력의 선거 개입 혐의가 상당히 의심되고 야당이 장기간 장외투쟁까지 벌인 중대 이슈였지만, 대선 불복 프레임에 갇히며 야당 지지층을 넘어 확산되지 못하였다. 또한 2015년 역사교과서 국정화 반대 촛불집회는 교계와 식자층에서 적지 않은 공분을 불러일으켰으나, 이념갈등구조를 벗어나지 못하며 역시 단기간에 소멸되었다. 요컨대 이 촛불집회들이 제기한 이슈들은 가치의 측면에서 논쟁적이었고 이념의 측면에서 진보적이었으며 참여 주체의 측면에서 당파적이었다. 아울러 감정의 측면에서도 대중적 분노의 조직화라는 사회운동 성공의 기본 전제가 충족되지 못하였다. 그 결과 국민 다수의 일반 의사를 결집하는 촛불집회로 발전하지 못하였다.

이 연구는 사회운동 패러다임에 착목해서 촛불집회의 지속과 변화를 고찰하려는 목표를 가지고 수행된다. 사회운동 연구는 전통적으로 '환경, 주체, 전략, 반작용'을 각각 배타적으로 강조하는 접근법을 추구해왔다. 이는 주요 연구 패러다임, 즉 '정치적 기회구조(political opportunity), 집합적 정체성(collective identity), 자원동원(resource mobilization), 반작용(reaction)'으로 정립되었다(Porta and Diani 2005). 그러나 사회운동을 입체적으로 고찰하기 위해서는 이러한 접근법을 통합하는 전략이 요청된다. 나아가 이 연구는 많은 선행연구들이 다양한 논점을 가지고 촛불집회를 분석해왔음에도 불구하고, 통시적으로 접근하지 못한 채 개별 사례분석으로 분절된 한계점을 주목한다. 필자가 조사한 바로 2003년(1월)-2017년(5월) 동안 KCI 등재학술지에 출간된 촛불집회 분석 논문은 모두 112건으로 집계되었으나 이 중 통시적 분석은 전혀 발견할 수 없었다. 즉 이는 역사적 과정으로서의 촛불집회를 독해하고 비교의 시각에서 특징을 고찰하지 못했다는 것을 드러낸다. 요컨대 촛불집회로 통칭되는 일련의 사회운동은 고유의 역사성과 내재적 관성에 의해 지속과 변화를 겪어왔다. 그렇다면 어떻게 촛불집회는 대안적 사회운동 방식을 상쇄시키며 제도화되어왔는가? 그리고 촛불집회에 내재된 지속과 변화의 특징은 무엇인가? 이 연구는 이 물음에 대하여 역사적 제도주의의 시각에서 촛불집회를 역사적 과정이자 정치적 행동을 규율하는 제도로 인식하고, 주요 사례들을 중심으로 촛불집회의 특징을 분석하고자 한다.

2. 분석의 시각과 방법

1) 경로의존적 진화

신제도주의(new institutionalism)는 제도를 핵심 개념으로 설정하여 정치·경제·문화 등 제반 사회현상을 설명한다. 신제도주의적 접근은 크게 역사적인 맥락(context)과 경로의존성(path dependence)의 중요성을 강조하는 역사적 제도주의(historical institutionalism), 개별 행위자들의 선호 형성과 상호작용에 초점을 맞춘 합리적 선택 제도주의(rational choice institutionalism), 공식적인 규칙이나 절차는 물론 기호·상징·규범 체계를 포괄하여 문화의 시각에서 제도를 분석하는 사회학적 제도주의(sociological institutionalism)의 세 갈래로 나누어진다(Hall and Taylor 1996; Immergut 1998; 차재권 2017).

이 중 역사적 제도주의의 제도 개념은 가장 포괄적이고 다의적이어서, 행위자의 이익과 아이디어를 정의하는 것으로부터 그들 간의 권력관계와 갈등양태를 구조화하는 과정에 개입되는 일체의 (비)공식적 제도를 포함한다(Thelen and Steinmo 1992). 가령 홀(Hall 1986)은 제도를 "정치와 경제 등의 부문에서 개인들 간의 관계를 구조화시키는 공식적 절차, 순응절차, 표준화된 관행"이라고 정의하였다. 노스(North 1990, 1991)는 제도를 "인간의 상호작용에 대하여 안정적인 구조를 설립하여 불확실성을 감소시키는 기제"이자, "인간의 상호관계 속에 존재하는 (비)공식적 규범과 기본구조의

틀"로 정의하였다. 그리고 쉬만크(Schimank 1992)는 제도를 "행위
자가 특정 활동을 하는 과정에서 대면하는 상황을 어떻게 인지·판
단·행동할지 알려주는 것"으로 정의하였으며, 셸렌과 스타인모
(Thelen and Steinmo 1992)는 "사회에 존재하는 여러 영역이나 조
직의 활동을 규율하는 표준적인 절차나 관습 및 관행 등을 포함하
는 것"으로 정의하였다. 요컨대 역사적 제도주의에서 제도는 "장기
간에 걸친 인간행동의 정형화된 패턴"(하연섭 2004)이자, "행위자
의 행태를 형성하거나 제약하는 규범, 가치, 규칙, 관행의 총체"(최
기성·허진성 2010)로 이해할 수 있다.

그런데 역사적 제도주의는 제도 그 자체를 넘어 행위자들 간의
상호작용을 규율하는 제도의 영향력 및 제도와의 관계 측면에 초점
을 더 강하게 맞춘다. 즉 역사적 제도주의는 행위자의 행동을 제약
하는 맥락으로서의 제도의 중요성을 강조하는 한편, 제도에 대한
수미일관된 개념화보다는 제도-집단-행위자 간 상호작용을 분석하
는 도구로 활용하는데 역점을 둔다. 그리고 제도에 대한 역사적 제
도주의의 다양한 정의에도 불구하고 그것은 공히 다음 두 측면의
의미를 전제하고 있다. 우선 제도는 집단이 추구하는 가치 및 그에
따른 행위의 방향과 규칙을 제시함으로써 일탈 행위에 대한 통제와
사회질서의 확립을 정당화한다. 나아가 집단에 대한 구성원의 소속
감을 강화하고 소통의 장을 제공함으로써 사회통합을 추구한다
(Silverblat 2004).

그렇다면 역사적 제도주의에서 제도는 어떤 정치적 역할을 수행

함으로써 행위자들에게 영향을 미칠까? 첫째, 제도는 정책을 결정하고 집행하는 정부의 능력을 제약한다. 즉 제도는 정책과정이 운용되는 맥락을 배열한다. 둘째, 제도는 행위자들이 선호와 이익을 어떻게 정의할 것인지에 대하여 영향을 미친다. 즉 선호와 이익은 개인의 합리적 선택을 규율하는 맥락에 의해 규정된다. 셋째, 제도는 행위자들에게 제약과 기회를 동시에 제공함으로써 그들이 합리적인 전략을 추진하도록 유인한다. 넷째, 제도는 행위자들 간의 권력배분에 영향을 미치기 때문에, 정책과정에서 행위자들의 영향력을 좌우한다(Hall 1986; Pontusson 1995).

이러한 역사적 제도주의의 시각은 '비공식적 제도로 의례화된' 촛불집회를 둘러싼 행위자 간 상호작용의 특징과 흐름을 고찰하는데 대단히 유용하다. 주지하듯이 촛불집회는 시민의 정치참여방식을 새롭게 정의하고, 촛불이라는 정치적 기표를 통해 행위의 조건과 맥락을 형성하며, 행위의 과정과 결과를 정당화하였다. 나아가 이러한 촛불집회가 일회성으로 끝나지 않고 2000년대 한국정치에 어떻게 관성화된 제도로 진화해왔는지 또한 중요한 연구문제이다. 즉 무엇이 유력한 시민참여방식으로 촛불집회를 제도화했는지, 다른 대안적 참여방식은 등장할 수 없었던 것인지 문답할 필요가 있다. 이에 대해서도 역사적 제도주의는 유용한 시각을 제공해준다. 역사적 제도주의에서 특정 시점에 착근된 제도는 역사적 과정의 산물로 인식되며 그것을 둘러싼 사회경제적 환경이 변화해도 지속되는 경향을 가진다(Ikenberry 1988). 즉 과거 특정 시점의 원인이 현재에도 영향을 미치는 역사적 인과관계와 특정 시점에서의 선택이 미래의 선택을 지속적으로 제약하는 경로의존성이 작동한 결과, 사건의 발생 시점과 순서를 내포한 역사적 과정이 제도화에 중대한 영향을 미치게 된다(Hall & Taylor 1996; 하연섭 2004). 이런 점에서 경로의존성은 '과거의 선택이 미래의 선택 범위를 제한하며, 의사결정을 시계열적으로 연결시키는 방식'(North 1990), '초기 시점에서 발생한 사건이 후기 시점에서 발생하게 될 일련의 사건들이 초래할 결과에 영향을 미치는 것'(Sewell 1996), '결정적 계기가 되는 특정 시점까지의 변화 궤적이 이후 시점의 궤적을 제약하는 현상'(Kay 2005) 등의 유사한 정의로 수렴된다.

그러나 이러한 시간적 순서와 인과적 관계에 한정된 형식논리만으로는 경로 이탈이나 대안 경로가 왜 발생하지 않는지를 설명하기 어렵다. 이 문제에 대해서 레비(Levi 1997)는 제도 전환 비용을 핵심 동인으로 제시한다. 즉 특정한 제도적 배열이 고착되면 초기 선택 시점으로 되돌아가 다른 방향으로 제도를 전환시키는 비용이 매우 크다(Levi 1997). 마찬가지로 사회현상이 일단 어떤 경로에 진입하고 시간이 경과하게 되면 훨씬 더 효율적인 대안 경로가 제시될지라도, 전환 비용이 점점 더 커지게 되기 때문에 기존 경로로부터 벗어나기가 대단히 어렵다는 것이다. 특히 급속하게 변화할 수 있는 공식적 제도와는 달리 비공식적 제도는 매우 서서히 변화한다(하연섭 2004).

그럼에도 경로변경비용을 지불할 수 있다면 대안 경로가 등장할 수 있는 가능성을 배제할 수 없다. 이에 대해서 마호니(Mahoney 2000)는 경로의존성이 유지되는 원인으로 자기강화적 전개(self-reenforcing sequences)를 제시한다. 즉 경로의존성은 정태적인 지속 상태를 뜻하는 것이 아니며, 내적 변화를 추구하며 대안 경로의 등장을 상쇄시킨다. 구체적으로 자기강화적 전개는 수확체증(increasing returns), 부정적 환류(negative feedback), 순환적 전개(cyclical processes)를 통해 지속된다(Benett and Elman 2006). 첫째, 수확체증은 동일한 제도가 지속적으로 재생산되는 메커니즘을 뜻한다. 경로의 재생산 기제들은 주어진 패턴을 잠금하여(lock-in) 경로의 이탈을 막고 재생산을 촉진한다. 둘째, 부정적 환류는 경로가 전개되면서 균형화 과정이 작동되는 것을 뜻한다. 가령 경로에서 이탈하는 현상이 발생하면 그것을 복원하는 과정을 통하여 경로를 균형점으로 회복한다. 셋째, 순환적 전개는 다른 대안에 대한 선택적 수용을 뜻한다. 즉 한 경로의 성공이 다른 경로를 지지하는 행위자들의 결집을 초래하기 때문에, 다른 경로의 이점을 선택적으로 취함으로써 경로이탈을 막는다. 이러한 측면들에 근거하면 경로의존성의 속성은 경로의존적 진화(path-dependent evolution)라고 할 수 있을 것이다(Pierson 2000).

촛불집회는 촛불이라는 정치적 기표를 통해 시민들의 자발적 결사와 동원의 레퍼토리가 역사적으로 확대 재생산되는 경로의존성을 보였다. 엄밀히 말해서 촛불집회의 경로의존성은 고정된 레퍼토리나 획일성을 일컫는 것이 아니라, 참여자 간 상호작용과 역동적인 내적 변화에 의한 경로의존적 진화로 바꾸어 말할 수 있다. 따라서 역대 촛불집회의 공통성(지속)과 이질성(변화)이 교합되어 있으며, 이질성은 촛불집회가 경로의존적으로 변화하는 촉매재로 역할 하였다.

2) 사회운동 연구 패러다임 통합

전술한 바와 같이 사회운동 연구의 전통적인 접근은 크게 '환경, 주체, 전략, 반작용'을 개별적으로 강조해왔다. 이러한 분석시각의 분리는 1990년대 후반 근대 산업사회 환경에서의 서구 학계의 미시적 연구 초점의 변천을 반영한다. 따라서 분리된 연구의 시각을 유기적으로 통합하여 분석하는 전략이 요청된다. 특히 경로의존성을 내재한 거시적 비교 연구에서 통합의 전략은 분석의 적실성을 제고할 것으로 기대된다. 이러한 면에서 각 분석시각의 논점을 종합하면 다음과 같다.

첫째, 사회운동은 정치적 기회구조의 맥락에서 발생한다(Cohen 1985; McAdam 1988; Melucci 1989). 기회는 운동집단이 목표를 실현하는데 우호적인 조건과 환경의 배열로서, 지배집단의 위기나 억압적 통제의 완화 등 주로 운동집단 외부의 요인들로 구성된다. 엄밀하게 말해서 사회운동의 발생은 기회(opportunity)와 위험(risk)을 동시에 내포하는데, 정치적 기본권이 고양된 현대사회에서는 상대적으로 기회의 가능성이 더 커지고 있다(Tilly et al. 2001). 특히 민주화와 세계화는 정체의 개방성과 이슈의 다원성을 촉진하는 거대 구조로 작동한다. 우리 사회의 경우에도 1980년대 후반부터 과거 권위주의 체제와 절연된 정치적 기회구조의 개방 국면에 접어들었다. 우선 민주주의 이행 이후 시민사회의 자율성이 급격하게 신장되었으며 다양한 시민 이해와 요구의 집성과 조직화가 활발하게 진행되었다. 그리고 경쟁적 정치체제에서 정치개혁과 시민참여를 확대하는 입법과 정책들이 제도화됨으로써 비관습적 정치참여의 활로 또한 크게 넓어졌다(장우영 2006a). 이와 함께 세계화의 흐름은 표준적인 국가 간 관계에 대한 인식과 정치적 투명성을 제고함으로써 사회운동의 새로운 맥락을 형성하였다. 가령 국가 간 힘의 우열을 인정하는 전제에서 기본적인 주권의 평등을 주장하거나, 인권·환경·평화 등 인류 보편의 가치에 대한 초국적 사회정의의 프레임이 형성되었다(임혁백 2009). 이러한 정치적 기회구조는 사회운동 발생의 동기를 제공하고 대상 집단의 균열을 촉진한다.

둘째, 사회운동은 참가자가 자신을 문제해결 주체로 인식하고 연대를 추구하는 집합적 정체성에 의해 실현된다(Touraine 1981). 집합적 정체성은 사회구조나 가치 분배체계를 변화시키기 위하여 공통의 목표를 가진 행위자들의 신념과 견해의 세트로서, 이 시각에서 사회운동은 개별 정체성을 사회적으로 확장하는 행동으로 정의할 수 있다(Wilkinson 1972; Gamson 1989). 구체적으로 집합적 정체성은 피아를 구분하는 집단의식의 형성, 인지적 유대(cognitive tie)에서 정치적 유대(political tie)로의 결속력의 공고화, 신규 동조자의 지속적 충원의 단계로 진화한다. 여기에서 정체성 강화의 일차적인 연결고리는 '이슈'로서, 그것이 보편적 이해와 관련되고 참가자의 이념이나 사회경제적 분포 범위가 넓을수록 정체성의 장(identity field)도 광범하게 구축된다(Klandermans 2004). 아울러 또 하나의 연결고리는 정치적 기표로서 의미 전달을 극대화하는 상징과 레퍼토리의 동원은 느슨하지만 강한(loosed but strong) 유대를 촉진한다(McAdam et al. 2001). 촛불집회의 경우 대중적 이슈와 폭넓은 참가 범위 및 독창적인 상징과 레퍼토리의 동원으로 집합적 정체성을 강화시킬 수 있었다.

셋째, 사회운동이 동원할 수 있는 가용 자원의 규모는 전략적 행동과 정치적 효능감(political efficacy)을 촉진한다(Jenkins and Perrow 1977; Traugott 1995; McAdam et al. 2001). 자원동원론은 어느 사회나 위기와 불만이 축적되어 있기 때문에 사회운동이 발생할 개연성은 상존해있으며, 사회운동의 성패는 분노의 크기보다는 지속성을 담보하는 자원동원능력에 달려 있다고 인식한다. 즉 자원동원론은 사회운동이 '언제', '왜' 발생하는지가 아니라 '어떻게' 수행되는가에 분석의 초점을 둔다. 이 시각에서 사회운동은 자원을 효율적으로 가용하는 과정으로, '리더십·운동조직·자금·매스미디어·전문지식·물리력' 등이 유인으로 역할한다(Piven & Cloward 1979; Tilly et al. 2001). 그런데 탈근대 정보화 환경에서 전통적인 운동 자원의 중요성이 퇴조하는 경향이 두드러지고 있다. 즉 근래의 사회운동에서는 리더십과 중앙집권적 조직에 대한 의존도 및 매스미디어에 대한 신뢰도가 확연하게 낮아진 한편, 참가자 스스로 대안적 자원을 추구하는 양상이 활발하게 나타나고 있다. 특히 뉴미디어를 매개한 네트워킹과 정보 소통으로 온-오프라인을 융합한 참가자의 직접 행동이 다각화되고 있다. 이에 따라 온라인 정치참여와 오프라인 정치참여가 혼재되거나, 온라인 정치참여가 오프라인 정치참여로, 오프라인 정치참여가 다시 온라인 정치참여로 이어지는 비선형적인 정치참여가 활성화되고 있다(Kahn & Kellner 2004; Downinq 2008; 조희정·강장묵 2008; 이정기 2011). 이는 미디어의 개인화(individualization of media)에 의한 네트워크 개인주의(networked individualism) 현상으로 일컬어지는데, 사회운동에서 개인의 위상이 수동적 동원 대상에서 자발적 결사 주체로 전화되고 있음을 방증한다(최재훈 2017). 이처럼 자원의 공유와 활용 범위가 확대될수록 효능감이 증대되어 사회운동의 성공에 대한 기대감을 높일 수 있다. 나아가 다양하고 창의적인 참여 전략과 문화를 발현하며 대중적 공감대도 확대할 수 있다.

넷째, 사회운동은 대응 사회운동(counter-movement)이라는 반작용을 촉발할 수 있다. 대응 사회운동은 어떤 사회운동이 출현했을 때 이에 대한 반작용으로 등장하는 사회운동을 뜻한다(이윤희 2005). 대응 사회운동은 초기에 사회변화를 저지하고 기존 사회체제를 지키려는 보수 반동적 대응으로 인식되었으나(Mottl 1980), 점차 모든 대응 사회운동이 반드시 보수적 성향을 띠는 것은 아니며 진보적 성향을 띨 수도 있다는 사례와 논의가 확산되었다(Lo 1982). 그리고 대응 사회운동은 사회운동과 하나의 커플로서, 양자 간의 상호작용이 반대세력의 결집과 동원을 촉진하며 사회변동을 일으키는 주요 동인으로 분석되어왔다(Zald and Useem 1987; Staggenborg 1991). 모틀(Mottl 1980)과 이수진(2009)은 전략, 조직과 리더십, 이념의 측면에서 대응 사회운동의 특징을 다음과 같이 제시한다. 우선 전략의 측면에서 대응 사회운동은 초기에 제도적 저항으로 출발하나, 목적이 달성되지 못하면 비폭력 직접행동에 이어 폭력 행동으로 이동한다. 그리고 조직과 리더십 측면에서 목표를 달성하기 위하여 기존 조직을 확대하고 연결하여 새로운 저항조직을 결성하고 구성원을 확충한다. 특기할 만한 점은 대응 사회운동의 리더십으로, 주로 체제 내의 대항 엘리트들로부터 리더십이 충원되고 있다. 이들은 개인적 소명의식 외에 자신의 권력이 위협받거나 저항을 통해서 권력을 증대시킬 수 있다고 믿는다. 마지막으로 이념의 측면에서 대응 사회운동은 그것이 추구하는 가치와 이념의 색채를 강하게 드러내는데, 이는 변화에 저항하기 위하여 과거의 위기나 성공과 같은 사회적 신화를 불러내는 과정으로 비유된다.

3. 촛불집회 개관

크래스너(Krasner 1984, 1988)의 개념을 빌면 2002년 촛불집회는 우리 사회의 사회운동이 재정초되는 '중대한 전환점'(critical junctures)이자, 새로운 유형의 사회운동이 역사적 경로를 밟기 시작한 '결절된 균형'(punctuated equilibrium)의 기점이었다. 즉 1980년대 이후로 좁혀 보건대 민주화운동, 노동운동, 시민운동 등 근대적 사회운동과 차별화된 새로운 양식의 사회운동이 촛불집회라는 명칭으로 궤적을 만들기 시작하였다. 여기에서 '새로운'의 의미는 사회운동의 '발화·헤게모니·레퍼토리'가 기성 운동조직이 아닌 시민의 자발성과 창의성에 토대하였음을 강조하는 것이다. 그리고 촛불집회는 '대중화'에 성공하며 점차 주류 사회운동으로서의 입지를 다질 수 있었다. 이 연구에서 다루는 촛불집회는 <표 1>에 제시된 네 개의 사례로서, 편의상 1차(2002년)·2차(2004년)·3차(2008년)·4차(2016-2017년) 촛불집회로 명명하기로 한다.

촛불집회 이슈는 공히 정치적 요구를 제기하였으며 정의와 평등 같은 규범적 가치관이 이슈에 투영되었다. 2차와 4차 촛불집회는 대의정치집단의 부당한 권력 행사에 대한 항의에서, 그리고 1차와 3차 촛불집회는 주권국가 간의 불평등 관계에 대한 분노에서 비롯되었다. 그러나 촛불집회 이슈는 대의 민주주의나 한미동맹 체제를 부정하는 것이 아니라 그 틀 안에서 문제해결을 도모했다는 특징을 가진다. 한편 우리 사회는 사회경제적 문제를 제기하는 대규모 사회운동의 경험이 결핍되었는데, 촛불집회 역시 그러한 맥락에서 벗어나지 않았다. 가령 1987년 6월 민주화 운동 직후의 7-9월 노동자 대투쟁이 예외일 수 있겠으나, 이 역시 국민적 항거라기보다는 권위주의 해체기의 계급투쟁이라 할 수 있다. 오히려 사회경제적 문제는 사회운동보다 선거를 통해 책임을 추궁하는 경향을 띠었다. 다른 한편 촛불집회의 고조기에 다양한 이슈들이 파생되었지만 참가자들은 단일 쟁점에 집중하는 경향을 보였다. <표 1>에 정리한 바처럼 촛불집회를 통해 확대된 운동공간에서 시민사회단체들은 파생이슈들을 확산시키고자 하였다. 그러나 촛불집회의 순수성을 훼손한다는 논란과 더불어 참가자들의 소극적인 반응으로 파급력을 가지지 못하였다.

촛불집회는 이슈의 공감대가 점차 확대되면서 거듭될수록 지속 기간과 참가자 규모 또한 크게 증가하였다. 가령 4차 촛불집회의 경우 기존 2개월 안팎의 지속 기간이 반년으로 늘어나고 1,000만 명대의 연인원이 참가함으로써 사회운동사에 경이로운 이정표를 세웠다. 이러한 촛불집회 참가 양상을 둘러싸고 배후의 동원 의혹이 제기되기도 하였으나 이는 현실적으로 불가능하다고 여겨진다. 아울러 3차·4차 촛불집회 참가자 현장설문조사 결과(김철규 2008a;

Yun and Chang 2011; 이지호 외 2017; 장우영 2017)에 근거하면, '적극 참가자 집단의 반복적 참가'가 아니라 '신규 참가자 집단의 지속적 충원'이 장기간의 대규모 촛불집회의 동력이었음이 확인된다. 또한 폭력행위를 배격하며 평화집회로 정착한 것도 촛불집회의 확산에 크게 기여하였다. 특히 촛불집회에서 다양한 축제와 놀이문화의 레퍼토리가 창조적으로 발현되었던 것도 평화집회의 정체성을 강화하였다.

촛불집회는 탈조직과 자발적 결사를 강화하며 참가 집단의 외연을 크게 확대하였다. 1차 촛불집회는 2-4차에 비해 상대적으로 시민사회단체의 참가 비중이 컸고 집회의 진행과 관련해서 참가자들과 심한 갈등을 빚기도 하였다. 그러나 이는 추후의 촛불집회에서 참가자들이 주도권을 가지며 시민사회단체들이 주변부화 되는 계기가 되었다. 구체적으로 2차 촛불집회는 시종 주요 인터넷 카페 회원들을 주축으로 개최되었다. 특히 가장 큰 규모의 '국민을 협박하지 말라'는 노무현 대통령 탄핵을 계기로 급조되었음에도, 탄핵심판 때까지 온-오프라인 항의를 조직적으로 주도하였다. 이는 3차 촛불집회에서 정치와 무관한 온라인 생활세계 커뮤니티가 광범하게 촛불집회에 참가하는 양상으로 이어졌다. 이들은 대개 기존 게시판에서의 촛불 포스팅은 금지하는 대신 별도의 게시판을 개설하여 촛불 공론 활동을 촉진하였다. 그리고 회원들의 모금, 물품 지원, 협업 등을 통해 독자적으로 소규모 촛불집회들을 개최하기도 하였다 (장우영 2010). 이와 함께 3차 촛불집회에서는 여중고생들의 대규모 참가가 대단히 이례적이었는데, 이는 10대 정치 사회화기구 (political socialization agent)의 무게중심이 부모와 학교로부터 또

래집단과 뉴미디어로 이동하였음을 방증하였다(Yun and Chang 2011). 마지막으로 4차 촛불집회는 국민촛불로 불리듯이 명실공히 세대와 계층을 초월한 범국민적 참가로 전개되었다. 특히 촛불집회를 귀중한 정치참여 경험으로 인식하며 가족단위 참가가 대세를 이루었다. 아울러 최장기간 집회가 이어지면서도 진행상의 마찰이나 폭력 시비가 잦아들어 가장 성공적인 촛불집회로 기록되었다.

그렇다면 촛불집회는 제기한 목표를 얼마나 달성했을까? 촛불집회 이슈와 정치적 결과는 <표 1>에 정리되어 있다. 요컨대 사례별 차이는 있지만 촛불집회는 대체로 목표 실현에 근접하였다. 부연하면 2·4차 촛불집회는 각각 대통령 탄핵을 저지하거나 성공시켰고, 17대 총선과 19대 대선을 통해 민심을 재확인하였다. 1차 촛불집회는 주한미군지위협정을 개정하지 못한 반면 운영절차를 개선하고 주한 미국대사의 사과를 이끌어냈다. 그리고 3차 촛불집회는 대통령의 사과와 함께 미국산 쇠고기 수입 재협상을 이끌어낸 반면 검역주권 확보는 달성하지 못하였다. 이러한 단기적 측면과 함께 촛불집회의 이후 제도적 사회개혁이 얼마나 이루어졌는지도 중요하나 이에 대한 평가는 대단히 냉혹하다. 즉 1-3차 촛불집회 이후 제도적 시민참여와 정치적 투명성을 제고하기 위한 개혁은 거의 후속되지 못하였다. 오히려 2차 촛불집회의 경우 공직선거법에 인터넷 실명제가 도입되었으며, 3차 촛불집회의 경우 포털을 비롯한 주요 웹사이트와 블로거 등에 대한 세무조사와 규제가 진행되며 소위 사이버 공안 정국이 도래하였다. 촛불집회의 정치적 결과로 대항 집단의 반작용도 간과할 수 없다. 즉 촛불집회에 맞선 대응 사회운동이 발생하여 반북집회에서 태극기집회에 이르기까지 대항 경로를 생산해왔다. 이들은 촛불집회를 체제 위협으로 간주하고 운동의 강도를 계속 높여감으로써 사회통합의 과제를 안겨주었다.

<표 1> 역대 촛불집회 개요

	내용
운동이슈	1차: 여중생 사망 관련자 사법처리 및 주한미군지위협정 개정 2차: 노무현 대통령 탄핵 기각 및 야당 심판 3차: 미국산 쇠고기 수입 재협상 및 검역주권 확보 4차: 국정농단 진상 규명 및 박근혜 대통령 퇴진
파생이슈	1차: 주한미군지위협정 전면 개정, 이라크 파병 반대 2차: 한나라당·새천년민주당 해체, 국회의원 소환제 도입 3차: 대운하사업 반대, 공기업 민영화 반대, 공영방송 장악 반대 4차: 재벌·검찰 개혁, 새누리당 해체, 사드 배치 반대, 국정교과서 폐지
운동 기간 및 참여 규모 (집회 측 추산)	1차: 2002년 11월-12월 (200만 명) 2차: 2004년 3월-4월 (100만 명) 3차: 2008년 5월-7월 (600만 명) 4차: 2016년 10월-2017년 4월 (1,600만 명)
주요 참가 주체	1차: 시민, 시민사회단체, 진보 계열 정당 2차: 시민, 인터넷 카페(국민을 협박하지 말라 등), 진보 계열 정당 3차: 시민, 여중고생, 온라인 생활세계 커뮤니티, 진보 계열 정당 4차: 시민, 범세대·계층, 온라인 생활세계 커뮤니티, 집권당을 제외한 제 정당
정치적 결과	1차: 미국 대사 사과, 관련자 사법처리, 주한미군지위협정 운영 개선 2차: 대통령 탄핵소추안 기각, 열린우리당 17대 총선 승리(152석) 3차: 대통령 사과, 미국산 쇠고기 수입 재협상 4차: 대통령 탄핵 및 구속, 새누리당 분당, 조기 대선 및 권력교체
반작용	1차: 반북집회 (올드라이트 운동) 2차: 온라인 우파 행동주의 (뉴라이트 운동) 3차: 맞불집회 (올드라이트+뉴라이트 운동) 4차: 태극기집회 (올드라이트 운동)

4. 촛불집회의 경로의존적 진화

1) 정치적 기회구조

정치적 기회구조는 사회운동을 둘러싼 객관적 조건과 환경으로서 운동의 외부에서 주어지는 기회와 위협이 그 요체이다. 무엇보다 민주화와 세계화 환경의 도래는 역대 촛불집회의 거시적 조건이자 배경으로 인식된다. 우선 민주화는 민주 대 독재의 대립구도를 탈피하여 사회균열구조를 다원화하였다. 즉 민주화 이후 이념·이익·정책의 차원에서 다양한 이슈가 출몰하며 정치적 경쟁의 가변성이 촉진되었다. 그리고 세계화는 전통적인 국가 간 관계를 넘어 제 부문별로 초국적 네트워크와 개방적 공동체 의식을 발양하였다. 그 결과 대내외적으로 정체의 개방성과 멤버십의 유동성이 비약적으로 증대되었다(임혁백 2009). 이러한 변화로 말미암아 제반 이슈를 둘러싸고 정치참여의 범위와 방식도 크게 확대되었다. 즉 제도정치 내에서의 정당 간 경쟁은 물론 제도정치에 대한 시민사회의 개입이 활발해지면서 다양한 여론동원 장치들과 집단행동을 위한 조직화가 활성화되었다. 이와 함께 주목해야 할 정치적 기회구조의 또 한 측면은 대의 민주주의의 위기이다. 변화된 사회 환경에서 시민 요구의 투입이 지속적으로 증대한 반면, 이에 대한 대의정치의 부적응은 정치적 투명성과 반응성에서 상당히 취약한 문제를 드러냈다. 따라서 절차적 민주주의에도 불구하고 비민주적 통치 관행과 사회적 소통의 단절로 말미암아 대의실패를 규탄하는 사회운동이 발생할 가능성이 커진다. 이 경우 도전연합의 응집과 지배연합의 균열로 정치체제의 불안정성이 증대하며 문제해결의 사회화가 추진

된다(장우영 2006a).

2·4차 촛불집회는 민주화 이후의 민주주의 결핍의 문제와 직면하였다. 그 본질은 민주주의 이행 이후 선거 등 절차적 민주주의는 안착된 반면, 대의정치의 위기와 불신이 가중되며 대표와 시민 간의 간극이 점점 더 벌어진 것이었다. 특히 신생 민주주의 국가에서 불거져온 위임 민주주의(delegative democracy), 즉 선출된 대표가 반대세력을 배제하며 권력을 전유하는 통치방식이 대의정치 파행의 주원인이었다(O'Donnell 1994; O'Donnell et al. 2013). 킨(Keane 2009)은 이에 대한 처방을 '민주주의의 민주화'(democratization of democracy)라고 요약하는데, 단순히 대의 민주주의를 혁신하는 차원이 아니라 다양한 자율적인 시민참여 기제를 매개한 파수꾼 민주주의(monitory democracy)를 해법으로 강조한다. 이러한 면에서 과거 부당한 권력행사나 시민 요구의 투입이 왜곡되는 대의정치의 기능부전에서 거리의 정치가 비롯된 것처럼 2·4차 촛불집회도 유사한 맥락을 공유하고 있다. 2차 촛불집회의 경우 분점정부(divided government) 국면에서 소수파 대통령에 대한 의회 다수파의 심판이 문제 상황을 촉발하였다. 즉 대북송금 특검을 계기로 집권당이 분당된 상황에서 노무현 대통령의 공직선거법 위반 발언이 야당을 자극하자, 결국 헌정사상 처음으로 국회가 대통령을 탄핵 소추함으로써 통치연합의 불안정성이 극대화되었다. 그러나 국민여론은 이를 부당한 정치행위로 인식하고 탄핵에 반대하는 민심을 압도적으로 표출하였다. 반면 4차 촛불집회는 국민들이 임기 동안 상당히 견고한 지지를 유지하고 있던 대통령의 탄핵을 의회에 압박했다는 점에서 극히 대조적이다. 즉 최순실 게이트로 일컬어진 국정농단에

대하여 국민여론이 순식간에 이반됨으로써, 시민·야당·언론은 물론 집권당도 이에 동참하지 않을 수 없는 상황이 전개되었다. 이에 따라 4차 촛불집회는 민주화 이후 정부와 시민이 가장 직접적으로 대치한 사건으로, 보수 집권당이 분당되며 지배연합이 최대 균열 상황에 이르렀다. 그리고 국민들은 개헌이나 거국관리내각과 같은 대통령의 우회적 돌파를 거부하며 일관되게 대통령 퇴진을 요구하였다. 이처럼 두 촛불집회 사례는 대통령제 민주주의의 극적 위기에서 비롯되었다는 공통점을 가진다. 그리고 시민들은 각각 대통령 탄핵을 저지하거나 촉구하는 상반된 문제해결을 도모하였다. 아울러 또 하나의 공통점은 시민들이 국회와 헌법재판소라는 제도정치의 기제를 활용해서 체제 내적 범위에서 대표실패를 복구하였다는 것이다. 이러한 민심은 탄핵 국면 이후의 선거를 통해 재확인되었는데, 16대 총선에서 집권당이 의회 다수파로 등장하였고 19대 대선의 경우 권력이 교체되는 결과를 낳았다.

한편 3차 촛불집회는 대단히 역설적인 조건에서 발생하였다. 즉 이명박 후보는 17대 대선에서 530만 표를 넘는 헌정사상 최대 표 차로 권력을 교체한데 이어, 18대 총선에서도 집권당은 과반 의석 (153석)을 차지하는 승리를 거두었다. 또한 촛불집회가 발생하기 직전인 2008년 4월 현재 정부와 집권당의 지지율은 50%를 상회한 반면 야당의 지지율은 합산해도 20% 안팎에 머물렀다(장우영 2010). 따라서 새 정부가 출범한 지 2개월여 만에 100일 이상의 대규모 사회운동이 발생한 것은 현상적으로 납득하기 어려웠다. 이와 관련해서 선행 연구들은 신자유주의 반대(김철규 2008b; 박영균 2009; 정태석 2009; 홍성태 2009)와 탈물질주의 가치 지향(조기숙·

박혜윤 2008; 김예란 외 2010; 강윤재 2011)이라는 두 갈래에서 촛불집회의 원인을 분석해왔는데, 이보다는 정치과정의 시각에서 정부의 잇단 정책실패에서 문제를 소구하는 연구들(고종원 외 2009; 허태회·장우영 2009)이 보다 적실하다고 여겨진다. 즉 환율정책 실패, 물가폭등, 실업률 급증 등으로 인해 이명박 정부 선출의 근거였던 경제성장 공약이 조기에 좌초되기 시작하였다. 나아가 정부가 야당과 반대세력의 비판을 외면하는 가운데, 청와대와 내각 인사파동, 대운하사업 논란, 공교육정책 파행 등 정책의 난맥상이 상당한 민심 이반을 야기하였고, 급기야 미국산 쇠고기수입 이슈가 정책실패를 집약하며 대통령과 집권당의 지지율을 20% 대로 급락시켰다(허태회·장우영 2009). 참고하면 대다수 여론조사와 함께 촛불집회 청소년 참가자 설문조사(김철규 2008a; Yun and Chang 2011)도 정부의 정책실패와 독단적 통치 행태가 민심 이반을 주원인으로 지목한다. 그리고 <표 2>와 <표 3>에 나타난 바와 같이 온라인공간에서도 이러한 민심 이반의 전조와 동향이 무르익고 있었다.

<표 2> 이명박 정부 지지·반대 다음 카페 증가 추이

	~ 2007. 12	~ 2008. 1.	~ 2008. 2	~ 2008. 3	~ 2008. 4.	~ 2008. 5.	~ 2008. 6.
지지 카페 증가량	+18	+0	+0	+1	+0	+1	+4
반대 카페 증가량	+20	+1	+3	+1	+6	+58	+28

※ 출처: 장우영(2012).

<표 3> 2008년 아고라 청원방 이명박 대통령 탄핵 서명자 수 증가 추이

	4월 6일	4월 15일	4월 20일	4월 25일	4월 30일	5월 5일	5월 10일	5월 15일
서명자 수	1,500명	1만 명	2만 명	4만 명	20만 명	52만 명	114만 명	132만 명

※ 출처: 장우영(2010).

대의정치의 위기에서 비롯된 상기 촛불집회들과는 달리, 1차 촛불집회는 세계화 환경에서 개방적으로 변모한 민족주의가 운동의 기회를 촉발하였다. 즉 1차 촛불집회는 과거 종속적 대미관계 인식에 바탕한 이념적 반미에서 벗어나 주권국가로서의 평등관계 지향성을 표출했다는 점이 주목된다. 당시 강성 반미운동단체들이 소속된 범대위(미군 장갑차 고 신효순 심미선 양 살인사건 범국민대책위원회)는 홈페이지 url을 안티 미군(antimigun.org)으로 설정하는 등 과거 이념적 반미운동의 궤도에서 벗어나지 못하였다. 그러나 국민여론은 여중생 사망 사건 당사자 처벌과 불평등 조약(한미주둔군지위협정) 개정에 국한된 정서적 반미로 표출되었다. 한편 당시 박빙의 대결로 가열된 16대 대선 과정에서 이 이슈는 진보층에 더 크게 소구함으로써 정부나 집권당 후보에게 위협이 되지 못하였다. 실제로 집회 현장에서 진보 후보는 시위대의 호응을 받은 반면, 보수 후보는 방문 자체가 딜레마로 작용하거나 시위대의 냉대를 받았다. 이러한 흐름은 3차 촛불집회에서도 확인되었는데, 일부 단체들이 쇠고기 수입 문제를 반미 이슈로 확대하려 했지만 국민여론은 정부의 굴욕 협상을 규탄하는데 초점이 모아졌다. 그리고 촛불집회 이슈도 진보층에 대한 소구력이 더 크게 나타남으로써 보수정부의 통치능력을 위해하였다.

2) 집합적 정체성

사회운동에서 집합적 정체성은 우리(we)라는 연대의식을 통한 '경계' 설정, 문제 상황에 대한 해석과 목표를 합의라는 '의식' 공유, 정치적 슬로건이나 기표를 매개하여 지배질서에 도전하는 '행동'을 통해 강화된다(김경미 2006). 다시 말해 이는 사회운동 주체의 일반적 특질을 정의하는 과정으로서, 주로 참여자들의 생래적·사회경제적·문화적 요소를 기준으로 분류된다. 그런데 이슈의 복합성과 멤버십의 유동성이 촉진됨에 따라, 특정 집단을 기준으로 도식화한 분류가 변별력을 잃거나 무색해지는 사례들이 광범해졌다. 촛불집회의 경우도 계급·민중·시민(운동) 등의 틀로 운동주체의 집합적 정체성을 획일화할 수 없다는 것이 선행 연구들(김용철 2008; 박창문 2011; 최재훈 2017)의 공통된 분석이다. 이런 면에서 탈근대적 운동주체에 대한 개념화[1]가 시도되어왔는데, 각 개념들은 공히 '탈정체성으로서의 정체성'을 함의한다. 특히 특정 집단의 이해를 초월하는 일반 의사, 탈조직적 결사와 개인적 동원, 비정형적 연대와 창발적 행위전략은 새로운 운동주체의 특징으로 강조된다(장우영 2010). 촛불집회의 경우도 이러한 양상이 강화되는 경향을 보여주었는데, 이슈·이념·레퍼토리의 측면에서 집합적 정체성을 고찰하면 다음과 같다.

우선 촛불집회의 발생을 살펴보면 운동의 발화자가 조직에서 개인으로 이동한 점이 과거 조직화된 사회운동과 명료하게 비교된다.

---

[1] 다중(multitude, Hardt & Negri 2005), 영리한 군중(smart mob, Rheingold 2005), 네트워크 개인 (networked individual, Wellman et al. 2003), 인지 잉여(cognitive surplus, Shirkey 2010), 집단지성 (collective intelligence, Levy 1997), 프로유저(prod-user, Bruns 2005) 등의 개념을 참고할 수 있다.

먼저 2002년 한 네티즌('앙마')의 제안으로부터 최초의 촛불집회가 발생한 이래 경로의존적으로 진화하는 대단원의 막을 올렸다. 이어서 2차 촛불집회는 인터넷 카페('국민을 협박하지 말라') 회원들에 의해 발화되었고, 3차 촛불집회는 고교생 네티즌('안단테')의 대통령 탄핵 청원을 기화로 인터넷 카페('2MB탄핵 투쟁연대', '정책반대 시위연대' 등)의 주도로 촉발되었다. 그리고 4차 촛불집회는 발화자를 특정하는 것이 무의미할 만큼 범국민적 공분에 의해 확산되었다. 물론 이 과정에서 기성 운동단체들이 촛불집회를 공식적으로 기획했지만, 그것이 곧 운동의 주도권을 뜻하지 않는다는 것은 주지의 사실이다. 아울러 <표 1>에서 확인되듯이 이슈의 공공성이 강화되고 국민적 공분이 비등할수록 촛불집회 참가 규모는 계속해서 증대하였다.

촛불집회 참가자의 정체성은 제기된 이슈의 범위와 합의된 목표를 통해서 이해할 수 있다. 굳이 표현하자면 촛불집회의 주체는 '이슈 공중'(issue public)이라고 할 수 있다. 이는 특정 계급 계층의 이해가 아닌 국민 다수의 일반 의사에 의거한 공적 이슈의 확산이 촛불집회의 동력이라는 것을 뜻한다. 그리고 특정 집단이 주도적으로 이슈를 제기하는 것이 아니라 정서적 공감도가 커질수록 주체 형성의 규모도 커진다는 것을 뜻한다. 따라서 촛불집회의 목표도 급진적이거나 연관 이슈를 파생하기보다는, 실현가능한 목표를 합의하고 단일 쟁점(single issue)에 집중하는 최소주의 운동(minimalist movement)의 성격을 띠었다. 이를 고찰하면 다음과 같다.

1차 촛불집회의 경우 과거의 반미운동과 같이 한미동맹의 정당성 자체를 부정하는 반미주의가 아니라, 한미동맹에 대한 제도와 절차에 대한 개선을 요구하는 반미감정에 기초하였다(심양섭 2008). 당시의 여론조사 자료를 참고하면, 국민들은 "불평등한 한미관계" (85.7%)와 "SOFA의 불평등한 조항 개정"(84.8%)을 각각 촛불집회 의 원인과 목표로 응답하였다(한종호 2002). 즉 촛불집회를 주관한 범대위와 소속 단체들이 강한 반미성향을 띠었음에도, 부시 대통령 의 사과와 SOFA 개정으로 운동의 목표가 제한된 것도 이를 반영 한다. 이런 탓에 일부 단체들이 주한미군 철수를 주장하였으나 다 수 참가자들의 지탄 속에 격리되었다. 3차 촛불집회 이슈도 경제적 대미종속 문제를 함축하고 있었으나, 1차 촛불집회와 달리 반미 구 호가 돌출되지 않고 정부의 굴욕 협상에 초점이 모아졌다. 당시 여 론조사를 참고하면, 국민들은 '불평등한 졸속 협상'(75.1%)에 따른 '쇠고기 수입 검역주권 상실과 국민건강 위험'(80.1%)을 촛불집회 의 원인으로 응답하였다. 그리고 대책회의(광우병 위험 미국산 쇠 고기 전면수입을 반대하는 국민대책회의)와 일부 참가자들이 대통 령 퇴진을 주장하기도 하였으나, '쇠고기 수입 재협상'(77.6%)이 촛불집회의 주된 목표로 제시되었다(김달중 2008). 청소년 촛불집 회 참가자 설문조사(김철규 2008a; Yun and Chang 2011) 결과도 이와 유사하였으며, 청소년의 경우 쇠고기 수입 재협상에 비해 대 통령 퇴진 요구가 더 강하게 나타났다. 요컨대 1·3차 촛불집회는 1980년대 절정에 달했던 반미운동이 재고조될 수도 있었으나, 개방 적 민족주의의 흐름 속에 참가자들에 의해 이슈의 수위가 조절되었다.

<표 4> 청소년 촛불집회 참가자의 목표(명, %)

	대통령 퇴진	미국과의 재협상	유통업계 자율규제	내각 총사퇴	장관고시 철회	무응답
남자 청소년	104 (47.3)	94 (42.7)	6 (2.7)	9 (4.1)	4 (1.8)	3 (1.4)
여자 청소년	277 (55.6)	189 (38.0)	15 (3.0)	11 (2.2)	6 (1.2)	0 (.0)
전체	381 (53.1)	283 (39.4)	21 (2.9)	20 (2.8)	10 (1.4)	3 (0.4)

※ 출처: Yun & Chang(2011).

2·4차 촛불집회는 대의정치가 파행되는 상황에서 거리의 정치를 통해 국민이 직접 문제해결을 주도하는 양상을 재현하였다. 주지하듯이 두 촛불집회를 통해 국민의 80% 안팎이 대통령 탄핵에 반대하거나(2차) 찬성하는(4차) 압도적인 여론이 극적으로 교차하였다. 이처럼 국민의사가 강하게 결집하는 양상이 전개됨으로써 제도정치의 자율성은 극도로 위축되었다. 2차 촛불집회에서 탄핵소추를 주도한 의회 다수파는 국민여론으로부터 고립되었고, 4차 촛불집회에서 집권당은 대통령 탄핵소추에 동참하지 않을 수가 없었다. 그리고 운동의 성과는 탄핵소추안의 기각이나 인용을 넘어, 촛불집회 이후 치러진 선거에서 재입증되었다. 즉 17대 총선에서 47석에 불과한 집권당은 과반수 의석(152석)을 차지하였고, 19대 대선에서 제1 야당은 권력교체에 성공하였다. 그런데 흥미로운 점은 양 촛불집회에서 국민들은 대의실패에 대한 극도의 분노를 표출했음에도, 스스로 정치세력화하거나 대안적 제도를 추구하지는 않았다는 것이다(최장집 외 2017). 이는 최근의 해외 사례들2)과 비견되는 양상으

___
2) 대표적으로 스페인의 분노자운동(Indignados)과 이탈리아의 오성운동(Movimento 5 Stelle)을 들

로, 대의정치의 정상화에 한정된 최소주의 운동으로서의 촛불집회의 특징을 보여주었다.

한편 촛불집회는 이슈의 파생보다는 집중의 경향을 띠며 단일쟁점운동(single issue movement)으로 전개되었다. 촛불집회가 고양되는 국면에서 기성 운동단체들은 확대된 운동공간을 활용하여 새로운 이슈의 확산을 시도하였다. 가령 1차 촛불집회에서는 이라크 파병 반대와 평택 미군기지 확장 반대 이슈를 제기하였고, 2차 촛불집회에서는 국회 해산과 조중동 폐간 이슈를 제기하였다. 이후의 촛불집회는 규모와 기간이 크게 증대하면서 더 많은 이슈들이 파생되었다. 3차 촛불집회에서는 정권 퇴진을 위시하여 공기업 민영화 반대, 교육 자율화 반대, 언론통제 반대, 조중동 폐간 등이 제기되었다. 그리고 4차 촛불집회에서는 퇴진행동이 100대 촛불개혁과제를 집성하여 제기하였다. 그러나 참가자들이 이에 소극적으로 반응하며 당면한 목표에 집중함으로써 파생 이슈는 의미 있게 파급되지 못하였다.

그렇다면 이념적 측면에서 촛불집회의 성격과 참가자의 성향은 어떻게 이해할 수 있을까? 앞에서 설명하였듯이 역대 촛불집회 이슈는 상대적으로 진보층에 우호적으로 소구하였다. 따라서 진보층이 촛불집회에 더 많이 참가했을 것으로 여겨지고, 결과적으로도 보수 정부나 정당에게 위협으로 작용하였다. 그럼에도 불구하고 촛불집회를 특정 정파나 이념집단의 운동으로 해석하기에는 무리가 따른다. 첫째, 촛불집회가 특정 정치세력의 유·불리를 넘어 국민적 공분과 지지를 동력으로 진행되어왔다는 것이다. 달리 말해서 촛불집회의 동력이 정파나 이념이었다면 범국민적 참여 기제로 제

수 있다. 이에 대한 분석으로는 이진순(2016)을 참고할 것.

도화될 수 없었을 것이다. 둘째, 사회경제적 요구에 기반한 해외의
다중운동(multitude movement)과는 달리 촛불집회는 정치적 이슈
로 일관하였다. 비정규직 문제 등 사회양극화 문제가 비등하고 선
거 외에 이를 해소할 기제가 취약함에도 불구하고, 우리 사회가 사
회경제적 요구를 국민적 운동으로 분출시킨 경험이 부재한 것은 예
외적이다. 선행연구 역시 촛불집회의 성격을 특정 이념이나 정파에
속박되지 않은 '국민주권운동'(도묘연 2017), '민주주의 혁신 운동'
(장훈 2017), '시민 민주주의 운동'(송호근 2017), '도덕적 항의 운
동'(이지호 외 2017) 등으로 규정하고 있다. 셋째, 촛불집회 참가자
의 이념 분포에서 유사성과 차별성을 확인할 수 있다. 가령 3차 촛
불집회는 미국산 쇠고기 수입에 관한 반미 정서의 자극으로 이념적
편향이 불가피했을 것이다. 그럼에도 전술했듯이 반미운동의 전조
없이 정부의 국익 외면에 대한 항의로 일관하였다. 이어서 4차 촛
불집회도 진보 성향의 시민들이 더 많이 참가했지만, 중도와 보수
성향 시민들도 상당히 많이 참가하였다. 그리고 참가자들의 분노는
민주적 가치에 뿌리를 둔 도덕적 항의의 성격이 강하게 나타났다
(이지호 외 2017).

<표 5> 이념성향별 3차·4차 촛불집회 경험 비교(%, 명)

	3차 촛불집회 참가 경험			4차 촛불집회 참가 경험		
	있다	없다	인원	있다	없다	인원
진보	15.5	84.5	419	39.1	60.9	338
중도	10.7	89.3	196	19.4	80.6	530
보수	4.9	95.1	309	17.3	82.7	278
전체	10.6	55.3	1,000	24.7	75.3	1,146

※ 출처: 이지호 외(2017).

적실한 상징의 동원과 창의적 레퍼토리의 발현은 참여자에게 정서적으로 소구하며 집합행동의 성공에 결정적인 영향을 미치는 문화적 요인이다(Tarrow 1998). 주지하듯이 '촛불'이라는 상징의 동원과 '광장'의 레퍼토리 구성은 촛불집회의 문화적 의례로 정착되었다. 즉 분노와 평화를 표상하는 촛불 그리고 참여와 축제의 레퍼토리를 표출하는 광장은 촛불집회의 경로를 재생산하는 정치 문화적 기제로 역할 하였다. 우선 촛불은 1차 촛불집회에서 비폭력 항의의 상징으로 등장한 이래, 촛불 네티즌(2차 촛불집회), 촛불 소녀·아고리언(3차 촛불집회), 촛불 국민·촛불 가족(4차 촛불집회) 등 다양한 참여 집단으로 표상의 범위를 확대해갔다. 그리고 촛불을 매개로 광장의 레퍼토리도 다변화되었다. 주지하듯이 촛불집회의 공식 명칭은 '촛불 문화제'로서, 이는 정치참여의 심리적 비용을 낮추고 개인의 자발적 참여를 매우 크게 배양하였다. 나아가 기존의 조직적 시위 방식을 거부하는 차원을 넘어, 참여자들 스스로 광장의 레퍼토리를 창안하기 시작하였다. 공감하듯이 촛불집회가 연속되면서 깃발·현수막·선동구호·민중가요 등 과거 양식은 캐릭터·퍼포먼스·자유발언·대중가요로 대체되었다. 집회 이후 기획된 행진과 가두 투쟁 또한 자율적인 스워밍(swarming)과 시민토론회로 대체되었다. 이렇듯 거대한 분노와 유희적 참여가 역설적으로 공존하는 축제형 시위는 시민의 문화적 헤게모니 실천으로 이해된다. 그리고 이는 사회적 결속력과 제도적 충성심에 기초한 시위대의 일원이 아니라, 자신의 생각과 감정을 공유하며 시위 주체로 존중되는 '집합행동의 개인화'(Bennett and Segerberg 2011)를 보여준다. 이 맥락에서 광장은 이질적 개인들이 두려움이나 경계심 없이 유희적으로 연대할 수 있는 탈근대적 집합행동 공간을 제공하였다.

3) 자원동원

사회운동의 목표 달성은 전략을 유연하게 구현할 수 있는 가용
자원의 규모에 밀접하게 의존한다. 자원은 사회운동의 성공을 위한
다양한 집합적 유인(collective incentive)을 포함하는데, 크게 리더
십과 조직 등 인적 자원, 정당성과 전문지식 등 의식적 자원 및 자
금과 미디어 등 물적 자원으로 분류할 수 있다(Walterman 1981).
이 절에서는 리더십, 정당성, 미디어를 중심으로 촛불집회의 자원
동원 특징을 논의하기로 한다.

무엇보다 촛불집회는 과거의 조직적 대중동원과 운동 엘리트의
리더십에서 이탈한 새로운 유형의 사회운동이라는 점이 지배적인
특징이다. 즉 리더십과 조직이 운동의 선도에서 퇴장한 반면, 스스
로 결사한 비조직적 대오가 자율적으로 운동의 전략을 결정하는 흐
름이 고착되었다. 이처럼 사회운동의 주관자와 주도자가 분리되는
현상은 앞에서 설명한 촛불집회의 대중추수적 성격과 궤를 같이 한
다. 실제로 시민단체들을 광범위하게 망라한 우산조직(umbrella
organization)이 결성되어 촛불집회를 기획·주관해왔지만 운동의
지도부가 아니라 가이드의 지위에 머물렀다. 특히 언론과 보수진영
의 각별한 관심을 받는 핵심 운동단체들-가령 민주노총, 전교조 등-
은 소위 '촛불의 순수성' 논란을 경계하며 전략적으로 행동의 수위
를 조율하였다. 그리고 보다 본질적으로는 참가자 스스로 기성 운
동단체의 권위를 배격하고 급진적인 목소리를 통제함으로써 촛불의
순수성 담론이 점차 내재화되었다. 이를 잘 드러내는 현상이 소위

1-3차 촛불집회 동안 불거졌던 '깃발 논쟁'이다. 이는 1차 촛불집회에서 참가자들이 기성 운동단체의 깃발과 선동 구호에 강한 거부 반응을 표출한 것이 시초였다. 이 과정에서 양측은 심한 마찰을 빚었으나 참가자 다수의 항의로 급진적인 구호와 깃발은 고립될 수밖에 없었다.[3] 2-3차 촛불집회에서도 이러한 양상이 종종 불거졌으나 점차 약화되어 4차 촛불집회에서는 논란이 사그라졌다. 이처럼 촛불집회는 기성 사회운동의 습속과 충돌하며 정초되었는데, 그것은 곧 운동의 리더십을 해체하고 시민 주도권을 확립하는 과정이었다.

그리고 촛불집회의 의례화를 촉진한 자원으로 도덕적 정당성을 빼놓을 수 없다. 사회운동의 정당성은 통상 목표와 수단의 두 측면에서 논의된다. 그런데 과거의 민주화운동이나 계급운동은 목표 실현을 위해서 상대적으로 수단의 정당성을 간과하였다. 이 지점에서 주목할 문제는 운동자원으로서의 폭력에 대한 인식이다. 즉 일부 운동단체와 참가자에게 폭력은 정당한 목표를 실현하기 위한 도구로 용인되었다. 특히 과거에 강한 권위주의 통치를 경험한 탓에 국가폭력에 맞서 최소한의 방어적 폭력은 불가피하다는 인식이 팽배하였다. 이런 면에서 촛불집회에서의 폭력시위 여부는 국민과 언론의 주요 관심사이자 경계 대상이었다. 그럼에도 1-2차 촛불집회에서 일부 참가자와 운동단체의 폭력시위가 나타나자 이를 둘러싸고 논란이 가열되었다. 특히 정부가 가장 강경하게 대응한 3차 촛불집회에서 폭력시위는 여론을 악화시키며 운동의 동력이 크게 상실되었다. 이렇듯 비폭력 항의는 촛불집회의 중추적인 레퍼토리로서, 과잉진압 대 폭력시위의 프레임을 차단하는 데 초점이 맞추어졌다.

---

3) 촛불집회의 깃발 사건과 운동 엘리트 리더십의 퇴조에 대한 분석은 김원(2005)을 참고할 것.

나아가 '나를 잡아가라'와 '닭장차 투어'와 같은 퍼포먼스(3차 촛불집회)를 벌이거나, 경찰차벽에 꽃 스티커를 부착하고 폭력 행사자를 경찰에 인계하는 적극적인 행동(4차 촛불집회)을 통해 폭력시위를 제어할 수 있었다. 요컨대 폭력이 불가피한 물리적 자원이라 하더라도, 비폭력은 더욱 강한 도덕적 자원이라는 인식이 촛불집회의 일반 의사로 굳어졌다.

조직과 리더십을 통하여 자원을 동원한 기존 사회운동과는 달리, 촛불집회는 참가자의 자발적인 자원동원에 훨씬 더 크게 의존하였다. 특히 정보화 환경에서 온라인을 활용한 참여는 촛불집회의 발생과 역동성을 배가하였다. 이러한 온라인 액티비즘(online activism)은 '인터넷-웹로그(web log)-1인 미디어'로 이어지는 뉴미디어 발전에 조응하여 다채롭게 시도되었다. 특히 온라인 이슈 형성과 발화, 온라인 조직화와 참가자 충원, 온-오프라인을 연계한 항의 레퍼토리의 메커니즘은 새 유형의 사회운동 전략으로 분석되었다(임종수 2011; 최재훈 2015). 이는 정보화 인프라, 공론 활동 채널, 네트워킹 기제가 맞물려 작동한 결과로서, 그 양상과 특징을 고찰하면 다음과 같다.

우선 촛불집회의 온라인 액티비즘은 전국적 통신망과 웹사이트 등 광범하게 구축된 정보화 인프라에 토대하였다. IMF 경제위기를 배경으로 집권한 김대중 정부는 정보산업을 신성장동력으로 제시하고 과거 산업화에 비견되는 국가주도형 정보화를 추진하였다. 그 결과 전자정부를 위시한 공공부문 정보화와 함께, 민간 부문의 초고속통신망이 단기간에 구축되었다(김석주 2011). 이에 힘입어 1997년 300만 명의 pc통신 이용자 수는 2002년 2,400만 명의 인터넷 이용자 수로 급증하였으며, 2017년 현재 4,300만 명을 넘어섰다. 또한 인터넷은 물론 소셜 미디어와 모바일 보급률과 이용시간에서도 세계 최상위를 구가하였다. 이러한 현황은 세계적으로도 유례없는 것으로 경제위기 타개를 넘어, 우리 사회의 역동적인 온라인 참여문화를 확산하는데 지대하게 기여하였다.

<표 6> 한국의 정보통신 인프라 및 온라인 참여 현황

	2003년	2004년	2008년	2016년
정보통신 인프라지수 순위	10위	12위	10위	2위
온라인 참여지수 순위	12위	6위	2위	4위

※ 출처: UNPAN(http://www.unpan.org, 각 연도).

온라인 미디어는 흔히 시민 미디어로 일컬어지는데, 여기에는 수용자와 정보소통구조의 변화가 함축되어 있다. 즉 수동적인 정보 소비자에서 생산적인 정보 이용자(prod-user)로의 변화 그리고 언론의 게이트 키핑에서 시민의 게이트 워칭(gate-watching)으로의 변화가 그것이다. 이러한 변화는 온라인 공론장에서의 독자적인 이슈 형성과 의제 설정을 촉진한다(Bruns 2005, 2006). 1차 촛불집회는 언론에서 외면한 여중생 사망 이슈를 온라인 미디어가 재점화함으로써 촉발될 수 있었다. 즉 인터넷신문(오마이뉴스)의 시민기자가 여중생 사망 이슈를 발화하면서 최초의 촛불집회가 확산되었다. 2차 촛불집회는 의회가 30% 안팎의 낮은 지지율에 처한 대통령을 탄핵소추 하는 일정에 돌입하자, 네티즌들이 온라인 커뮤니티를 결성하고 여론 동원에 나섰다. 대표적으로 '국민을 협박하지 말라'의 경우 개설 열흘 만에 9만 명의 회원이 가입하여 15만 건 이상의 게시 글과 300만 건에 달하는 페이지뷰를 기록하여 이슈의 발화를 주도하였다(Yun & Chang 2011). 3차 촛불집회에서는 특정 인터넷 신문이나 카페를 넘어 포털사이트 공론장, 생활세계 커뮤니티, 블로그 스피어(blogsphere)가 전방위로 이슈 확산을 주도하였다. 특히 촛불의 메카로 불린 다음 아고라의 경우 사상 최대의 도달률(reach rate)을 기록하며 46개 게시판에서 폭발적인 토론이 이루어졌다. 그리고 정치와 무관한 동호회 사이트들-디지털 카메라, 육아, 쇼핑, 패션, 요리, 스포츠, 성형 등-도 별도의 게시판을 개설하며 온라인 여론형성에 참가하였다(장우영 2012). 4차 촛불집회는 모바일과 소셜 미디어에 기반한 빅 데이터 환경에서 트래픽을 추론하는 것이 무색하리만큼 압도적인 탄핵 찬성 여론이 형성되었다. 나아가 온라인 토론방에서의 문자 텍스트 중심의 집체적인 공론 활동은 퇴조한 반면, 소셜 미디어에서의 이미지와 동영상 중심의 개인적인 포스팅과 리트윗이 주된 방식이었다. 덧붙이면 온라인 의제 설정은 대항적 공론의 성격을 띠면서도, MBC PD수첩의 광우병 보도나 JTBC의 태블릿 pc 보도와 같이 기성 언론의 의제를 선택적으로 수용하여 재점화시키는 경향도 동시에 보여주었다.

<표 7> 3차 촛불시위 기간 다음 아고라와 네이버 토론장 도달률(%)

	5월 1주	5월 2주	5월 3주	5월 4주	6월 1주	6월 2주	6월 3주	6월 4주	7월 1주	7월 2주	7월 3주	7월 4주
다음 아고라	12.39	9.49	10.11	10.97	13.48	12.53	11.90	11.64	10.46	11.31	9.23	8.75
네이버 토론장	0.21	0.33	0.27	0.28	0.38	1.21	0.70	0.39	0.33	0.27	0.32	0.28

※ 출처: 랭키닷컴(2008).

마지막으로 네트워크 사회운동으로서의 촛불집회의 발전을 고찰하면 다음과 같다. 네트워크 사회운동은 온라인 네트워크가 오프라인 시위를 지원하고 유기적으로 융합하여 전개되는 운동을 뜻한다(조희정·강장묵 2008). 네트워크 사회운동은 인디 미디어와 디지털 기기들이 동원된 1999년 시애틀 반세계화 시위가 시초로 지목되는데, 이후 아랍의 봄 시위와 홍콩의 우산혁명 등에서는 트위터와 페이스북 등 소셜 미디어가 운동의 효과를 증폭시켰다(Howard and Hussain 2013). 우리 사회의 경우 1차 촛불집회에서 시위 실황을 인터넷신문에서 문자 중계하는 동안 네티즌이 응원 메시지를 게시하는 형태로 등장하였다. 그리고 2차 촛불집회에서는 인터넷 카페 회원들의 플래시 몹(flash mob), 문자메시지와 배너를 이용한 탄핵반대 캠페인, 온-오프라인 탄핵반대 릴레이 투표 등으로 진화하였다. 3차 촛불집회는 동영상을 활용한 시민 브로드캐스팅(civil broadcasting)이 온라인과 시위현장을 융합하였다. 예컨대, 연일 1,000개 안팎의 개인 방송 채널이 개설되었고, 노트북과 웹캠을 장착한 참가자들이 직접 시위 실황을 중계하였다. 촛불집회가 최고조에 이른 기간(5/25-6/10)에는 아프리카 TV에서만 17,000여 개의 채널에 771만 명이 접속하는 경이로운 트래픽이 발생하였다. 시민 브로드캐스팅은 국가폭력을 감시하는 역할도 담당하였는데, 가령 경찰의 과잉진압이 생중계되면 네티즌들이 일시에 경찰청 홈페이지에 몰려가 항의시위를 벌이는 일도 빈번하게 연출되었다. 이 밖에 생활세계 커뮤니티의 모금운동과 연합 집회, 청소년 카페의 교육 자율화운동, 네티즌 의견광고운동 등도 특기할 만한 캠페인이었다(장우영 2010). 4차 촛불집회는 명실공히 모바일 환경에서 촛불집회가 진행되면서 모든 참여자가 감시자이자 전달자의 역할을 수행하였다. 즉 일부가 실황 중계하는 것이 아니라 다수가 중계자가 되었으며, 동영상(페이스북 라이브와 유튜브), 소규모 정보 공유와 토론(단톡방), 항의 주장(페이스북과 트위터), 캐릭터와 이미지(인스타그램) 등 콘텐츠와 플랫폼이 다변화되었다.

4) 반작용

촛불집회는 다수 국민의 지지와 호응을 얻으며 이슈 제기와 대중 동원에 성공하였지만, 그에 역행하는 반작용을 초래하며 이념갈등의 도화선이 되었다. 즉 촛불집회가 의례화되는 흐름을 거슬러 보수 세력이 대응 사회운동으로 맞서는 반작용이 정착된 것이었다. 개괄하면 1-4차 촛불집회에 맞서 '반북집회', '맞불집회', '태극기집회'로 명명되는 보수 결집이 촉진되었는데, 이들은 단순히 촛불 이슈를 부정하는 차원을 넘어 '체제수호운동'으로 집회를 규정하였다. 그리고 집회를 주도하는 세력 또한 올드라이트와 뉴라이트 단체 그리고 극우 온라인 커뮤니티로 이어지며 남남갈등의 주축을 형성하였다.

1차 촛불집회 이후 100여 개의 보수단체가 결집하여 국경일이나 기념일(2003년 3·1, 4·19, 6·25, 8·15)에 '반핵반김 국민대회' 시리즈로 불리는 대규모 반북집회를 연이어 개최하였다. 집회 명칭에서 알 수 있듯이 이들은 대북 이슈를 통해 보수층을 동원하였는데, 특히 노무현 정부의 대북송금 특검 시행을 압박하며 종북 논쟁을 본격화하였다. 그리고 참가자들 또한 '종북에 맞서 침묵하는 애국시민들이 행동하는 다수로 거듭 태어나는 과정'으로 집회의 의미를 부여하였다(엄한진 2004). 반북집회를 통한 보수의 결집은 곧 보수의 위축과 불만을 역설하는 것이었다. 즉 김대중 정부로의 권력교체와 낙천낙선운동을 통한 보수정당의 쇠락 그리고 북핵 위협과 그에 반하는 햇볕정책은 수용하기 어려운 현실이었다. 나아가 권력을 빼앗긴 경험이 없었던 보수층에게 노무현 정부 탄생으로 인한 '잃어버린 10년'은 공황과도 같은 충격을 안겨주었다.

2차 촛불집회 이후 대통령 탄핵 실패와 집권당의 총선 승리로 보수의 위기는 더욱 가속화되었다. 이에 2004년 10월 반핵반김 국민협의회가 대규모 반북집회를 개최하기도 했으나 올드라이트의 대응은 보수진영에서조차 회의적이었다. 그리고 보수진영의 주도권은 전향한 386, 보수 학계, 개신교 지도자가 주축이 된 뉴라이트로 이동하기 시작하였다. 뉴라이트 운동은 민주주의 이행 이후 꾸준히 세를 확장해온 진보진영이 연속으로 집권하면서 단절적인 방식으로 개혁을 추진하고, 보수의 목소리가 위축되고 사회 전반이 좌편향 되고 있다는 위기감으로 등장한 사회운동이다(이윤희 2005). 뉴라이트는 대규모 집회보다는 온라인 공간의 활동에 역점을 두었는데, 주요 진보 매체를 모방한 인터넷신문 웹진·팬클럽 등이 대거 개설되어 의제 설정 경쟁을 벌이는 '진보로부터의 감염'(contagion from the progressive) 현상이 확산되었다(장우영 2006b).

3차 촛불집회에서 대응 사회운동은 소위 '맞불집회'라는 이름으로 통칭되었다. 맞불집회는 올드라이트-국민행동본부, 한국자유총연맹 등-와 뉴라이트-뉴라이트전국연합, 바른사회시민회의 등-가 연합하여 빈번하게 개최되었다. 맞불집회는 '법질서 수호, 광우병 선동언론사 규탄, 촛불집회 손해배상' 등 현안 외에도, '한미동맹 강화,

한미 FTA 비준, 이승만 대통령 추모(건국절)' 등 이념지향성을 강하게 드러냈다. 그러나 맞불집회 이후 뉴라이트는 올드라이트와의 차별화에 실패하며 쇠락의 길에 접어들었다. 그 이유는 우선 뉴라이트는 '정치적 자유주의, 경제적 시장주의, 외교적 국제주의'를 앞세워 등장했으나, 실제로는 '위임 민주주의, 시장만능주의, 반공지상주의'를 벗어나지 못했기 때문이었다(채장수 2009; 전재호 2014). 그리고 17대 대선에서 이명박 정부 출범에 크게 기여했지만 이후 권력과 과도하게 유착되어 정부의 친위대라는 비판을 면치 못하였다. 결국 뉴라이트는 내부 분열이 가속화되며 리더십과 주요 조직이 형해화 됨으로써, 박근혜 정부 출범 전후로 올드라이트가 다시 보수의 주도권을 쥐게 되었다.

4차 촛불집회에서는 고립된 탄핵반대 세력이 '태극기집회'라는 대응 사회운동으로 광장에 진출하였다. 태극기집회는 정부가 직접 동원하지 않은 집회로서는 민주화 이래 거의 최초이자 유일한 보수 진영의 대규모 사회운동으로 의미를 부여할 수 있다(이정엽 2017). 2016년 11월 초 시작된 태극기집회는 의회가 대통령을 탄핵 소추한 12월부터 참가자가 급증하였고, 헌법재판소에서 탄핵을 인용한 2017년 3월 정점에 이르렀다. 특히 3월 1일 집회는 참가자 수가 대응 사회운동 사상 최대 규모에 이르렀다. 태극기집회는 탄기국(탄핵기각을 위한 국민총궐기 운동본부)을 위시하여 올드라이트 단체들이 대거 참가하였으며 박사모와 일베는 온라인 동원의 주축으로 역할 하였다. 태극기집회는 국기에 대한 맹세, 애국가와 군가 제창, 순국선열에 대한 묵념 등 전형적인 보수 집회의 레퍼토리를 반복하면서도, '유모차부대'와 '가족 참가' 같이 촛불집회를 모방하는 모습도 연출하였다(박현선 2017). 태극기집회는 '일당 할배' 논란에도 불구하고 '보수운동의 신기원'이라고 불릴 정도로 자발적인 참여와 이념적 결속에 의해 지속되었다. 그리고 '촛불은 인민, 태극기는 국민'이라는 구호가 집약하듯이 더욱 공고해진 체제수호운동의 성격을 표출하였다(장우영 2017). 그러나 대통령 탄핵과 함께 사망자가 발생하는 폭력집회로 일막을 내리고, 문재인 정부 출범 이후 간헐적인 집회로 명맥을 잇고 있다. 현재 태극기집회를 사회 병리적 현상으로 인식하는 시각이 지배적인데, 중요한 점은 사회변화를 추구하는 촛불집회 담론과 그것에 저항하는 태극기집회 담론의 부조응을 타개해야 할 과제가 우리 사회에 제기되고 있다는 것이다.

<표 8> 촛불집회의 대응 사회운동

	2003년	2004-2005년	2008년	2016-2017년
대응 대상	미군 장갑차에 의한 여중생 사망 규탄 촛불집회	노무현 대통령 탄핵반대 촛불집회	미국산 쇠고기 수입반대 촛불집회	박근혜 대통령 퇴진촉구 촛불집회
대응 사회운동	반북집회 (올드라이트 중심)	사이버 행동주의 (뉴라이트 중심)	맞불집회 (뉴라이트+ 올드라이트)	태극기집회 (올드라이트 중심)
주관 단체	한국기독교 총연합회, 육해공해병대예비역대령연합회 등	프리존, 뉴라이트닷컴, 북한민주화네트워크 등	뉴라이트전국연합, 국민행동본부, 한국자유총연맹, 바른사회를위한시민회의 등	탄기국, 박사모, 대한민국엄마부대, 대한민국어버이연합, 예수재단 등
주요 집회	반핵반김자유통일 3·1절국민대회, 반핵반김한미동맹 강화 6·25국민대회, 건국55주년 반핵반김 8·15국민대회 등	대한민국선진화운동, 역사바로세우기 및 대안교과서운동, 북한민주화운동, 한국인터넷 미디어협회 창간 등	광우병선동 MBC규탄대회, 법질서 수호 및 한미자유무역협정 비준 촉구 국민대회, 이승만 건국대통령에 대한 범국민 감사한마당 등	탄핵기각 태블릿 pc 조작 수사촉구집회, 탄핵무효를 위한 국민총궐기, 중국의 사드배치보복조치 중단촉구집회 등

| 집회
양식 | 깃발(태극기,
성조기, 유엔기),
노래(애국가, 군가,
미국 국가),
귀환자·탈북자
증언 등 | 깃발(태극기,
성조기),
노래(애국가, 군가,
뉴라이트 온라인
행동주의 등 | 깃발(태극기, 성조기),
미국산 소시지
시식행사,
구국기도회,
시민발언대 등 | 깃발(태극기,
성조기,
이스라엘기),
노래(건전가요,
군가),
천안함·연평해전
분향소, 백만 송이
장미 대행진,
유모차 부대, 등 |

※ 김성일(2017)을 토대로 장우영(2006b)을 보강하여 재구성하였음.

5. 결론 및 함의

촛불집회는 우리 사회의 고유한 사회운동 양식으로 뿌리내렸다. 촛불집회는 시민참여의 독특한 양상을 넘어 창발적인 민주주의 실험으로서의 의미를 가진다. 요컨대 촛불집회의 가장 중요한 특징은 국가적 현안에 대하여 국민 다수의 일반 의사를 결집하고 자발적인 결사와 직접적인 행동을 통해 문제 상황을 타개하는 순기능이라고 할 수 있다. 더욱이 대의 민주주의의 위기가 보편적으로 확산되고 있는 오늘날, 후발 민주주의 국가에서 이러한 실험이 평화적으로 정착되어온 것은 대단히 실천적인 함의를 가진다. 특히 권위주의로의 회귀를 막지 못한 아랍의 봄 시위나 포퓰리즘으로 퇴행한 이탈리아의 오성운동 등과 비교하건대 촛불집회의 특징과 의의는 다면적으로 논구할 필요가 있다.

촛불집회는 민주화와 세계화가 교합하는 환경에서 발생해왔고 제기된 이슈도 이를 배경으로 한다. 즉 민주화 이후 민주주의의 결손과 국가 간 불평등 관계 같은 거시 요인이 운동의 기회와 공간을 창출하였다. 그리고 촛불집회 이슈는 정치적 요구에 집중하며 국민적 공감대와 참여 규모를 점차 확장해갔다. 그런데 이슈를 둘러싼 항의 방식은 과거와 사뭇 다른 것이었다. 즉 전문운동단체가 아니라 개별 시민이 주도권을 행사하는 집단행동의 개인화가 확연하게 나타났다. 아울러 체제 내적 범위에서 최소주의 전략을 추구하는 대중추수운동으로 정착되었다. 특히 촛불집회는 선거와 헌법재판 같은 제도적 절차를 십분 활용함으로써 대의정치 기제와 양립하는 특징을 보였다. 촛불집회 참가자들은 이질적 존재들이지만 촛불이라는 정치적 기표의 호명과 광장의 레퍼토리를 매개로 화이부동(和而不同)의 정체성을 강화하였다. 나아가 리더십이나 조직을 탈피하여 뉴미디어와 도덕적 정당성이 강력한 운동자원으로 동원되었다. 즉 운동자원으로서 뉴미디어, 특히 1인 미디어의 활용 비중이 급증하였으며, 폭력에 대한 무관용으로 운동의 도덕성을 견지하며 우호적인 여론을 유인하였다. 이러한 현상이 강화되는 내력이 곧 촛불집회의 지속과 변화를 표상하고 있는 것이다.

이처럼 촛불집회는 분절된 개별 사례를 넘어 일련의 역사적 과정으로 이해할 수 있다. 다시 말해서 역대 촛불집회는 공통성을 가지면서도 경로의존적으로 진화하며 대안 경로를 상쇄해왔다. 정리하면 참여비용의 절감(저비용), 참가자 정체성과 주도권 강화(수확체증), 폭력시위 등 일탈 제어(부정적 환류), 정치적 기표와 창의적 레퍼토리(선순환) 등의 자기강화적 전개가 촛불집회를 확대 재생산한 기제이다. 한편 촛불집회의 대안 경로는 상쇄된 반면, 대항 경로가 생성되는 현실은 숙고해야 할 여지가 크다. 즉 반북집회에서 태극기집회에 이르는 반작용은 이념대결을 야기하며 남남갈등의 주요한 축을 이루고 있다. 따라서 촛불집회가 직면한 주요 과제로 사회통합에 관심을 가지지 않을 수 없다.

참고문헌

강윤재. 2011. "광우병 위험과 촛불집회."『경제와 사회』81호, 269-297.

고종원·이한우·최규민. 2009.『촛불에서 길을 잃다』. 서울: 나남출판.

김경미. 2006. "인터넷이 집합행동 참여에 미치는 영향: "2002 여중생 추모 촛불집회"를 중심으로."『한국사회학』40권 1호, 183-212.

김석주. 2011. "한국 전자정부의 성공요인과 향후과제."『한국균형발전연구』 2권 3호, 55-71.

김성일. 2017. "한국 우익진영의 대응 사회운동 전개와 정치과정."『문화과학』 91호, 134-159.

김예란·김효실·정민우. 2010. "광장에 균열내기: 촛불 십대의 정치참여에 대한 문화적 해석."『한국언론정보학보』52호, 90-110.

김용철. 2008. "촛불시위의 동학: 온라인과 오프라인의 만남."『정보화정책』 15권 4호, 120-139.

김원. 2005. "사회운동의 새로운 구성방식에 대한 연구: 2002년 촛불시위를 중심으로."『담론201』8권 2호, 131-158.

김달중. 2008. "국민 77.6% 쇠고기 재협상해야"『문화일보』(5월 6일).

김철규. 2008a. "미국산 쇠고기 수입 반대 촛불집회 참여 10대의 사회적 특성."『경제와 사회』80호, 40-67.

김철규. 2008b. "신자유주의 세계화와 먹거리 정치."『한국사회』9권 2호, 123-144.

도묘연. 2017. "2016년-2017년 촛불집회 참여가 시민성에 미친 영향력 분석." 『한국지방자치연구』19권 2호, 25-52.

랭키닷컴. 2008. "다음 아고라·네이버 토론장 트래픽 데이터셋." http://www.rankey.com(취득일: 2008. 9. 10.).

박영균. 2009. "촛불 논쟁과 사이버 스페이스, 그리고 사이버 아고라의 가능성."『시대와 철학』20권 4호, 127-162.

박창문. 2011. "한국형 디지털 집합행동의 특성과 변화 양상: 2002년과 2008년 촛불집회를 중심으로."『동북아연구』16호, 247-276.

박현선. 2017. "태극기집회의 대중심리와 텅 빈 신화들."『문화과학』91호, 106-133.

송호근. 2017.『촛불의 시간』. 서울: 북극성.

심양섭. 2008.『한국의 반미』. 서울: 한울아카데미.

엄한진. 2004. "우경화와 종교적 정치화: 2013년 '친미반북집회'를 중심으로."『경제와 사회』62호, 80-115.

이수진. 2009. "뉴라이트 운동의 대응 사회운동적 성격 분석: 2008년 촛불집회 정세에서 뉴라이트의 활동을 중심으로."『한국사회학회 사회학대회 논문집』. 1275-1287.

이윤희. 2005. "대응 사회운동의 사회적 역할: 한국의 '뉴라이트 운동' 사례를 중심으로."『담론 201』8권 1호, 5-31.

이정기. 2011. "온·오프라인 공간에서의 '저항적(대안적) 정치참여'에 관한 연구."『미디어, 젠더 & 문화』18호, 73-109.

이정엽. 2017. "문화 투쟁과 투쟁의 문화: '촛불'과 '태극기'의 문화정치."『내일을 여는 역사』67호, 38-51.

이지호·이현우·서복경. 2017『탄핵 광장의 안과 밖』. 서울: 책담.

이진순. 2016.『듣도 보도 못한 정치』. 서울: 문학동네.

임종수. 2011. "촛불과 미디어: 컨버전스 미디어 양식과 개인화된 대중의 출현."『현상과 인식』35권 1호, 97-124.

임혁백. 2009.『신유목적 민주주의』. 서울: 나남.

장우영. 2006a. "정치적 기회구조와 사회운동."『정보화정책』13권 3호, 49-68.

장우영. 2006b. "사이버공간의 이념과 정치: 한국 사이버 공론장의 구조 변동."『한국과 국제정치』22권 4호, 221-254.

장우영. 2010. "네트워크 개인주의와 시민저항: 2008년 촛불시위를 사례로."『한국정치연구』19권 3호, 25-55.

장우영. 2012. "온라인 공론장과 정치참여: 2008년 촛불시위에서의 '아고라'."『한국정치연구』21권 1호, 1-26.

장우영. 2017. "2016년 촛불시위 참가자들의 특성과 대선에의 함의."『사이버커뮤니케이션학회 특별 세미나 자료집』.

장훈. 2017. "촛불의 정치와 민주주의 이론: 현실과 이론, 사실과 가치의 긴장과 균형."『의정연구』23권 2호, 37-66.

전재호. 2014. "2000년대 한국 보수주의 이념적 특성에 관한 연구: 뉴라이트를 중심으로."『현대정치연구』7권 1호, 165-193.

정태석. 2009. "광우병 반대 촛불집회에서 사회구조적 변화 읽기."『경제와 사회』81호, 251-272.

조기숙·박혜윤. 2008. "광장의 정치와 문화적 충돌: 2008 촛불집회에 대한 경험적 분석." 『한국정치학회보』42집 4호, 243-268.

조희정·강장묵. 2008. "네트워크 정치와 온라인 사회운동: 2008년 '미국산 쇠고기 수입 반대 촛불집회' 사례를 중심으로." 『한국정치학회보』42 집 3호, 311-332.

차재권. 2017. "헌법 개정과 권력구조 변화의 정치동학: 경로의존 vs. 제도적 동형화." 『미래정치연구』7권 2호, 5-41.

채장수. 2009. "촛불집회에 대한 보수진영의 대응담론." 『한국정치학회보』43 집 1호, 129-150.

최기성·허진성. 2010. "일본 평화헌법의 경로의존성." 『국제정치논총』50권 1호, 317-340.

최장집·박상훈·서복경·박찬표. 2017. 『양손잡이 민주주의』. 서울: 후마니타스.

최재훈. 2015. "온라인을 매개로 한 사회운동의 가능성과 한계: 촛불집회의 사회운동론적 의의에 대한 재고찰." 『사회연구』28호, 69-114.

최재훈. 2017. "집합행동의 개인화와 사회운동 레퍼토리의 변화." 『경제와 사회』113호, 66-99.

하연섭. 2004. 『제도분석: 이론과 쟁점』. 서울: 다산출판사.

한종호. 2002. "찍을 후보 결정했다 76.8%." 『문화일보』(12월 5일).

허태회·장우영. 2009. "촛불시위와 한국정치." 『현대정치연구』2권 1호, 33-53.

홍성태 편. 2009. 촛불집회와 한국사회. 서울: 문화과학사.

Bennett, A., and C. Elman. 2006. "Complex Casual Relations and Case Study Method: The Example of Path Dependence." *Political Analysis* 14(3): 205-267.

Bennett, W. L., and A. Segerberg, A. 2011. "Digital Media and the Personalization of Collective Action: Social Technology and the Organization of Protests against the Global Economic Crisis." *Information, Communication & Society* 14(6): 770-799.

Bruns, A.. 2005. *Gatewatching: Collaborative Online News Production.* New York: Peter Lang.

Bruns, A.. 2006. "The Practice of News Blogging," In *Uses of Blogs,* edited by A. Bruns, and J. Jacobs, 11-22. New York: Peter Lang.

Cohen, J. L.. 1985. "Strategy or Identity: New Theoretical Paradigms and

Contemporary Social Movement." *Social Research* 52(4): 663-716.

Downing, J.. 2008. "Social Movement Theories and Alternative Media: An Evaluation and Critique." *Communication, Culture & Critique* 1(1): 40-50.

Gamson, W. A.. 1992. "The Social Psychology of Collective Action." In *Frontiers in Social Movement Theory,* edited by A. D. Morris, and C. McClurg, 53-76. New Haven, CT: Yale University Press.

Hall, P. A.. 1986. *Governing the Economy.* New York: Oxford University Press.

Hall, P. A., & C. R. Taylor. 1996. "Political Science and the Three New Institutionalism." *Political Studies* 44(5): 936-957.

Hardt, M., and A. Negri. 2005. *Multitude: War and democracy in the age of empire.* New York: Penguin.

Howard P. N., and M. M. Hussain. 2013. *Democracy's Fourth Wave?: Digital Media and the Arab Spring.* Oxford: Oxford University Press.

Ikenberry, G.. 1988. "Conclusion: An Institutional Approach to American Foreign Economic Policy." *International Organization* 42(1): 219-243.

Immergut, E. M.. 1998. "The Theoretical Core of the New Institutionalism." *Political Sociology* 26: 5-34.

Jenkins, J. C., and C. Perrow. 1977. "Insurgency of the Powerless." *American Sociological Review* 42: 249-268.

Kahn, R., and D. Kellner. 2004. "New Media and Internet Activism: From Battle of Seattle to Blogging." *New Media and Society* 6: 87-95.

Kay. A.. 2005. "A Critique of the Use of Path Dependency in Policy Studies." *Public Administration* 83(3): 553-571.

Keane, J.. 2009. *The Life and Death of Democracy.* London: A CBS company.

Klandermans, B.. 2004. "The Demand and Supply of Participation: Social-psychological Correlates of Participation in Social Movements." In *The Blackwell Companion to Social Movements,* edited by David A. Snow, Sarah A. Soule, and Hanspeter Kriesi, 360-379. Oxford: Blackwell Publishing.

Krasner, S. D.. 1984. "Approach to the State: Alternative Conceptions and Historical Dynamics." *Comparative Politics* 16(2): 223-246.

Krasner, S. D.. 1988. "Sovereignty: An Institutional Perspective." *Comparative*

Political Studies 21(1): 66-94.

Levi, M.. 1997. "A Model, A Method and a Map: Rational Choice in Comparative and Historical Analysis." In *Comparative Politics: Rationality, Culture, and Structure,* edited by Mark Lichbach, and A. Zuckerman. Cambridge: Cambridge University Press.

Levy, P.. 1997. *Collective Intelligence.* Cambridge: Perseus Books.

Lo. Clarence, Y. H.. 1982. "Countermovements and Conservative Movements in the Contemporary U.S." *Annual Review of Sociology* 8: 107-134.

Mahoney, James. 2000. "Path Dependence in Historical Sociology." *Theory and Society* 29(4): 507-548.

McAdam, D.. 1988. "Micromobilization contexts and recruitment to activism." *International Social Movement Research,* 1(1): 125-154.

McAdam, D., C. Tarrow, and C. Tilly. 2001. *Dynamics of Contention.* Cambridge: Cambridge University Press.

Melucci, A.. 1989. *Nomads of the Present: Social movements and Individual Needs in Contemporary Society.* London: Century Hutchinson.

Mottl. T. L.. 1980. "The Analysis of Countermovements." *Social Problems* 27: 620-635.

North, D. C.. 1990. *Institutions, Institutional Change and Economic Performance.* Cambridge: Cambridge University Press.

North, D. C.. 1991. "Institutions." *Journal of Economic Perspectives* 5(1): 97-112.

Pierson, P.. 2000. "Increasing Returns, Path Dependence, and the Study of Politics." *American Political Science Review* 94(2): 251-267.

O'donnell, G. A.. 1994. "Delegative Democracy." *Journal of Democracy* 5(1): 55-69.

O'donnell, G., P. C. Schmitter, and C. J. Arnson. 2013. *Transitions from authoritarian rule: Tentative conclusions about uncertain democracies.* Baltimore: Johns Hopkins University Press.

Piven, F. F., and R. A. Cloward. 1979. *Poor People's Movement: Why TheySucceeded, How they Fail?.* New York: Pantheon.

Pontusson, J.. 1995. "From Comparative Public Policy to Political Economy: Putting Political Institutions in Their Place and Taking Interests Seriously." *Comparative Political Studies* 28(1): 117-147.

Porta, D. D., and M. Diani. 2005. *Social Movements: An Introduction.* Oxford:

Blackwell Publishing.

Rheingold, H.. 2002. *Smart Mobs.* Cambridge, MA: Perseus Publishing.

Schimank, U. 1992. "Determinanten politischer Steuerung akteuertheoretisch betrachtet." In Politische Steuerung, Steuerbarkeit und Steuerungsfaehigkeit, hrsg. Von H. Busshoff, 165-191. Baden-Baden: Nomos.

Sewell, W. H.. 1996. "Three temporalities: Toward an eventful sociology." *The Historic Turn in the Human Sciences* 98: 245-280.

Shirky, C.. 2010. *Cognitive Surplus: Creativity and Generosity in a Connected Age.* London: Penguin Press.

Silverblatt, A.. 2004. "Media as Social Institution." *American Behavioral Scientist* 48(1): 35-41.

Staggenborg, S.. 1991. *The Pro-Choice Movement.* New York: Oxford University Press.

Tarrow, S.. 1998. *Power in Movement: Social Movements and Contentious Politics.* Cambridge: Cambridge University Press.

Thelen, K., and S. Steinmo. 1992. "Historical Institutionalism in Comparative Politics." In *Structuring Politics: Historical Institutionalism in Comparative Analysis,* edited by S. Steinmo, K. Thelen, and F. Longstreth. Cambridge: Cambridge University Press.

Touraine, A.. 1981. *The Voice and the Eye: An analysis of Social Movements.* Cambridge: Cambridge University Press.

Traugott, M. ed.. 1995. *Repertoires and Cycles of Collective Action.* Durham, NC: Duke University Press.

Walterman, H.. 1981. "Reasons and Reason: Collective Political Activity in Comparative and Historical Perspective." *World Politics* 33(4): 554-589.

Wellman, B., A. Quan-Haase, J. Boase, W. Chen, K. Hampton, I. Diaz, and K. Miyata. 2003. "The Social Affordances of the Internet for Networked Individualism." *Journal of Computer-Mediated Communication* 8(3): JCMC834.

Wilkinson, P.. 1971. *Social Movement.* New York: Prager.

Yun, Seong-Yi, and Woo-Young Chang 2011. "Political Participation of Teenagers in the Information Era." *Social Science Computer Review* 29(2): 242-249.

Zald, M. N., and B. Useem. 1987. "Movement and Countermovement Interaction: Mobilization, Tactics and State Involvement." In *Social Movements in an Organizational Society,* edited by M. N. Zald, and J. D. McCathy, 247-271. New Brunswick: Transactio.

4장. 촛불집회 참가 주체의 특성: 미디어 이용과 결사체 활동

도묘연(영남대학교)

1. 문제제기

이 글의 목적은 2016/17년 촛불집회 참가 주체의 특성을 규명하는데 있다. 구체적으로 촛불집회 참가자의 인터넷 및 소셜 미디어 이용 행태와 정치적 및 비정치적 결사체 활동의 패턴을 실증적으로 분석하는 것이다. 이러한 작업은 촛불집회 참가자와 비참가자의 디지털 네트워크와 결사체 네트워크를 경험적으로 확인하여 미시적인 차원에서 2016/17년 촛불집회의 의미를 도출하기 위해서 수행된다.

한국 사회에서 촛불집회는 분명 진화하고 있다. 촛불집회는 2002년 미군 장갑차에 의해 숨진 '효순이·미선이' 추모집회를 계기로 정치적 저항행위의 보편적 방식으로 정착하였다. 이후 2004년 故노무현 전 대통령 탄핵 반대집회, 2008년 미국산 쇠고기 수입반대 촛불집회, 2014년 세월호 참사 추모집회, 2016/17년 박근혜 대통령 퇴진 촛불집회 등에 이르기까지 시민들은 정부의 중요한 정책결정에 항의를 표출할 때마다 촛불을 들고 광장으로 모여들었다. 특히 2016/17년 촛불집회는 이전의 촛불집회와는 질적으로 다른 진화된 모습을 보였다. 대규모 참가 인원과 정치권력의 퇴진이라는 성과와 함께 그 진행과정에서도 시민들의 자발적 참가를 중심으로 평화적 진행이라는 새로운 전통을 확립하였다. 2016/17년 촛불집회를 계기로 한국 사회에서 촛불로 상징되는 시민들의 집합적 저항행위는 단순한 불만과 항의 표출을 뛰어 넘어 새로운 참여 민주주의 학습과 실천의 장이 되었다(도묘연 2017c). 즉 제도정치를 보완하여 민주주의 안정성과 정통성을 확대하는 시민들의 직접적인 정치참여의 장으로 승화되었다는 것이다.

2016/17년 촛불집회를 진정한 참여 민주주의의 장으로 변화시킨 주체는 자발적으로 참가한 시민들이었다. 2008년 촛불집회(2008년 5월부터 8월)의 경우 초기에는 여고생, 노동자, 회사원, 자영업, 주부 등 다양한 개인이 자발적으로 참가하는 모습을 보였다. 그러나 광우병 이외에 다른 이슈들이 파생된 7월 이후에는 민주노총 등이 집회를 주도하는 성격으로 변화되어 일반 시민들의 참가도 줄어들었다(이현우 2008). 2016/17년의 경우에도 새누리당 해체, 사드 배치 반대, 국정교과서 폐지 등의 파생이슈가 제기되기도 했다. 하지만 2016년 10월 29일(1차)부터 2017년 3월 11일(20차)까지 집회가 진행되는 동안 박근혜 대통령 퇴진이라는 단일한 이슈에 집중한 시민들의 자발적 참가의 양상은 지속되었다. 그 결과 촛불집회를 조직한 '박근혜 정권 퇴진 비상 국민 행동(이하 퇴진 행동)'의 역할은 주변자로 머물게 되었고, 집회의 중심 세력은 일반 시민으로 전환되었다.

2008년 촛불집회 이후 집합적 저항행위가 특정한 운동조직보다는 자발적인 시민들의 참가에 의해서 대규모로 확산되는 양상을 보이면서 학계에서는 다중(multitude)과 연결민(networked citizen)과 같이 촛불집회를 주도했던 시민들의 성격을 규정하려는 노력을 기울였다(백욱인 2008; 김성일 2017; 장훈 2017). 이들은 공통적으로 디지털 네트워크를 기반으로 의사소통하면서 시민단체나 노동조합과 연계 없이 독립적으로 집회의 의제를 설정하였고, 각각의 정체성을 기반으로 개별적으로 행동하면서도 특정 사안에 대해서는 자율적으로 연대하는 성격을 가진 개인이었다. 사회운동론에서는 인터넷과 소셜 미디어로 무장한 개인이 사회운동의 전면에 등장한 현상을 집합행동의 개인화로 규정하고 있다(Bennett and Segerberg 2011).

이 글 역시 촛불집회를 주도한 시민들이 온라인상의 디지털 네트워크를 기반으로 활동하는 자발적 참가자라는 점에 동의하되, 오프라인상의 결사체 네트워크에 속한 개인이라는 점을 동시에 강조하고자 한다. 즉 인터넷과 소셜 미디어에 친화적인 촛불집회 참가자에게 열광한 결과로 그들이 본질적으로 속해 있는 사회적 네트워크의 순기능을 간과할 수 있음을 경계하는 것이다. 물론 다중 혹은 연결민의 개념은 기본적으로 온라인의 느슨한 연대에 기초한 활동과 그것을 매개로 오프라인상의 촛불집회에 자발적으로 참가한 개인을 상정하고 있다. 그러나 개인은 본질적으로 온라인 및 오프라인상의 네트워크에 속한 존재이며, 결사체에서 활동하는 개인이 사회운동과 다양한 정치적 활동에 참가한다는 논의는 정치참여 모델과 사회운동론 및 사회자본론에서 이미 경험적으로 증명되었다. 그러나 촛불집회 참가 주체의 특성을 분석한 연구들은 결사체 네트워크의 순기능에는 크게 주목하지 않고 있다.

2016/17년 촛불집회 참가 주체의 특성을 규명하는 이 글은 촛불집회 참가자를 온라인 및 오프라인 네트워크를 가진 개인이라고 전제한다. 즉 디지털 네트워크를 기반으로 한 자발적 참가자이면서도 전통적인 결사체 네트워크에 속한 개인이라는 것이다. 따라서 촛불집회 참가자는 인터넷과 소셜 미디어를 이용하여 디지털 네트워크에 속한 개인인가? 혹은 결사체에서 활동하여 전통적인 네트워크에도 속한 개인인가? 라는 연구 질문을 설정하고, 실증적인 분석을 통해 그 해답을 시도한다. 전자는 미디어(TV·종이신문 및 인터넷·소셜 미디어)의 이용도 및 신뢰도와 함께 온라인 및 오프라인상의 정치참여 특성을 분석하는 과정을 통해서 해명되며, 후자는 정치적 및 비정치적 결사체 활동 패턴을 분석하여 규명된다. 이러한 과정은 2016년 촛불집회에 참가한 사람과 참가하지 않은 사람을 분석 대상으로 설정하고, 양자를 비교분석하여 진행된다.

궁극적으로 촛불집회 참가자의 미디어 이용과 결사체 활동의 특성을 규명하는 시도는 다음의 두 가지 의미를 가진다. 첫째, 디지털 네트워크와 결사체 네트워크에 존재하는 개인이 촛불집회의 자발적 참가자로서 거듭날 수 있다는 근거를 제시한다. 둘째, 촛불집회 참가자의 결사체 활동을 포함해 오프라인상에서의 정치참여 활동을 확인하여 시민사회 활성화 관점에서 촛불집회의 의미를 제시할 수 있다.

2. 촛불집회 참가 주체의 특성에 대한 논의

1) 기존 연구의 검토

2008년 미국산 쇠고기 수입 반대 촛불집회를 계기로 촛불집회는 비제도적 정치참여와 사회운동의 주요한 연구주제로 부상하였다. 그러나 촛불집회에 대한 연구들은 대의 민주주의와의 관련성 및 사회운동과 제도정치와의 관련성 등 주로 거시적인 차원에서 그 성격과 의미를 분석하는 연구들이 주류를 형성하였기 때문에 미시적인 차원에서 참가자의 특성을 분석하는 연구들은 상대적으로 부족하였다(도묘연 2017a). 그럼에도 촛불집회 참가자의 사회·경제적 특성, 정치적 정향, 정치적 및 사회적 의식과 태도를 분석하여 촛불집회에 대한 의미 있는 해석과 평가를 제시하는 연구들이 발표되었다. 기존 연구에서 제시한 2008년과 2016/17년 촛불집회 참가 주체의 특징을 비교하면 다음의 네 가지로 요약할 수 있다.

첫째, 2008년과 2016/17년 촛불집회 참가자의 사회경제적 특성은 다르게 나타났다. 이갑윤(2010)은 2008년의 경우 남자와 호남지역 및 젊은 세대가 많아 촛불집회 역시 당시 한국 사회에서 나타났던 세대균열과 지역균열이 반영되었다는 점을 규명하였다. 또한 2008년 촛불집회 참가자는 일반 시민에 비해 경제적으로 여유가 있고, 고학력자라는 연구도 발표되었다(조기숙·박해윤 2008). 그러나 2016/17년 촛불집회는 사회경제적 특성이 촛불집회에 반영되지 않은 것으로 나타났다(이지호 2017; 도묘연 2017a). 즉 참가자는 일반 시민들에 비해 특별히 젊지도, 소득이 많지도, 학력이 높지도 않은 사람이었다는 것이다. 이 점은 2016/17년 촛불집회가 특정한 지역, 계층, 세대에 의해서 주도된 저항행위라기보다는 사회경제적 배경과 상관없이 대부분의 일반 시민들이 참가한 정치적 저항행위였다는 것을 의미한다.

둘째, 촛불집회 참가자는 진보적인 정치적 정향을 가진 사람들이었다. 2008년의 경우는 반미선동에 의한 집회 혹은 신자유주의 반대 시위였다는 평가 속에서 보수와 진보 진영 모두 이념적으로 진보가 주도했다는 점에 동의하였다(조기숙 2009). 실증적인 연구에서도 참가자는 진보적 이념을 가지고 있었고, 민주노동당과 진보신당에 대한 지지가 높은 것으로 나타났다. 즉 2008년 촛불집회는 당시 한국 사회에서 형성된 이념균열이 반영된 성격을 가졌다(이갑윤 2010). 2016/17년의 경우 촛불집회가 한창 진행 중인 상황(2016년 12월 22일-24일)에서 자료를 수집한 이지호(2017)의 연구에서는 참가자들이 진보적인 정향을 가지지 않은 것으로 나타났다. 그러나 20차 촛불집회가 끝난 이후 조사를 실시한 연구에서는 참가자가 진보적 이념과 더불어 민주당과 정의당 등의 진보정당을 지지한 사람들로 확인되었다. 이 점은 촛불집회 초기의 참가자가 이념과 무관하게 국정농단 게이트에 분노한 사람들이었다면, 시간이 경과에 따라 진보적인 성향의 사람들이 촛불집회에 많이 참가했다는 것을 의미한다. 따라서 아직까지 한국 사회에서 촛불집회는 상대적으로 진보적 정향을 가진 사람들에 의해서 주도된다는 일정한 한계를 가진다고 할 수 있다(도묘연 2017a).

셋째, 촛불집회 참가자는 정부에 대한 불만과 분노가 높은 사람들이었다. 특정 상황이 정의롭지 못하다는 인식에 기반을 둔 '부정의 의미 틀'은 항의집회와 같은 집합적 행동을 이끄는 주요한 요소이다(Gamson 1992). 2008년의 참가자는 이명박 대통령의 국정 수행에 불만이 많고, 민주적으로 운영되지 않는다는 인식을 가지고 있었다(이갑윤 2010). 2016/17년 참가자 역시 국정농단 게이트에 대한 분노와 박근혜 대통령의 직무수행에 상당한 불만을 가진 사람들이었다(이현우 2017; 도묘연 2017a). 조직에 소속되지 않는 일반 시민들의 집회나 시위 참가에는 분노의 감정이 필수적이라는 논의를 고려할 때(Walgrave and Manssens 2000), 2008년 이후 특정한 운동단체의 주도 없이 시민들의 자발성이 극대화된 한국의 촛불집회 역시 분노가 항의집회를 이끈다는 서구의 논의와 같은 맥락을 따르고 있다.

넷째, 촛불집회 참가자는 탈물질주의 성향을 가지고 있었다. 탈물질주의 논의는 2008년 촛불집회를 분석한 조기숙·박해윤(2008)의 연구에서 촉발되었다. 이들은 먹거리의 안정성을 중시하는 인간 중심의 사고를 가진 사람들이 미국산 쇠고기 수입 반대 촛불집회에 참가했다고 보았고, 실증적인 연구를 통해 참가자는 일반 시민에 비해 탈물질주의 가치가 높았다는 점을 증명하였다. 서구의 68혁명과 2016/17년 촛불집회를 비교한 연구에서도 참가자는 비참가자에 비해 언론 자유 보장, 정부 정책에 대한 국민 참여 확대, 직장과 지역사회에서 개인의 발언권 확대, 사회 소수자에 대한 권익 증진, 핵 감축 및 폐지에 대해 높은 인식을 가지고 있었다(정병기 2017). 사실 2016/17년 촛불집회는 2008년의 경우처럼 먹거리의 안정성과 같은 탈물질주의적 생활 정치의 이슈가 시민들의 촛불집회 참가를 추동한 것은 아니었고, '대한민국은 민주공화국이다'는 국민주권을 수호하기 위해서 시민들은 촛불집회에 참가하였다. 이에 대해 정병기(2017)는 2016/17년 촛불집회를 민주주의 원칙을 수호하지 않는 권력과 엘리트에 도전하여 국민 참여의 확대를 주장하는 반권위주의적 탈물질주의 성격을 가진 시민들의 저항 행위라고 평가하였다.

이외에도 2016/17년 촛불집회 참가자는 정당과 노동조합 및 시민단체에서 활동하고, 투표활동에 많이 참여하고, TV와 종이신문과 같이 전통적인 미디어를 이용하는 경향이 강한 것으로 확인되었다(도묘연 2017a). 또한 참가자들은 정치체제에 대한 지지가 높아 국가에 대한 불신이 높지 않았다(이지호 2017).

2) 자발적 참가자로서 다중

촛불집회 참가자를 다중으로 규정하려는 시도는 2008년 촛불집회를 계기로 본격화되었다. 2008년 촛불집회는 평화적 저항운동이라는 상징성과 더불어 개인의 자발적 참가라는 상징성이 새롭게 부여된 사건이었다. 즉 일반 시민들의 자발적 참가는 이전 사회운동의 조직적 동원과는 구별되는 촛불집회의 또 따른 모습이었다는 것이다.

실제 2008년 촛불집회의 발화 지점은 특정한 정치적 목적을 가진 운동조직이 아니라 인터넷상에서 대통령 탄핵 서명운동을 제안한 17세 고고생('안단테')의 글이었고, 인터넷 포털 다음 아고라와 한겨레 토론방을 중심으로 광우병 이슈가 공론화되면서 시민들의 참여가 확대되었다(황진태 2011). 1차 집회(5월 2일)는 중고생들의 적극적인 참여를 중심으로 '안티 이명박 클럽' 등의 네티즌이 힘을 모아 2만 명에 이르는 사람들이 자발적으로 참가하였다(홍성태 2008).[1] 즉 처음 촛불집회를 주도한 세력이 일반 시민들이었다는 것이다. 당시 1,700여 개 시민사회단체와 인터넷 모임이 결성한

'광우병 대책위원회'는 1차 집회가 끝난 이후인 5월 8일에 결성되었다.

특히 2008년의 경우는 당시 자발적 참가자가 양적으로 많았다는 점에서만 새로운 의미가 부여된 것이 아니었다. 촛불소녀로 대변되는 중고생을 포함해 세대, 계층, 지역, 성별을 초월하여 다양한 일반 시민들이 참가했다는 점에서도 이전의 촛불집회와는 다른 의미가 추가되었다. 특정한 운동조직의 동원 없이도 인터넷 네트워크를 기반으로 다양한 정체성을 지닌 대규모의 시민들이 자발적으로 광장으로 모여든 사건을 바라보면서, 학계에서는 촛불집회 참가자를 단순히 시민이 아니라 다중으로 규정하기 시작하였다(이득재 2008; 백욱인 2008).

2016/17년 촛불집회는 더 극명하게 인터넷과 소셜 미디어로 무장한 대규모의 시민들이 자발적으로 광장에 모인 사건이었다. 물론 초기 촛불집회는 '민중 총궐기 투쟁 본부'가 주최하였으나, 제4차 집회(2016년 11월 19일)부터 주도 단체의 명칭이 '민중 총궐기 투쟁 본부'에서 '퇴진 행동'으로 바뀌면서 중심 세력이 일반 시민으로 확대되었다. 참가자의 규모는 2008년 800만에 비해 약 2배가 많은 1,600만 명 이상이었고, 그 기간도 2008년의 106일에 비해 늘어난 134일 동안 진행되었다.[2] 2008년의 경우는 초기와 달리 1+5의 의제[3]가 추가된 7월 이후부터는 정부의 폭력적 대응이 강화되면서 시

---

1) 경찰의 집계에 따르면, 5월 2일 촛불집회 전체 참가자 2만여 명 중 60—70%가 중고생이었다(김철규 외 2008).

2) 2008년 촛불집회(5월 2일 1차부터 8월 18일 100차까지)의 참가 인원은 약 800만 정도로 추산된다. 단 경찰청에는 약 93만 명으로 집계하였다(홍성태 2008).

3) 1+5란 미국산 쇠고기 재협상, 방송 민영화, 교육개혁, 의료보험 민영화, 공기업 민영화, 수도 민영화, 대운하 건설 등이 포함된다(이현우 2008).

위대와 경찰의 충돌이 빈번하였고, 민주노총 등의 조직이 집회를 주도하면서 자발적 참가자의 규모도 점점 줄어들었다(이현우 2008).

그러나 2016/17년의 경우는 대규모의 인원이 참가했음에도 단 한 건의 폭력적 사건도 없이 평화롭게 진행되었다. 20차 집회까지 경찰에 연행된 집회 참가자는 3차 집회에서 경찰의 해산 명령에 불응한 23명뿐이었다(노형일·양은경 2017). 또한 박근혜 대통령 퇴진 이외에 국정교과서 폐지, 새누리당 해체 등의 파생 이슈가 등장하기도 했으나, 국민주권의 수호라는 단일한 이슈에 집중한 시민들의 자발적 참가는 20차 집회까지 지속되었다. 학계에서는 전통적 사회운동 조직에 의해서는 장기간의 대규모 저항집회가 지속될 수 없다는 점에 다시금 주목하였다. 따라서 2008년 촛불집회를 주도했던 다중이 2016/17년에 다시 등장했다는 평가를 내리기도 하였다(김성일 2017).

여기서 두 차례의 촛불집회를 주도했던 자발적 참가자인 다중은 과연 어떠한 특성을 가지는가? 라는 질문을 던져 볼 수 있다. 다음의 구절은 다중으로서 촛불집회 참가자의 특징을 간략히 잘 드러내고 있다(시사인 08/06/14; 이득재 2008 재인용).

> 촛불을 들고 거리로 나온 시민은 대중이 아니었다. 군중도 아니었다. 그들은 자발적으로 참여하는 다중이었다. 학자들은 '다중'을 '영리한 대중'이라고 규정한다. 다중은 스스로의 자기 가치를 실현하고 욕망하는 주체이다. 온라인, 즉 디지털 기술과 친화력이 강한 다중은 권위를 인정하지 않는다. 다중의 정체성은 여러 겹이다. 국민이면서 시민이고, 또 개인이다. 이번 촛불시위는 지휘부가 없다. 그 누구의 명령도 먹혀들지 않는다. 다중으로 개별적으로 행동하면서 하나의 이슈에 동참한다. 하나이면서 여럿이다. 다중은 화이부동(和而不同)하는 주체이다.

위의 인용문이 함의하듯이, 다중으로 규정된 촛불집회 참가 주체의 특징은 다음의 세 가지로 정의할 수 있다. 첫째, 자율적이면서 다양한 정체성을 지닌 개인이다. 촛불집회에 참가한 중고생, 노동자, 회사원, 자영업자 등은 개별적 정체성을 가진 자율적으로 분화된 개인이었다. 이들의 집합적 행동 참가는 집단 정체성에 의한 것이 아니라 개인적 라이프 스타일을 통해 걸러진 개인화된 이슈들에 선택적으로 참가하여 행동한 결과물이었다(최재훈 2017). 즉 운동조직이 제시하는 거시적인 담론의 아니라 먹거리 안정성, 0교시 수업, 학교 급식, 임금 인상 등 개인의 정체성과 결부된 이슈에 따라 스스로의 자율적 판단과 동기에 의해서 촛불집회에 참가했던 것이다. 2008년 촛불집회의 참가자를 탈물질주의자로 개념화하는 시도는 먹거리 안정성과 같은 생활 밀착형 이슈를 표출한 다중의 성격과 무관하지 않다고 할 수 있다.

둘째, 개인들 간의 자율적 연대를 지향한다. 애초부터 촛불집회의 자발적 참가자는 특정한 조직의 구성원 혹은 특정한 단체에 의해 동원된 개인이 아니었다. 이들의 집회 참여는 소속 단체나 운동을 주도하는 조직과 무관하게 개인의 감정이나 정체성을 실현하기 위한 것이었고, 집합적 행동의 참가 방식도 자율적 방식을 따랐다. 인터넷과 소셜 미디어를 통해 집회에 참가한 개인들은 개인적 아이디어, 계획, 자원 공유를 기반으로 활동하였고, 과거 운동조직이 제시하는 규격화된 시위 방식의 틀에 얽매이지 않았다(최재훈 2015). 또한 운동주도 단체들과 연대 혹은 연계하려고 하지도 않았다. 이들은 축제, 자유발언대, 거리공연, 퍼포먼스 등의 새로운 레퍼토리를 구축하여 자유로운 방식으로 스스로 느낀 대로 말하고 행동하는 방식으로 자신들의 의사를 표시하였다. 2016/17년 광장에서 노동조합의 깃발과 함께 펄럭였던 '민주묘총', '혼자 온 사람들', '전국 고급시계 화물운송연합', '전국아재연합회' 등의 깃발은 개인들의 자율적 연대를 보여준 또 다른 상징이었다.

셋째, 정당이나 시민사회단체 등 중앙집권적인 운동 지도부의 권위를 인정하지 않는다. 즉 의식적으로 촛불집회를 주도한 운동조직의 수직적인 의사결정체계를 기피했다는 것이다. 더욱이 개인으로 참가한 시민들은 운동조직과 갈등을 빚기도 하였다. 소위 '깃발' 대 '촛불'이 의미하는 것처럼, 2008년의 경우 미국산 쇠고기 수입에 반대하는 입장을 가지고 집회에 참가한 사람들은 공기업 민영화 반대와 공영방송 장악 반대 등의 파생이슈를 제기한 '광우병 국민대책회의'와 갈등을 빚기도 했다. 2016/17년의 경우는 사회운동단체들이 시민의회를 제안하거나 혹은 일부 진보단체들이 통합진보당 사건으로 구속된 이석기 전 의원의 석방을 촛불시위 이슈에 포함시키려 하자, 시민들은 반발과 거부를 일으키기도 했다(장훈 2017). 촛불집회에서 '광우병 국민대책회의'나 '퇴진 행동'과 같은 운동조직이 완전히 쇠퇴한 것은 아니지만, 이들이 촛불집회의 주변자 혹은 지원자에 머물렀다는 점은 부인할 수 없다.

결과적으로 촛불집회에 자발적으로 참가한 사람, 즉 다중은 개별적 정체성의 표출, 자율적 연대, 탈중심적 집합행동을 보인 개인이었다고 할 수 있다. 이들은 각각의 정체성을 가지고 개별적으로 행동하면서도 특정 사안에 대해서는 동의를 기반으로 공동으로 행동하는 개인이었다(백욱인 2008). 개인이 사회운동의 주체로 전면에 등장하는 현상을 사회운동론에서는 집단행동의 개인화로 설명하고 있다(Bennett and Segerberg 2011). 즉 최근의 사회운동이 중앙집중적 지도부와 의사결정체계를 기피하며 개인화된 이슈들에 선택적으로 참가하고 행동하는 방식을 따르고 있다는 것이다(최재훈 2017). 개인이 사회운동에 전면적으로 등장했다는 것은 자원동원론에 대한 중대한 도전이 아닐 수 없었다. 조직 없이는 운동도 없다는 사회운동의 전통적인 교의의 쇠퇴를 의미하기 때문이다. 이제 촛불집회와 같은 대규모 집합적 저항행위를 이끄는 주체는 조직에서 개인으로 전환되는 현상을 맞이하고 있다.

3) 사회적 네트워크 속의 개인: 온라인 미디어 활용자와 결사체 구성원

다중 혹은 개인이 촛불집회의 주체로 전면에 나설 수 있었던 핵심적인 동인은 온라인 미디어의 활용이었다. 즉 인터넷과 소셜 미디어를 활용한 개인들이 디지털 네트워크 속에서 공론화와 연대 및 직접적 행동을 위한 자원을 만들어냈다는 것이다. 장훈(2017)은 촛불집회 참가자를 디지털 미디어를 통해서 느슨하고도 광범위하게 상시적으로 연결된 연결민(networked citizen)으로 정의하고, 이들이 사회적 관계망에서 '국민주권' '대통령 즉각 퇴진' 의제를 공동생산, 공유, 확산시키면서 촛불집회 참가가 확대되었다고 보았다.

온라인 미디어상에서 구축된 디지털 네트워크가 촛불집회를 포함해 개인의 정치참여를 추동한다는 사실은 이론적·경험적 차원으로 진화하고 있다. 이미 정보통신기술이 사회운동에 미친 변화와 그 결과를 설명하는 시도는 사회운동론의 중요한 한 축을 형성하고 있다(최재훈 2017; Bennett and Segerberg 2011). 디지털 네트워크의 긍정적인 기능은 SNS(Social Network Service)의 정치참여 효과를 규명한 경험적인 연구들에서 이미 확인되었다. 이들 연구들은 정치적으로 무관심하였던 개인들이 SNS로 인해 다양한 인적 네트워크와 정치적 정보에 노출됨으로써 정치적 관심도와 효능감과 함께 온라인과 오프라인에서 정치참여가 확대된다는 점을 강조한다(이원태 2010; Valenzuela et al. 2009). 한국의 트위터 이용의 긍정적 역할을 분석한 연구는 트위터가 의도하지 않는 정보에 노출될 개연성이 높고, 정치적 정보를 많이 다루어 정치참여의 가능성을 확대한다는 점을 보여 주었다(이소영 2012). 또한 SNS를 통해 정치정보를 주로 취득할수록, 특히 페이스북이나 트위터를 통하여 정치인과 친구 맺기 또는 팔로잉을 하고 있을 경우 정치참여가 활발하다는 연구결과도 SNS의 확대가 정치참여에 긍정적인 영향을 미친다는 점을 증명해 주었다(조진만 2011). 더불어 미국의 대선에서의 선거캠페인을 분석한 연구는 페이스북으로 대변되는 SNS가 후보자와 유권자들 간의 신뢰할 수 있는 정치적 정보를 주고받는 직접적인 대화의 공간으로 기능함으로써 정치적 공론화의 역할을 담당할 수 있었다는 점을 확인시켜 주었다(장우영·차재권 2011).

이처럼 디지털 네트워크의 긍정적인 기능이 촛불집회와 같은 사회운동의 참여를 추동했다면, 그것은 개방성과 상호 작용성을 기반으로 한 개별 노드 사이의 연결성이 이질적인 개인들을 집합적 행동으로 묶어 주는 효율적 매개체로 활용되고 있다는 것을 의미한다. 즉 개인들은 디지털 플랫폼(페이스북, 카카오톡방), 공유행동(온라인상에서 퍼나르기), 커넥터 등으로 구성되어 있는 디지털 네트워크(장우영 2010)를 활용하여 오프라인상의 참여 지향적인 시민으로 거듭나고 있다는 것이다. 더욱이 온라인 정치참여가 오프라인 정치참여로, 오프라인 정치참여가 온라인 정치참여로 이어지는 순환적인 정치참여가 활성화되고 있다(조희정·강장묵 2008). 이것은 디지털 네트워크가 온라인과 오프라인이 결합된 정치참여를 추동한다는 것을 의미한다. 즉 개인들은 이미 인터넷과 소셜 미디어를 활용하여 달톤(Dalton)이 말하는 관여적 시민(engaged citizen)으로 진화된 것이다. 이러한 맥락에서 디지털 네트워크는 다중 혹은 개별적 정체성을 가진 개인들이 촛불집회라는 대규모 집합적 행동의 전면에 나설 수 있었던 원동력이 되었다.

디지털 네트워크의 긍정적 역할을 고려할 때, 촛불집회의 자발적 참가자 역시 디지털 네트워크로 무장한 개인이었다는 점을 부인할 수 없다. 이 지점에서 촛불집회 참가자의 오프라인상의 네트워크로 그 관심을 확대할 필요가 있다. 인터넷과 소셜 미디어에 친화적인 다중 혹은 개인의 등장에 열광한 나머지 그들이 원래 속해 있었던 다양한 결사체 활동의 역할이나 의미를 간과해서는 안된다. 즉 온라인상에서 구축한 디지털 네트워크의 긍정적 역할과 함께 오프라인상의 사회적 네트워크의 순기능이 개인의 촛불집회 참가를 추동한다는 점에도 주목해야 한다는 것이다.

시민사회 내 결사체로 대변되는 사회적 네트워크는 그 조직적 특성에 따라서 두 가지로 유형화할 수 있다. 사회자본론의 전통을 따르는 장수찬(2004)은 결사체를 일차적 관계(primary relations)에 기초한 조직과 이차적인 관계(secondary relations)에 기초한 조직으로 구분하였다. 전자는 혈연, 학연, 지연 및 친교와 같은 비공식적인 인간관계에 기초하여 형성된 결사체를 의미하며, 후자는 노동조합 및 전문가·직능 집단, NGO 등과 같이 공식적인 인간관계를 중심으로 형성된 결사체를 포함한다. 따라서 일차적 관계에 기초한 결사체는 재미와 친교 및 동료의식의 형성을 추구하는 경향이 강하기 때문에 비정치적인 성격을 가진다. 반면, 이차적인 관계에 의한 결사체는 물질적 이익과 대의명분과 같은 이념적 이익을 추구하는 동시에 정치과정상에 영향력을 행사하는 정치적인 성격을 가진다(도묘연 2017b).

이러한 결사체가 촛불집회를 포함해 시민들의 다양한 정치참여를 추동한다는 사실은 정치참여 모델, 사회운동론, 사회자본론의 전통 속에서 이론적·경험적으로 확인되었다. 시민자발성 모델(civic voluntarism)은 투표와 같은 제도적 정치참여(conventional participation)와 시위나 집회와 같은 비제도적 정치참여(unconventional participation)를 추동하는 요인으로 사회경제적 자원, 정치적 관심도 및 정치적 효능감과 같은 정치적 관여(political engagement)와 함께 동원의 네트워크 (network of recruitment)에 주목하여 왔다(Verba et al. 1995). 즉 조직에서 활동할수록 다양한 정치참여를 위한 동기와 계기를 가질 수 있다는 것이다. 우리의 경우 정당과 노동조합 및 시민단체와 같은 정치적 결사체 활동에 비해 동호회 및 봉사단체와 같은 비정치적 결사체 활동이 시위와 집회참여를 촉진하기도 하였고(김상돈·김태준 2008; 민영·주익현 2007), 서구에서는 정당과 시민단체 가입자들의 시위나 집회참여가 활발하다는 경향이 확인되기도 하였다 (Norris et al. 2005). 사회운동론에서는 대면적 접촉에 기초한 사회적 연결망이 유대적 인센티브와 의사소통을 강화시키기 때문에 행동비용을 줄여 집합적 행동을 위한 강한 유인을 가진다는 점에 주목하였다(Oliver 1984). 조직가입과 사회운동의 관계를 분석한 맥아담과 폴젠(MaAdam and Paulsen 1993)에 의하면, 대면적 접촉에 기초한 조직 가입자들은 강한 효능감을 가지기 때문에 집합적 행동에 참여할 가능성이 높다고 한다.

특히 사회자본론에서는 결사체 활동이 호혜성과 신뢰와 같은 시민적 덕성(civic virtue)을 산출하여 정치참여를 확산시킬 수 있다는 점을 강조한다(Putnam 2001). 즉 자발적 결사체 활동 그 자체가 집단적 행위에 필요한 공유된 책임감과 협동심을 배양하며, 이러한 시민성의 습득이 개인의 제도적 및 비제도적 정치참여를 추동하는 원천으로 기능한다는 것이다(도묘연 2017b). 이 경우 사회자본론에서는 정치참여를 촉진하는 결사체 네트워크의 순기능이 혈연이나 지연 등의 일차적인 연결망에 기초한 결사체가 아니라 공식적이고 이차적인 연결망에 기초한 결사체 활동에서 배양될 수 있음을 강조한다.

이러한 결사체 네트워크의 순기능이 촛불집회의 참여를 이끌었다면, 그것은 면대면 접촉에 기한 사회적 연결망에서 형성된 상호작용의 긍정적 결과물이다. 개인은 사람들과 의사소통 속에서 정치적 참여의식이 확대되고, 정보 접근성을 확대할 수 있고, 정치참여에 필요한 다양한 자원을 확보하게 된다(Melcci 1996). 또한 정치적 효능감과 신뢰 및 호혜성과 같은 시민적 덕성을 학습하여 사회적 자본을 배양함으로써 제도적 및 비제도적 정치참여와 사회운동 참여의 계기를 가지게 된다. 다중으로 대변되는 촛불집회 참가자의 대부분은 결사체 구성원의 자격이 아니라 개인의 자격으로 집합적 행동에 참여한 사람들이었다. 만약 참가자들이 결사체 구성원이면서도 자발적 결정으로 광장에 모여들었다면, 이들은 시민사회 내에 존재하는 다양한 결사체 활동을 통해 일정한 정치참여 의식을 배양한 시민이었을 것이라는 추측이 가능하다.

이상에서 논의한 온라인 미디어상의 디지털 네트워크와 결사체 네트워크의 긍정적 역할을 종합할 때, 자발적인 촛불집회 참가자는 양자의 네트워크에 속해 있는 개인으로 볼 수 있다. 올슨(Olson 1965)의 집단행동의 논리를 차용하자면, 이들 네트워크는 공통적으로 개인이 무임승차(free-riding) 유혹을 뿌리치고, 촛불집회에 참가하는 계기를 제공한다. 디지털 네트워크는 참여비용을 제로에 가깝게 하며, 개방성과 상호작용으로 대변되는 네트워크 그 자체가 개인과 조직을 뛰어 넘는 구조이기 때문에 특정한 운동조직의 도움 없이도 개인이 자발적으로 집합적 행동에 참가할 수 있는 기회를 제공한다. 또한 결사체 네트워크의 상호작용을 통해 축적되는 정치 효능감, 유대의식, 시민적 덕성 등은 참여비용을 상쇄하여 개인의 자발적인 집합적 행동의 참가를 촉진할 수 있다.

따라서 이 글은 촛불집회 참가자가 온라인상에서 형성한 디지털 네트워크와 함께 오프라인상에서 구축한 결사체 네트워크를 추적하여, 양자의 네트워크 속에서 존재하는 개인이 촛불집회의 자발적 참가자로서 거듭날 수 있었다는 근거를 제시하고자 한다. 이를 위해 촛불집회 참가자의 미디어 이용 및 결사체 활동의 패턴을 분석한다.

3. 연구설계

1) 분석틀

2016/17년 촛불집회 참가자의 미디어 이용과 결사체 활동의 패턴을 분석하기 위해서 <표 1>의 분석틀을 설정하였다. 분석틀은 연구의 초점에 근거하되, 비교를 위한 준거틀을 제시하여 참가자의 특성을 종합적으로 제시하려는 의도 하에서 구축되었다.

첫째, 미디어 이용은 이용도, 신뢰도, 정치참여로 구성하였다. 여기서 분석의 초점은 탄핵정국에서 촛불집회 참가자가 인터넷과 소셜 미디어의 이용도와 신뢰도가 높으며, 이들 미디어를 적극적으로 활용하여 다양한 정치참여 활동을 벌이는 개인이었다는 점을 밝히는 것이다. 이 경우 전통적인 매체인 TV(종편)와 종이신문의 이용도 및 신뢰도와 함께 오프라인상에서의 정치참여 활동도를 함께 조사하였다. 이것은 전체적인 미디어 이용과 온라인 및 오프라인 정치참여 활동의 맥락 속에서 촛불집회 참가자의 인터넷과 소셜 미디어 이용의 패턴을 제시한다는 의미를 가진다. 나아가 정치참여의 경우 촛불정국과 평상시(촛불집회 이전 3년간)로 구분하여, 양 시점에서 촛불집회 참가자들이 인터넷 및 소셜 미디어와 오프라인상에서 벌인 정치참여 활동의 패턴을 규명한다.

둘째, 결사체 활동은 가입도와 적극성으로 구성하였다. 가입도는 단순한 결사체의 가입 여부를 확인하는 것이고, 적극성은 가입하여 실제로 활동하는 결사체 수로 정의된다. 그리고 결사체는 정치적 및 비정치적인 것으로 구분하였다. 이 경우 분석의 초점은 촛불집회 참가자가 결사체에 활동하는 동시에 정치적 및 비정치적 결사체

별로 그 활동 수준이 다르다는 것을 규명하는 것이다. 앞선 2장의 결사체의 성격을 논의하는 과정에서 확인했듯이, 정당, 노동조합, NGO는 정치과정에 영향력을 행사하는 성격이 강하지만, 친목모임, 취미 동호회, 종친회·동창회·향우회 등은 재미와 친교를 추구하는 성격을 가진다. 따라서 결사체의 유형화는 개별 결사체의 성격을 고려하여 촛불집회 참가자의 결사체 활동의 패턴을 제시한다는 의미를 가진다.

셋째, 이상의 분석은 촛불집회 참가자와 비참가자를 조사대상으로 설정하여 진행되며, 궁극적으로 비참가자와의 비교론적 시각에서 참가자의 미디어 이용과 결사체 활동의 특성을 제시하는 성격을 가진다.

<표 1> 분석틀

구분	변수명	측정		척도	시기
미디어 이용	이용도	· 인터넷(포털, 카페, 블로그 등) 및 소셜 미디어·모바일 메신저(카카오톡, 트위터, 페이스북, 인스타그램, 밴드 등) · TV(공중파·종편) 및 종이 신문	일일 이용 시간 및 신뢰 수준	비율 및 7단계 리커트	탄핵정국
	신뢰도				
	정치 참여	· 인터넷·SNS상에서 정치적 의견 작성, 정치·시사 모임에 활동하는 수준 · 오프라인상의 투표참여, 정치문제 토론, 거리 집회나 시위 참여, 정당·시민사회단체·정치 시사 모임에 활동하는 수준		7단계 리커트	탄핵정국 및 평상시 (최근 3년)
결사체 활동	가입도	· 정치적 결사체(정당, 노동조합, NGO) · 비정치적 결사체(단순 친목 모임, 취미 동호회, 종친회·동창회·향우회, 학술 연구 단체)	가입 여부 및 가입하여 실제 활동하는 결사체 수	명목 및 비율	평상시
	적극성				

2) 자료수집과 분석방법

2016/17년 촛불집회 참가자의 미디어 이용과 결사체 활동의 패턴 분석은 전국적인 설문조사 자료를 활용하여 이루어졌다.[4] 동 자료를 구축하기 위해서 수행된 설문조사의 표본은 성별, 나이, 지역 등의 인구통계학적 특성을 고려하여 비례층화 방식으로 추출되었고, 실제 조사는 2017년 3월 10일 헌법재판소의 박근혜 대통령 탄핵안이 인용된 직후인 2017년 3월 17일에서 3월 31일 사이에 수행되었다.

동 자료는 조사대상 선정에서 다음의 두 가지 장점을 가진다. 첫째, 2016년 10월 29일(1차)부터 2017년 3월 11일(20차)까지 개최된 촛불집회 참가자를 포함하고 있다. 참가자는 1회부터 많게는 20회까지 촛불집회에 참가한 경우도 있었다. 따라서 촛불집회가 한창 진행 중인 특정한 시점에 자료를 수집한 것이 아니기 때문에 참가자의 특성을 종합적으로 제시할 수 있다. 둘째, 촛불집회 참가자와 비참가자 모두를 조사대상으로 포함하고 있기 때문에 동일한 시점에서 양 집단의 미디어 이용 및 결사체 활동의 패턴을 비교분석할 수 있다. 전체 조사대상 1,518명 중 참가자와 비참가자는 각각 664명과 854명이었다.

한편, 촛불집회 참가자와 비참가자 간에 나타난 미디어 이용(이용도, 신뢰도, 정치참여) 및 결사체 활동(가입도, 적극성)의 개별 변인과 인구사회학적 특성의 유의미한 차이는 t-test와 χ^2-test를 통해 검증하였다.

---

4) 필자가 속해 있는 한국연구재단 일반공동연구지원사업(합의 민주주의적 협치를 위한 인정의 정치 연구팀, 2016년 선정)에서 구축한 자료를 활용하였다.

3) 촛불집회 참가자와 비참가자의 인구사회학적 특성

<표 2>는 전체 1,518명의 촛불집회 참가자(664명)와 비참가자 (854명) 간에 나타난 인구사회학적 특성을 보여준다. 양자 간에 지역과 소득은 통계적으로 유의한 차이가 나타나지 않았다. 따라서 참가자가 일반 시민에 비해 특정한 지역에 거주하거나 특별히 소득이 많지는 않았다. 그러나 성별, 연령, 학력, 고용형태에서는 통계적인 차이가 확인되었다. 참가자와 비참가자 간에 차이가 나타난 변수를 기준으로 그 특성을 제시하면 다음과 같다.

촛불집회 참가자는 비참가자와 비교할 때, 여자(참가 43.07%, 비참가 51.29%)보다 남자(참가 56.93%, 비참가 48.71%)가 많았다. 연령별로는 50대(참가 17.62%, 비참가 23.79%)와 60대 이상(참가 18.52%, 비참가 21.08%)의 장년층보다는 20대(참가 19.43%, 비참가 17.68%)와 30대(참가 20.03%, 비참가 17.80) 및 40대(참가 24.40%, 비참가 19.67%)의 상대적으로 젊은층이었다. 그리고 학력상으로는 고졸 미만(참가 2.71%, 비참가 3.75%) 및 고졸(참가 7.53%, 비참가 13.47%)보다는 대학교(참가 73.64%, 비참가 68.03%) 및 대학원 졸업 이상(참가 16.11%, 비참가 14.75%)의 고학력자들이었다. 또한 생산직(참가 3.16%, 비참가 3.51%)과 학생·주부(참가 11.75%, 비참가 15.93%)보다는 경영 및 전문 관리직(참가 16.27%, 비참가 13.23%), 사무직(참가 51.05%, 비참가 42.50%) 그리고 자영업(참가 9.19%, 비참가 7.85%) 종사자들이었다.

<표 2> 촛불집회 참가자와 비참가자의 인구사회학적 특성

(단위: 명, %)

		전체 (N=1,518)	참가자 (N=664)	비참가자 (N=854)	χ^2
성별	남	794 (52.31)	378 (56.93)	416 (48.71)	χ^2=10.1073, df=1, prob=0.0015
	여	724 (47.69)	286 (43.07)	438 (51.29)	
연령	20대	280 (18.45)	129 (19.43)	151 (17.68)	χ^2=13.3677, df=4, prob=0.0096
	30대	285 (18.77)	133 (20.03)	152 (17.80)	
	40대	330 (21.74)	162 (24.40)	168 (19.67)	
	50대	320 (21.80)	117 (17.62)	203 (23.77)	
	60세 이상	303 (19.96)	123 (18.52)	180 (21.08)	
지역	서울	306 (20.16)	149 (22.44)	157 (18.38)	χ^2=9.9438, df=6, prob=0.1270
	경기	457 (30.11)	191 (28.77)	266 (31.15)	
	충청	156 (10.28)	71 (10.69)	85 (9.95)	
	전라	148 (9.75)	74 (11.14)	74 (8.67)	
	경북	151 (9.95)	56 (8.43)	95 (11.12)	
	경남	237 (15.61)	97 (14.61)	140 (16.39)	
	강원·제주	63 (4.15)	26 (3.92)	37 (4.33)	
소득	100만 원 이하	35 (2.31)	11(1.66)	24 (2.81)	χ^2=9.3380, df=7 prob=0.2293
	101-200만 원	101 (6.65)	42(6.33)	59 (6.91)	
	201-300만 원	204 (13.44)	81 (12.20)	123 (14.40)	
	301-400만 원	289 (19.04)	130 (19.58)	159 (18.62)	
	401-500만 원	298 (19.63)	120 (18.07)	178 (20.84)	
	501-600만 원	216 (14.23)	104 (15.66)	112 (13.11)	
	601-700만 원	132 (8.70)	58 (8.73)	74 (8.67)	
	701만 원 이상	243 (16.01)	118 (17.77)	125 (14.64)	
학력	고졸 미만	50 (3.29)	18 (2.71)	32 (3.75)	χ^2=15.4464, df=3 prob=0.0015
	고졸	165 (10.87)	50 (7.53)	115 (13.47)	
	대재 및 대졸	1,070 (70.49)	489 (73.64)	581 (68.03)	
	대학원 이상	233 (15.35)	107 (16.11)	126 (14.75)	

고용 형태	전문 관리 전문직	221 (14.56)	108 (16.27)	113 (13.23)	
	사무직	702 (46.25)	339 (51.05)	363 (42.5)	
	생산직	51 (3.36)	21 (3.16)	30 (3.51)	χ^2=34.0004, df=6 prob=0.0001
	자영업	128 (8.43)	61 (9.19)	67 (7.85)	
	학생·주부	214 (14.10)	78 (11.75)	136 (15.93)	
	기타	102 (6.72)	31(4.67)	71(8.31)	
	실업상태	100 (6.59)	26(3.92)	74(8.67)	

4. 2016/17년 촛불집회 참가 주체의 특성: 미디어 이용 과 결사체 활동

1) 자발적 참가자

<표 3>은 664명의 2016/17년 촛불집회 참가자의 집회 참가 계기와 동반자의 특성을 보여준다. 먼저 참가 계기는 자발적 판단과 결정이 57.38%로 가장 많았고, 그 다음으로 '퇴진 행동' 홍보의 영향(32.98%), 언론 뉴스와 온라인 정보의 영향(4.82%), 가족, 친구, 지인 등의 주변의 권유(4.37%)의 순으로 나타났다. 촛불집회 동반자의 경우는 사회단체 회원과 함께 참가한 경우(1.96%)는 극히 적었고, 대부분 가족(40.51%) 직장 동료 및 친구(33.74%), 혼자(23.34%) 참가한 것으로 나타났다.

<표 3> 촛불집회 참가 계기 및 동반자

(단위: 명, %)

참가 계기	664	100.0	동반자	664	100.0
개인의 자발적 판단과 결정	381	57.38	가족	269	40.51
'퇴진 행동' 홍보의 영향	219	32.98	직장 동료 및 친구	224	33.74
언론 뉴스와 온라인 정보의 영향	32	4.82	혼자	155	23.34
가족, 친구 등 주변의 권유	29	4.37	사회단체 회원	13	1.96
기타	3	0.45	기타	3	0.45

따라서 2016년 10월 29일(1차)부터 2017년 3월 11(20차)까지 개최된 촛불집회의 참가자는 주로 자발적 판단과 결정에 의해 집회에 참가했으며, 사회단체의 회원이 아니라 가족이나 주변 지인들과 함께 광장을 찾았던 것으로 확인되었다. 이러한 결과는 사회운동론에서 말하는 집단행동의 개인화, 즉 특정한 운동조직이 아니라 다중 혹은 자발적 참가자로 대변되는 개인이 촛불집회의 전면에 등장하고 있다는 논의를 경험적으로 뒷받침하고 있다. 그러나 '퇴진 행동' 홍보의 영향이 32.98%였다는 점은 운동조직의 일정한 영향력을 보여준다는 점에서 주목해야 한다. 다시 말해 촛불집회를 개최한 운동조직이 완전한 주변자로 머물기보다는 조력자 혹은 지원자로서 홍보를 통해 시민 동원의 역할을 했다고 볼 수 있다는 것이다.

2) 미디어 이용

<표 4>는 촛불집회 참가자와 비참가자가 탄핵정국 하에서 미디어를 통해 국정농단 게이트와 관련한 정보를 획득한 시간을 보여준다. 참가자의 공중파 이용도는 1.47시간(비참가 1.61), 종편 채널 1.96시

간(비참가 1.88), 종이신문 1.26시간(비참가 1.18), 인터넷 1.71시간 (비참가 1.70), 소셜 미디어 및 모바일 메신저 1.30시간(비참가 1.30) 이었다. 그러나 양 집단 간에 통계적으로 유의미한 차이가 나타나지는 않았다. 즉 촛불집회 참가자가 일반 시민에 비해 전통적인 미디어 및 온라인 미디어를 많이 이용하는 사람들이 아니었다는 것이다.

이러한 결과는 자발적인 촛불집회 참가자가 디지털 네트워크에 친화적이라는 논의와는 일치하지 않았다. 그리고 사회운동에 참가하는 사람들이 전통적 대중 매체를 불신하고 자신들의 이야기를 공유 및 전달할 수 있는 개인화된 미디어를 적극적으로 활용할 것이라는 논의(최재훈 2017)와도 맞지 않았다. 참가자는 탄핵정국에서 일반 시민에 비해 특별히 인터넷과 소셜 미디어를 많이 이용하지는 않았다. 단 눈에 띄는 것은 참가자와 일반 시민 모두 종편 채널의 이용 시간이 가장 높았다는 점이다. 이 점은 국정농단 게이트 사건 자체가 JTBC의 최순실 태블릿 PC 공개로 촉발되었다는 점과 무관하지 않을 것이다. 또한 정치 뉴스와 논평으로 특화된 종편 채널에서 쏟아 내는 다량의 정보에 시민들이 자연스럽게 노출되면서 종편 채널의 시청량이 많았다는 점과도 관련이 있을 것이다.

<표 4> 촛불집회 참가자와 비참가자의 미디어 이용도

(단위: 시간, 명)

	전체	N	참가자	N	비참가자	N	t/prob
공중파 TV*	1.55	1,188	1.47	502	1.61	686	t=-0.79, prob=0.4270
종편 채널*	1.92	1,377	1.96	641	1.88	736	t=0.45, prob=0.6533
종이신문	1.22	660	1.26	329	1.18	331	t=0.38, prob=0.7044
인터넷*	1.70	1,310	1.71	611	1.70	699	t=0.07, prob=0.9471
소셜 미디어 및 모바일 메신저*	1.30	864	1.30	452	1.30	412	t=-0.03, prob=0.9777

주: 1) * 등분산가설이 기각된 경우임
2) 조사대상 1,518명(참가자 664명, 비참가자 854명) 중 연령대별로 개별 미디어를 이
용하지 않는 응답자들이 있어 N의 값이 상이함

그러나 <표 5>에서 알 수 있듯이, 종이신문을 제외하고 미디어
신뢰도는 촛불집회 참가자와 비참가자 간에 차이가 있었다. 참가자
의 공중파 TV 신뢰도는 3.51(비참가 3.92), 종편 채널 5.09(비참가
4.53), 종이신문 3.78(비참가 3.88), 인터넷 4.42(비참가 4.01), 소셜
미디어 4.09(비참가 3.62)였다. 즉 공중파 TV 신뢰도는 비참가자가
높았으나, 종편과 인터넷 및 소셜 미디어 신뢰도는 참가자가 높았다.
따라서 촛불집회 참가자는 일반 시민에 비해 종편과 온라인 미디어
에서 제공하는 정보를 신뢰하는 사람들이었고, 특히 종편에 대한 신
뢰도가 높았다.

이러한 결과는 탄핵정국에서 나타난 미디어의 보도행태와 무관하
지 않다. 2008년 촛불집회 당시 전통적 미디어와 인터넷 미디어는
미국산 쇠고기 수입의 정당성과 촛불집회의 성격에 대해 각기 다른
입장의 메시지를 전달했다. 당시 촛불집회 자체가 기성 미디어를 신
뢰하지 않던 인터넷 토론방에서 발화되었고, 참가자는 인터넷에서

공론화된 정보를 더 신뢰하였다. 실제로 2006년 6월에는 '조중동 폐간 국민캠페인'의 의해서 조선일보, 중앙일보, 동아일보에 대한 '광고 거부 운동'이 일어나기도 하였다(이준한 2009). 그러나 2016/17년의 경우에는 2008년과 달리 공중파 및 종편 채널과 온라인 미디어가 국정농단 게이트를 비판하는 단일의 메시지를 전달했기 때문에 참가자는 양 미디어를 모두 신뢰한 것으로 볼 수 있다. 단 눈에 띄는 것은 참가자의 종편에 대한 신뢰도가 높았다는 것이다. 이것은 최순실 태블릿 PC를 처음으로 보도한 JTBC에 대한 신뢰도로 보는 것이 타당할 것이다.

<표 5> 촛불집회 참가자와 비참가자의 미디어 신뢰도

	전체 (N=1,518)	참가자 (N=664)	비참가자 (N=854)	t/prob
공중파 TV*	3.74	3.51	3.92	t=-5.09, prob=0.0001
종편 채널*	4.77	5.09	4.53	t=7.43, prob=0.0001
종이신문*	3.84	3.78	3.88	t=-1.42, prob=0.1554
인터넷*	4.19	4.42	4.01	t=6.28, prob=0.0001
소셜 미디어 및 모바일 메신저	3.83	4.09	3.62	t=6.63, prob=0.0001

* 등분산가설이 기각된 경우임

한편, <표 6>은 촛불집회 참가자와 비참가자가 탄핵정국 혹은 평상시 온라인상에서 혹은 오프라인상에서 벌인 정치참여 활동의 수준을 보여 준다. 양 집단 간에는 모든 항목에서 통계적으로 유의한 차이가 확인되었다. 먼저 탄핵정국에서 참가자의 인터넷 및 소셜 미디어에서의 정치적 의견 작성과 정치·시사 모임 활동은 각각 3.83 (비참가 2.87)과 3.21(비참가 2.32)이었다. 그리고 오프라인에서의 정치문제 토론과 정당을 포함한 정치·시사모임 활동은 각각 4.99

(비참가 4.38)와 3.12(비참가 2.26)였다. 다음으로 평상시 참가자의 인터넷 및 소셜 미디어에서의 정치적 의견 작성과 정치·시사 모임 활동은 각각 3.77(비참가 2.78)과 3.30(비참가 2.27)이었다. 그리고 오프라인상에서의 정치문제 토론은 4.75(비참가 4.12), 정당을 포함한 시사·정치 모임 참여 3.22(비참가 2.13), 집회나 시위 참여 4.23(비참가 2.12), 투표참여 6.03(비참가 5.61)이었다. 이 점은 참가자가 일반 시민에 비해 온라인 및 오프라인상에서 적극적인 정치참여 활동을 벌이는 사람들이라는 점을 명백히 보여 주며, 특히 참가자들의 정치참여 활동 수준은 온라인에서보다 오프라인상에서 더 높은 것으로 확인되었다.

<표 6> 촛불집회 참가자와 비참가자의 인터넷·소셜 미디어 및 오프라인 정치참여

			전체 (N=1,518)	참가자 (N=664)	비참가자 (N=854)	t/prob
탄핵 정국	인터넷 소셜 미디어	정치적 의견 작성	3.29	3.83	2.87	t=11.51, prob=0.0001
		정치·시사 모임 활동*	2.71	3.21	2.32	t=11.03, prob=0.0001
	오프라인	주변 사람들과 정치 문제 토론*	4.65	4.99	4.38	t=8.92, prob=0.0001
		정당, 시민단체, 정치·시사 모임 참여*	2.64	3.12	2.26	t=10.76, prob=0.0001
평상시	인터넷 소셜 미디어	정치적 의견 작성	3.21	3.77	2.78	t=11.42, prob=0.0001
		정치·시사 모임 활동*	2.72	3.30	2.27	t=12.36, prob=0.0001
	오프라인	주변 사람들과 정치문제 토론	4.40	4.75	4.12	t=8.81, prob=0.0001
		정당, 시민단체, 시사·정치 모임 참여*	2.60	3.22	2.13	t=13.00, prob=0.0001

| | | 거리 집회나 시위 참여* | 3.04 | 4.23 | 2.12 | t=27.46, prob=0.0001 |
| | | 투표참여* | 5.79 | 6.03 | 5.61 | t=5.30, prob=0.0001 |

* 등분산가설이 기각된 경우임

　이상의 분석결과를 종합하면, 촛불집회 참가자의 미디어 이용도 및 신뢰도와 정치참여 활동은 다음의 세 가지 특성을 가진다. 첫째, 탄핵정국에서 온라인 미디어에서 제공한 정보를 신뢰하는 사람들이었고, 최순실 태블릿 PC를 처음으로 보도한 JTBC의 영향으로 종편에 대한 신뢰도가 높았다. 둘째, 탄핵정국에서 인터넷과 소셜 미디어를 활용하여 정치참여를 실천하는 사람들이었다. 앞선 미디어 이용도에서 확인했듯이, 단순히 국정농단 게이트와 관련된 정보를 획득 수단으로 온라인 미디어를 이용하는 수준은 참가자와 일반 시민 간에 특별한 차이가 없었다. 그러나 정치참여의 수단으로 인터넷과 소셜 미디어를 이용하는 수준은 양 집단 간에 뚜렷한 차이가 있었다. 즉 참가자는 정치적 의견 표출과 다양한 온라인 커뮤니티 활동을 위해서 디지털 네트워크를 적극적으로 활용한 개인이었다.

　셋째, 탄핵정국 혹은 평상시에도 인터넷 및 소셜 미디어와 함께 오프라인상의 다양한 정치참여 활동을 벌이는 사람들이었다. 더욱이 상대적으로 투표참여를 포함해 오프라인 정치참여의 수준이 높은 사람들이었다. 이러한 결과는 인터넷 도입 초창기에 논의되었던 온라인 및 오프라인 정치참여의 관계성, 즉 인터넷 동원(mobilization) 및 강화(reinforcement) 가설을 차용할 때 일정한 함의를 가진다. 그 논의의 핵심은 인터넷 확산이 새로운 사람들의 정치참여를 확대하거나 혹은 기존의 정치참여 세력의 참여를 더욱 활성화시킨다는 것이다(Norris 2000). 현재의 분석결과로는 어느 쪽이 더 타당하다고 말할 수는 없다. 다만, 탄핵정국 혹은 평상시 참가자의 오프라인 정치참여 활동 수준이 온라인에 비해 전반적으로 높았다는 점은 기존 정치참여 세력의 활동을 강화하는 수단으로 인터넷과 소셜 미디어가 활용되었다는 예측을 가능하게 한다.

3) 결사체 활동

<표 7>은 촛불집회 참가자와 비참가자의 정치적 및 비정치적 결사체 가입의 현황을 보여 준다. 양 집단 간의 결사체 가입도는 통계적인 차이가 나타났다. 전반적으로 참가자와 비참가자의 결사체 가입도는 매우 낮았다. 그러나 단순 친목모임을 제외하고 참가자는 참가자에 비해 결사체 가입도가 높은 것으로 나타났다. 구체적으로 정치적 결사체의 경우 참가자의 정당 가입도는 7.08%(비참가 2.93%), 노동조합은 6.33%(비참가 2.22%), 시민사회단체는 6.63%(비참가 1.87%)이었다. 그리고 비정치적 결사체의 경우 참가자의 취미 동호회 가입도는 26.26%(비참가 19.67%), 종친회・동창회・향우회는 22.59%(비참가 18.74%), 학술 및 연구단체는 7.08%(비참가 4.68%)로 나타났다.

따라서 참가자는 일반 시민에 비해 다양한 정치적 및 비정치적 결사체 더 많이 가입한 사람들이었다. 이러한 결과는 촛불집회 참가자가 디지털 네트워크뿐만 아니라 면대면 접촉에 기초한 사회적 네트워크에 존재하는 개인이라는 점을 보여 준다. 다만, 결사체 가입 여부를 기준으로 했을 때, 참가자는 정당, 노동조합, 시민사회단체의 정치적 결사체보다는 재미와 친교를 지향하는 비정치적 결사체에 더 많이 가입하고 있었다.

<표 7> 촛불집회 참가자와 비참가자의 결사체 가입도

(단위: 명, %)

			전체 (N=1,518)	참가자 (N=664)	비참가자 (N=854)	χ^2
정치적	정당	유	72 (4.74)	47 (7.08)	25 (2.93)	χ^2=14.2457, df=1, prob=0.0002
		무	1,446 (95.26)	617 (92.92)	829 (97.07)	
	노동조합	유	61 (4.02)	42 (6.33)	19 (2.22)	χ^2=16.2846, df=1, prob=0.0001
		무	1,457 (95.98)	622 (93.67)	835 (97.78)	
	시민사회 단체	유	60 (3.95)	44 (6.63)	16 (1.87)	χ^2=22.2290, df=1, prob=0.0001
		무	1,458 (96.05)	620 (93.37)	838 (98.13)	
비정치적	취미 동호회	유	343 (22.60)	175 (26.36)	168 (19.67)	χ^2=9.5400, df=1, prob=0.0020
		무	1,175 (77.40)	489 (73.64)	686 (80.33)	
	단순 친목모임	유	384 (25.30)	179 (26.96)	205 (24.00)	χ^2=1.7239, df=1, prob=0.1892
		무	1,134 (74.70)	485 (73.04)	649 (76.00)	
	종친회 동창회 향우회	유	310 (20.42)	150 (22.59)	160 (18.74)	χ^2=3.4160, df=1, prob=0.0646
		무	1,208 (79.58)	514 (77.41)	694 (81.26)	
	학술 및 연구단체	유	87 (5.73)	47 (7.08)	40 (4.68)	χ^2=3.9642, df=1, prob=0.0465
		무	1,431 (94.27)	617 (92.92)	814 (95.32)	

그러나 <표 8>의 결사체 활동의 적극성에서 알 수 있듯이, 촛불집회 참가자는 비참가자에 비해 정치적 결사체에서 적극적으로 활동하는 사람들이었다. 취미 동호회를 제외하고, 양 집단 간에 결사체 활동의 적극성이 통계적으로 유의미한 차이를 보인 경우는 정치적 결사체에서만 확인되었다. 참가자가 실제로 가입하여 활동하는 정당의 수는 0.11개(비참가 0.05개), 노동조합 0.07개(비참가자 0.02개), 시민사회단체 0.12개(비참가 0.03개), 취미 동호회 0.55개(비참가 0.42개)로 비참가자보다 높았다. 이것은 단순한 가입여부를 떠나 실제로 활동하는 결사체를 기준으로 했을 때, 참가자는 일반 시

민에 비해 정치적 결사체에서 더 많이 활동하고 있다는 것을 의미한다. 단 촛불집회 참가자의 경우도 실제로 가입하여 활동하는 결사체 수 자체는 비정치적 결사체가 더 많았다.

<표 7>과 <표 8>의 결사체 활동의 패턴을 분석한 결과를 종합하면, 촛불집회 참가자는 다음의 두 가지 특성을 가진다. 첫째, 다양한 정치적 및 비정치적 결사체의 구성원이었다. 664명 촛불집회 참가자는 '퇴진 행동'의 홍보에 영향을 받기는 했지만, 주로 자발적 판단과 결정에 의해 집회 참가를 결정했다. 사회단체의 회원과 함께 집회에 참가한 사람은 극히 소수였다(<표 3> 참조). 즉 참가자는 특정한 조직이나 단체의 구성원으로 촛불집회에 참가한 것은 아니었음에도 평상시 다양한 결사체에서 활동하는 사람들이었다는 것이다. 이러한 분석결과는 개인의 면대면의 접촉에 기초한 결사체 활동이 시민적 덕성의 확대를 통해서든, 정보 획득이든, 유대감에 의해서든 그리고 정치적 효능감의 확대에 의해서든 촛불집회 참가를 유인하는 계기가 된다는 것을 예측하게 한다. 실제로 이 연구와 동일한 자료를 활용하여 결사체 활동과 시민성의 관계를 분석한 연구에서는 정치적 및 비정치적 결사체 활동이 참여의식의 배양에 기여하여 촛불집회 참가를 추동했다는 점이 확인되었다(도묘연 2017b).

둘째, 다양한 정치적 및 비정치적 결사체에 가입한 사람들이었으나, 정당 및 노동조합과 시민사회단체와 같이 정치적 결사체에서 더 적극적으로 활동하는 사람들이었다. 이 점은 정치적 결사체 활동이 사회운동을 추동하는 일정한 역할을 한다는 것을 시사한다. 이 연구와 동일한 자료를 활용하여 촛불집회 참가의 결정 요인을 분석한 연구결과는 정치적 결사체 활동이 시민들의 촛불집회 참가를 촉진

하는 경향이 있다는 것을 확인시켜 주었다.[5] 따라서 정치적 결사체가 과거처럼 사회운동에서 조직 구성원들을 거대한 집회나 시위의 동원구조로 유인하는 주체는 아니더라도, 개인의 평상시 정당 및 노동조합과 시민사회단체 활동 그 자체는 여전히 촛불집회와 같은 사회운동을 추동하는 기능을 담당한다고 볼 수 있다.

<표 8> 촛불집회 참가자와 비참가자의 결사체 활동의 적극성

		전체 (N=1,518)	참가자 (N=664)	비참가자 (N=854)	χ^2
정치적	정당	0.08	0.11	0.05	t=2.48, prob=0.0132
	노동조합*	0.04	0.07	0.02	t=3.89, prob=0.0001
	시민사회단체*	0.07	0.12	0.03	t=4.05, prob=0.0001
비정치적	취미 동호회*	0.48	0.55	0.42	t=2.00, prob=0.0462
	단순 친목모임	0.56	0.56	0.56	t=0.01, prob=0.9933
	종친회·동창회·향우회	0.41	0.43	0.40	t=0.48, prob=0.6315
	학술 및 연구단체	0.11	0.13	0.10	t=0.90, prob=0.3693

* 등분산가설이 기각된 경우임

5) 이 연구와 동일한 자료(촛불집회 참가자 664명, 비참가자 854명 대상의 자료 수집)를 활용하여 사회경제적 요인(성별, 연령, 지역, 학력, 소득, 고용형태), 감정적 요인(분노, 참여 효능감, 대통령 국정수행 불만족), 정치적 정향(이념, 지지정당), 평상시 정치적 태도 및 행동방식(민주주의 만족도, 결사체 활동, 정치참여 방식, 미디어 이용, 신뢰)이 촛불집회 참여가 미친 영향을 분석한 연구에 의하면, 정치적 결사체 활동은 4가지 차원의 변수들이 통제된 상황에서도 촛불집회 참가에 긍정적인 영향을 미치고 있었다(도묘연 2017a).

5. 분석결과의 종합 및 결론

지금까지 이 연구는 2016/17년 촛불집회 참가자와 비참가자를 조사대상으로 설정하여, 양 집단 간의 비교분석을 통해 참가자의 미디어 이용 및 결사체 활동의 특성을 규명하였다. 이러한 시도는 인터넷 및 소셜 미디어의 이용과 결사체 활동이 사회운동과 정치참 여를 촉진할 수 있다는 이론적·경험적 논의에 기초하여, 촛불집회 에 자발적으로 참가한 사람들이 디지털 네트워크와 결사체 네트워 크에 속한 개인이었다는 점을 규명하기 위해서 수행되었다.

2016년 10월 29일(1차)부터 2017년 3월 11일(20)까지 개최된 촛 불집회에 참가한 664명은 자발적 참가의 경향을 드러냈다. 자발적 판단의 결정에 의해서 가족이나 지인들과 함께 참가한 사람들이 많 았고, 사회단체 회원들과 함께 온 경우는 극히 소수였다. 다만 '퇴 진 운동'의 홍보의 영향을 받았다고 응답한 사람들도 다수 있어, 운동조직이 홍보를 통해 대중동원의 과정에서 일정한 역할을 했다 고 볼 수 있다. 그렇다면, 이 연구의 초기에 제기했던 두 가지 질 문, 즉 "촛불집회의 자발적 참가자는 인터넷과 소셜 미디어를 이용 하는 디지털 네트워크에 속한 개인인가? 혹은 정치적 및 비정치적 결사체 네트워크에도 속한 개인인가?"라는 물음에 대답을 제시하면 다음의 세 가지로 요약된다.

첫째, 촛불집회 참가자는 전통적 매체(TV와 종편 및 종이신문) 와 인터넷 및 소셜 미디어 모두를 이용하고 있었고, 종편과 온라인 미디어를 신뢰하는 사람들이었다. 둘째, 참가자들은 인터넷과 소셜 미디어뿐만 아니라 오프라인상에서도 적극적인 정치참여 활동을 실천하는 사람들이었다. 이러한 경향은 탄핵정국과 평상시에 동일하게 확인되었다. 탄핵정국에서 단순히 국정농단 게이트에 대한 정보를 획득하는 수단으로 인터넷과 소셜 미디어를 이용하는 경향은 촛불집회 참가자와 일반 시민들 간에 차이가 없었다. 그러나 참가자들은 온라인 미디어를 자신의 정치적 의견 표출과 커뮤니티 참여의 수단으로 적극적으로 활용하고 있었다. 더불어 오프라인상에서도 투표참여, 시위나 집회 참여, 정치커뮤니티 가입, 정치문제 토론 등을 통해 정치적 의사를 표출하는 사람들이었다. 셋째, 참가자들은 정당, 노동조합, NGO의 정치적 결사체와 취미 동호회, 친목모임, 종친회·동창회·향우회, 학술 및 연구단체의 비정치적 결사체에 가입하고 있었고, 특히 정치적 결사체에서 더 적극적으로 활동하는 사람들이었다.

따라서 촛불집회 참가자는 대부분 개인의 자격으로 참가했지만, 디지털 네트워크와 함께 전통적인 결사체 네트워크에 속한 개인이었다. 이러한 분석결과는 자발적 참가자가 이질적이고 개별적인 정체성을 가진 개인이었지만, 인터넷과 소셜 미디어를 활용하여 탄핵정국에 대한 정보를 획득하고 의견을 표출함으로써 촛불집회에 참가하는 동원의 계기를 가지게 되었다는 점을 예측하게 한다. 또한 참가자들은 특정한 조직의 구성원으로서 혹은 '퇴진 운동'의 대규모의 동원에 의해서 참가한 것은 아니지만, 면대면 접촉의 결사체 활동에서 정치효능감과 참여의식의 확대 등을 경험함으로써 촛불집회에 참가하는 동기를 가질 수 있었다고 볼 수 있다. 결과적으로 인터넷과 소셜 미디어를 통한 디지털 네트워크 확산 속에서도 면대면 상호작용에 기초한 사회적 네트워크는 촛불집회와 같은 집합적 행동을 이끌

수 있으며, 나아가 시민사회와 민주주의 발전의 중요한 자원으로 기능하고 있다고 할 수 있다.

특히 주목해야 할 것은 다중 혹은 개인으로 대변되는 촛불집회의 자발적인 참가자가 탄핵정국이라는 특수한 상황에서 갑자기 만들어진 것이 아니라는 것이다. 참가자들은 탄핵정국 혹은 평상시에도 온라인 혹은 오프라인상에서 투표 참여, 시위나 집회 참여, 정치적 모임 가입, 정치적 의사 표출 등을 활발히 수행하고 있었다. 또한 전통적 미디어와 온라인 미디어를 이용하여 정치 관련 정보를 습득하는 개인이었고, 오히려 오프라인 정치참여를 더 적극적으로 실천하는 사람들이었다. 이러한 분석결과는 인터넷과 정치참여의 관계성을 논의한 동원 가설과 강화 가설에 기초할 경우, 오프라인에서 정치참여를 실천하는 사람들이 그들의 활동을 강화하는 수단으로 인터넷과 소셜 미디어를 활용한다는 예측도 가능하게 하였다. 또한 참가자들은 평상시 결사체 활동을 통해 다양한 정치 및 사회참여 활동을 경험하고, 타인들과의 대화와 토론을 통해 일정 정도 연대와 공존의 가치를 경험한 개인들이었다. 종합하면, 촛불집회 참가자는 시민사회 내의 방관자가 아니라 일정 수준의 참여의식과 정치 효능감을 축적하여 평상시 민주주의를 실천하는 시민이었다는 것이다.

이러한 맥락에서 자발적 참가자를 중심으로 평화적으로 진행된 2016/17년 촛불집회도 민주화 이후 진화한 시민사회 발전의 결과물로 볼 수 있다. 촛불집회에 참가했던 다중이라는 부르는 개인, 즉 다양한 정체성을 가지고 자율적으로 참가하고 연대했던 그들도 인터넷과 소셜 미디어로 무장했지만, 그 이면에는 평상시 다양한 결사체 활동과 함께 오프라인상에서 정치참여 활동을 실천했던 관여적 시민이었다. 따라서 평상시 혹은 일상생활 속에서 시민들의 결사체 참여와 정치참여 의식을 제고할 수 있는 제도적 및 교육적 방안의 모색은 향후에도 촛불집회가 시민들의 이익표출의 장이자 참여 민주주의의 통로로 활용될 수 있는 또 다른 기회를 제공할 것이다.

참고문헌

김상돈·김태준. 2008. "자발적 결사체 가입이 정치 참여에 미치는 영향: 정치 효능감과 시민권 덕목의 매개 효과 분석."『사회과학연구』16권 1호, 68-113.

김성일. 2017. "광장 정치의 동학: 6월 항쟁에서 박근혜 탄핵 촛불집회까지."『문화과학』89호, 146-168.

김철규·김선업·이철. 2008. "미국산 쇠고기 수입 반대 촛불집회 참가 10대의 사회적 특성."『경제와 사회』80호, 40-67.

노형일·양은경. 2017. "비폭력 저항 주체의 형성."『한국방송학보』31권 3호, 5-41.

도묘연. 2017a. "2016년-2017년 박근혜 퇴진 촛불집회 참여의 결정 요인."『의정연구』23권 2호, 109-146.

도묘연. 2017b. "결사체 활동, 시민성 그리고 촛불집회 참여의 경로 구조."『현대정치연구』10권 2호, 5-41.

도묘연. 2017c. "2016년-2017년 촛불집회 참가가 시민성에 미친 영향력 분석."『한국지방자치연구』19권 2호, 25-52.

민영·주익현. 2007. "사회 자본의 민주주의 효과: 미디어 이용과 사회 자본이 정치적 관심과 신뢰 및 참여에 미치는 영향."『한국언론학보』51권 6호, 190-217.

백욱인. 2008. "촛불시위와 대중: 정보사회의 대중형성에 관하여."『동향과 전망』74호, 159-188.

이갑윤. 2010. "촛불집회 참가자의 인구, 사회학적 특성 및 정치적 정향과 태도."『한국정당학회보』9권 1호, 95-119.

이득재. 2008. "촛불집회의 주체는 누구인가."『문화과학』55호(가을), 90-109.

이소영. 2012. "웹 2.0 시대 온라인 미디어의 정치적 역할."『동서연구』24권 2호, 89-116.

이원태. 2010.『트위터의 정치사회적 영향과 시사점』. 서울: 정보통신정책연구원.

이준한. 2009. "촛불, 매스미디어, 그리고 민주주의."『사회과학연구』17집 1호, 264-290.

이지호. 2017. "박근혜 촛불, 누가 왜 참여했나: 참여 행동 모형과 참여 태도 모형의 비교."『한국정치연구』26권 2호, 75-103.

이현우. 2008. "정치참여 유형으로서의 촛불집회: 대표성과 변화." 한국국제정치학회 학술대회. 서울. 8월.

이현우. 2017. "촛불집회 참가 강도 분석: 정체성, 분노, 효율성."『촛불집회 누가? 그리고 왜? 학술회의 자료집』. 한국선거학회·서강대학교 현대정치연구소 주최 학술대회. 서울. 4월.

장수찬. 2004. "한국 연줄 사회 조직의 특성과 신뢰 구조의 이해: 이중적 신뢰 구조가 갖는 민주주의에 대한 함의는 무엇인가."『세계지역연구논총』22집 2호, 359-394.

장우영. 2010. "네트워크 개인주의와 시민저항: 2008년 촛불시위를 사례로."『한국정치연구』19권 3호, 25-55.

장우영·차재권. 2011. "소셜 미디어와 선거정치: 오바마 웹캠페인의 연계와 동원 전략."『한국정당학회보』10권 2호, 5-41.

장훈. 2017. "촛불의 정치와 민주주의 이론: 현실과 이론, 사실과 가치의 긴장과 균형."『의정연구』23권 2호, 38-66.

정병기. 2017. "68 혁명 운동과 비교한 2016/2017 촛불집회의 비판 대상과 참가자 의식."『동향과 전망』101호, 261-291.

조기숙. 2009. "2008 촛불집회 참가자의 이념적 정향: 친북 반미 좌파 혹은 반신자유주의?"『한국정치학회보』43집 3호, 125-148.

조기숙·박혜윤. 2008. "광장의 정치와 문화적 충돌."『한국정치학회보』42집 4호. 243-268.

조진만. 2011. "정보화가 정치참여에 미치는 효과: 경험적 분석."『한국정치학회보』45권 5호, 273-296.

조희정·강장묵. 2008. "네트워크 정치와 온라인 사회운동: 2008년 '미국산 쇠고기 수입 반대 촛불집회' 사례를 중심으로."『한국정치학회보』42집 3호, 311-332.

최재훈. 2017. "집합행동의 개인화와 사회운동 레퍼토리의 변화."『경제와 사회』113호(봄), 66-99.

최재훈. 2015. "온라인을 매개로 한 사회운동의 가능성과 한계."『사회연구』28호, 69-114.

홍성태. 2011. "촛불집회와 민주주의."『경제와 사회』80호(겨울), 10-39.

황진태. 2011. "2008년 촛불집회 시위의 공간성에 관한 고찰." 『경제와 사회』 90호(여름), 262-289.

Bennett, W. L. and A. Segerberg. 2011. "Digital Media ad the Personalization of Collective Action: Social Technology and the Organization of Protest against the Global Economic Crisis." *Information, Communication and Society* 14(6): 770-799.

Gamson, W.. 1992. "The Social Psychology of Collective Action." in *The Frontiers in Social Movement Theory*, edited by A. D. Morris and C. Mueller, 53-76. New Haven: Yale University Press.

MaAdam, D. and R. Paulsen. 1993. "Specifying the Relations between Social Ties and Activism." *American Journal of Sociology* 99(3): 64-90.

Melucci, A.. 1996. *Challenging Codes: Collective Action in the Information Age.* Cambridge: Cambridge University Press.

Norris, Pippa, S. Walgrave and P. Van Aelst. 2005. "Who Demonstrates? Antistate Rebels, Conventional Participants, or Everyone?." *Comparative Politics* 37(2): 189-205.

Norris, Pippa. 2000. *A Virtuous Circle.* New York: Cambridge University Press.

Oliver, P.. 1984. "If 'You Don't Do it, Nobody Else Will': Active and Token Contributors to Local Collective Action." *American Sociological Review* 49(5): 601-610.

Putnam, Robert D.. 2001. *Bowling Alone: The Collapse and Revival of American Community.* New York: Simon & Schuster Paperbacks.

Valenzuela, S., Namsu Park, and K. F. Kee. 2009. "Is There Social Capital in a Social Network Site?: Facebook Use and College Student' Life Satisfaction, Trust and Participation." *Journal of Computer-Mediated Communication* 14(4): 875-901.

Verba, Sidney, Kay Scholzman and Henry E. Brady. 1995. *Voice and Equality: Civic Voluntarism in American Politics.* Cambridge: Harvard University Press.

Walgrave, Stefaan and J. Manssens. 2000. "The Making of the White March: The Mass Media as a Alternative to Movement Organization." *Mobilization* 5(2): 217-239.

5장. 다중의 등장과 다중운동의 도전: 2016~17년 촛불집회를 중심으로[*]

송경재(경희대학교 인류사회재건연구원)

1. 들어가며

　일반화된 명사로서의 시민은 근대사회에서 중심을 이루는 구성원으로 간주된다. 이후 시민이란 용어는 일반화되면서 오늘날에는 고대 그리스 시대부터 규정된 시민과는 무관하게 국민 국가의 구성원을 포괄적으로 지칭하며 국민과 동의어로 사용되고 있다. 그리고 시민은 근대적 권리와 의무에 자각한 민(民)으로서 다루어지기도 한다. 시민은 공동체의 관심사를 공유하고 자유롭고 평등한 주체이자, 사회에서 관계를 형성하고 공동의 문제를 해결하는 주체라고 할 수 있다(신진욱 2008, 13-16). 한편 시민이 현재와 같은 의미로 사용되기까지는 무수한 정치적인 격변이 있었고 그 결과로서 소수 특권층에 대항하는 정치공동체의 일원으로서 스스로 자리매김하게 되었다. 초기 시민이란 용어가 도시나 국가의 구성원으로서 정치적

---

[*] 이 글은 필자가 2018년 5월 11일 개최된 사이버커뮤니케이션학회 춘계학술대회에서 발표한 원고를 수정 보완하여, 한국지방정치학회보 8집 2호(2018년)에 게재된 논문임.

인 권리를 갖고 있는 주체를 한정하던 개념에서 점차 그 의미가 확장된 것이다. 이는 전통적인 관점에서 자유민이란 의미에서 비롯된 것으로 적극적이며 자발적인 역동성을 가진 존재로서의 시민을 상정하고 있다.

한편, 1960년대 이후 대의 민주주의를 비판하며 시민의 참여를 강조한 참여 민주주의가 제기되면서 시민은 권능강화(empowerment)라는 측면에서 새롭게 정의되었다. 참여 민주주의자들은 참여를 전통적인 대중사회와는 다른 개념으로 정의하고, 시민은 토론하고 논쟁하며 공공선(public good)을 실현하는 공적 시민(public citizen)으로 보았다. 즉 시민의 변화가 이루어지는 과정에서 참여적 사회가 만들어지며 공적 시민이 주도하는 민주주의가 필요하다고 본 것이다(Barber 1998; 장우영·송경재 2009에서 재인용). 현대의 시민은 근대를 향한 역사적 투쟁을 통하여 시민권(citizenship)을 주권 행사의 물적 토대로 확보했고, 인격적 존엄권과 사유재산권 그리고 참정권은 근대 시민권의 요체가 되었다. 이와 같은 시민에 관한 인식의 전환을 통해 시민은 객체에서 주체로 전환되었으며 현대 민주주의에서 중요한 의미를 가지게 되었다.

오늘날 시민은 세계화·정보화 환경에서 생태·평화·빈곤·지속가능성·복지·정보인권 등 제반 사회적 권리로 시민권을 확대하는 한편, 선진 민주주의 국가에서는 전환기 정의(transitional justice)를 주창하는 등 근대 시민권의 경계를 뛰어넘고 있다. 이에 따라 시민은 사회적 맥락에서 다의적으로 재규정된다. 학자에 따라 시민의 특성에 대한 고찰과 분류가 진행 중이며 특히 정보사회에서 나타나는 새로운 시민성에 주목한 연구가 최근 활발하다. 이 연구는 선행 시민에 관한 연구를 중심으로 정보통신기술(Information and Communications Technologies; 이하 ICT)을 활용한 새로운 시민으로 다중의 등장에 주목하고자 한다. 새롭게 등장한 새로운 시민은 학자마다 스마트 군중(smart mobs; Rheingold 2002), 네트워크 시민(networked citizen; Castells 2009), 비판적 시민(critical citizen; Norris 2011), 식견 있는 시민(informed citizen), 디지털 시민(digital citizens), 좋은 시민(good citizen; Dalton 2010) 등으로 다양한 분석이 시도되고 있다. 이처럼 여러 학자들의 시민에 대한 탐구 중에서 본 연구가 주목한 것은 하트와 네그리(Hardt & Negri 2004/2008)의 다중(multitude) 논의이다. 이들은 다중을 새로운 형태의 시민으로 네트워크로 연계된 탈권위와 탈집중의 탈근대 시민이란 의미로서 소개하고 소통과 행동을 위한 다양한 네트워크 시민운동의 가능성을 제시하고 있다(네그리 2011).

최근 다중에 관한 논의가 주목받고 있는 것은 전통적인 시민과는 다른 양태의 민(民)에 관한 의식과 행태연구가 등장했기 때문이다. 특히 전 세계적인 시민운동 과정에서 나타난 특성은 하트와 네그리가 규정한 다중적인 현상과 유사함이 발견된다(김상배 2010; 네그리 2011). 이러한 시민권의 확장으로부터 부여된 시민의 제도적 권능은 기성 정치·경제 질서를 재편하는 동력으로 활용될 수 있다. 하트와 네그리는 다중이 각자의 정체성을 가지며 개별적으로 행동하고, 특정한 사안에 동의할 때 개별성을 유지하면서 공동으로 행동하는 사람들로 규정하고 민주주의의 새로운 전환기를 주도하고 있다고 보았다. 물론 현대 시민에 대한 접근법은 다중에 관한 논의만 존재하는 것은 아니다. 후술하겠지만 학자에 따라서 다중에 대해서 지나친 계급주의적인 경향은 문제점으로 지적되기도 한다. 그럼에도 전통적인 시민과는 다른 형태의 운동의 등장은 하트와 네그리가 재규정한 다중과 다중운동에 관한 관심을 고조시키기에 충분했다.

이 논문은 세계화・정보화의 환경에서 새롭게 부각되는 시민권의 확장에 주목하고 탈권위와 탈근대, 탈집중의 다중의 존재론적 특성을 파악하고자 하는 목적에서 작성되었다. 연구를 위해서 다음 2절에서는 시민에 관한 선행논의의 발전과정을 파악하고 3절에서는 다중으로의 변환에 관한 선행 연구를 종합하고, 이를 비판적으로 검토하여 분석의 지표를 추출할 것이다. 4절에서는 추상적인 이론을 구체화하기 위해 2016년부터 17년까지 진행된 박근혜 전 대통령 탄핵 촛불집회 과정을 추적하여 당시 다양한 다중적인 현상에 대해 살펴보고자 한다. 마지막으로 5절에서는 이를 종합하여 한국에서 나타난 다중의 등장과 민주주의적인 함의를 추출하여 미래 전망을 제시할 것이다.

2. 시민의 등장과 정보사회

21세기 들어 시민은 정치주체이자 민주주의의 가치를 수호하는 중요한 정치행위자가 되었다. 무엇보다 시민은 현대 공화정에서 정치의 근본이자 주인으로 자각하고 등장했다는 점에서 시민문화 형성과 관련한 다양한 정치적 실험을 하게 되었다. 이후 시민이 전면에 등장한 민주주의 3대 혁명 이후 자유적이고 합리적인 존재로서의 시민은 사회변화의 주체로서 등장했다. 따라서 시민은 공동체의 자유롭고 평등한 주체로서 관계를 형성하고 공동의 문제를 해결한다는 의미에서 시민의 현대적 의미는 사회적인 성격을 가진다(신진욱 2008).

사회적 성격을 가진 시민의 역할은 근대적인 의미에서 로크(Locke)의 자유주의적이고 합리적인 존재로서, 재산권을 중심으로 국가와 계약을 하는 자유인으로서의 시민에서 삶과 국가의 주인으로서 적극적인 역할을 하는 시민으로 발전했다. 이후 계몽주의자인 루소(Rousseau)와 몽테스키외(Montesquieu 2015) 역시 전제군주의 타락을 경계하기 위한 권력적인 장치로서 3권 분립과 시민의 참여 민주주의에 대한 논의를 전개한다. 19세기 프랑스의 토크빌(Tocqueville 2004)이 강조하듯이, 시민은 적극적이고 자발적인 역동성을 가진 존재로서 협력적인 결사체를 형성하여 시민사회의 다양성을 보장하는 민주주의의 원동력으로 간주하기도 했다. 이를 신진욱(2008)은 시민성의 시대적 구분에 따라 자유로운 시민과 연대하는 시민, 참여하는 시민으로 구분하기도 한다.

앞서 제시한 바와 같이 근대적 시민에 관한 논의는 학자들의 오래된 관심사항이었다. 산업혁명으로 인해 근대도시는 경제발전을 거듭했고 이는 시민들에게 봉건적인 속박을 벗어나는 계기가 되었다. 대부분의 18세기 자유도시들은 시민들의 자유로운 권리가 보장되는 공간이 되었고 전제군주의 권력에 대항하는 정치적 영향력이 확대되었다. 그 결과 시민의 권력이 민주주의 혁명(영국의 명예혁명 1689년, 미국 독립혁명 1776년, 프랑스 혁명 1789년)을 통해 전제군주를 몰아내고 민주주의의 기틀을 다지게 되었다(후쿠야마

2012, 414; 이동수 2017 18-20에서 재인용). 민주주의 혁명을 통해 시민들 자신의 의지에 따라 국가 공동체가 운영되는 민주정치를 가능케 한 것이다.

그러나 국가공동체 운영의 주체가 된 시민은 각각 다른 형태의 민주주의를 설계하게 되었고 이는 대의 민주주의라는 제도적 대안으로 수렴되었다. 그러나 대의 민주주의에서의 시민은 여전히 불안정한 존재였다. 국가공동체를 운영하는 주체이지만 정치권력이 다수를 장악함으로써 소수자를 위협하고 지배할 경우 오히려 시민 기본권은 유린될 수밖에 없으며 이는 현대국가가 가지고 있는 관료제로 인해 강화될 가능성이 있다. 그것은 토크빌(Tocqueville 2004)이 경고한 다수에 의한 폭정, 전체주의의 가능성이다. 따라서 시민의 참여는 선거라는 제도적 틀 내에서 제한적이어야 한다는 대중 민주주의적인 시각을 전제로 한 시민에 대한 분석이 등장하게 되었다. 사실 이들의 견해는 대중의 정치참여가 높았지만 파시즘(fascism)으로 치달은 바이마르 공화국(Die Republik von Weimar)의 몰락 경험과 다수 시민의 참여를 보장한다는 전후 공산주의의 등장과 무관하지 않다.

이후에도 시민에 관한 새로운 접근과 연구가 활발히 진행된다. 슘페터(Schumpeter 1943)는 시민들은 기본적으로 현명하지 못하기 때문에 자유를 주게 되면 그 도를 넘어설 가능성이 있어 제한적 참여를 보장하고 대표로 하여금 위임하여 정치를 해야 한다고 주장한다. 엘리트-대중 구도에서 슘페터는 시민의 역할과 중요성에 대해서는 인지했지만 단지 정부를 만들기 위해 결정을 내려야 하는 사람들을 선출하는 것으로만 역할을 한정해야 한다고 보았다. 즉 한 개인이나 집단이 보다 큰 인민의 집합을 대표하거나 대리하는 것이다(Heywood 1994, 176).[1] 이처럼 1950년대까지 시민에 대한 관점은 엘리트 민주주의와 대의 민주주의 틀에 갇혀 체계적인 고찰이 진행되지 못했다. 요컨대 근대적 정치공동체의 주권자로서의 시민의 인식은 확산되었으나 대의 민주주의의 틀 속에서 시민은 한정된 위상을 가지게 되었다.

이러한 슘페터의 제한적 엘리트주의에 비해 이후의 민주주의 논의는 주권자인 시민에 더욱 주목한다. 민주주의의 유력한 정체로서 대의 민주주의를 강조한 달(Dahl 1956; 1970)은 시간적, 물리적 제약으로 인한 대의 민주주의의 필요성을 역설한 바 있다. 그는 시민들의 주권자로서의 참여는 인정하지만 일정한 구성원의 수가 증가하면 최대 규모에 도달하게 되고 그에 따라 시민마다 의견을 표시하는 것에 한계가 존재한다고 보았다(이동수 2017, 21에서 재인용).

하지만 이후 시민에 대한 인식은 수동적인 존재가 아닌 적극적이고 능동적으로 참여하는 주체로서 재조명된다. 시민에 대한 인식은 1960년대 이후 참여 민주주의가 확산되면서 인식론적인 전환이 시작되었다. 특히 대의 민주주의가 지나치게 경직되고 대표와 시민 사이의 간극이 확장되면서 민주주의 발전에 제약요인이 된다는 점에 반대하며 직접, 참여 민주주의에 대한 인식이 확산되었다. 그런 맥락에서 시민에 대한 인식은 새롭게 부각되었으며 페이트만(Pateman)과 맥퍼슨(Macpherson) 등은 민주주의를 위해서 시민들의 참여를 극대화시켜야 한다고 강조한다. 특히 페이트만은 시민의

---

1) 이미 오래전부터 이런 논의는 존재했다. 대표적으로 그리스의 플라톤(Plato)은 다수의 어리석은 민중이 이끄는 정치를 이르는 말로서 중우정치(Ochlocracy)를 지적하고 몇몇 집단이 수를 앞세워 정치를 이끌어가게 된다면 민주주의의 단점이 나타날 것을 예견했다.

권리로서 참여를 강조하고, 당시 지나치게 규범화된 대의 민주주의의 한계를 지적하고 시민의 참여를 확대하는 참여 민주주의의 보완이 중요하다고 강조한다. 그녀는 시민참여의 교육적인 측면을 강조하여 참여를 단순하게 정치적인 영역에 한정하는 것이 아니라, 전 사회적 영역에서 보편적으로 확산되어야 한다고 역설했다(Pateman 1970, 167-175).

시민논의에서 또 다른 중요한 이론적 전환은 1990년대 이후의 새로운 환경변화이다. 1990년대 이후 시민참여에 대한 확장된 시각을 바탕으로 학자들은 세계화·정보화로 인한 시민에 관한 다층위적인 특성에 주목하였다. 특히 새로운 연구자들은 ICT가 널리 보급되면서 이를 활용한 다층위적인 특성을 가진 시민의 등장에 주목했다. ICT 발전 초기 정치현상을 분석한 바버(Barber 1998)는 ICT가 새로운 민주주의의 방식이 될 것을 주장한 바 있다. 그는 능동적이고 주체적인 시민의 등장이 ICT를 통해 가능하게 되었음을 지적하고 공공선을 실현하는 시민으로서 공적 시민(public citizen)에 주목했다. 바버는 시민들이 참여채널을 확대하면 사회 구성원들은 공공선 달성과 자아실현이라는 효과를 얻을 수 있을 것으로 예측했다. 바버는 이를 강한 민주주의(strong democracy)로 이해했다.

ICT를 활용한 시민의 권능강화 연구는 ICT 민주주의 강화론으로 발전한다. 대표적으로 라인골드(Rheingold 2002)는 필리핀과 영국, 한국의 시민참여와 ICT를 활용한 민주주의 시민운동에 주목했다. 그는 참여하는 시민을 '스마트 군중(smart mobs)'으로 정의하고, 저렴한 참여의 거래비용(transaction costs)으로 인해 조직과 동원이 편리하기 때문에 참여적 시민의 등장과 발전을 예견한 바 있다. 무엇보다 라인골드는 이러한 참여하는 군중이 현명한 참여를 통해 새로운 민주주의의 발전 동력이 되고 있다고 강조했다.

카스텔(Castells 2009) 역시 ICT로 연계된 현대 사회를 생산·경험·권력 그리고 문화적 과정이 네트워킹 논리에 따라 작동되고 조정이 일어나는 네트워크 사회로 규정하고 '네트워크 시민'의 다변적인 참여와 행태가 등장한다고 보았다. 그에 따르면 네트워크 시민은 과거 단순한 대의 민주주의의 시민이 아닌 네트워킹 논리에 따라 작동되고 조정이 일어나는 개방성·유연성·종합성·복잡성·네트워킹의 특성을 가진 시민이다. 그는 단순히 정치공동체의 주권자의 개념이 아닌 ICT로 인한 사회변화에 부합하는 새로운 형태의 시민의 상을 제시했다.

한편 ICT와 함께 시민 자체의 인식론적인 발전도 근대 시민에 대한 인식론적인 차원에서 전환을 요구하고 있다. 달톤(Dalton 2010)은 이를 '굿 시티즌(good citizen)'으로 정의하고 20세기 이후 사회적인 변화가 세계화·정보화로 상징되지만 내재된 사회변화는 상상할 수 없을 정도로 다층적인 것으로 보았다. 예컨대, 굿 시티즌의 개념은 ① X세대로 대변되는 세대 변화, ② 생존에서 웰빙(well-being)으로의 변화, ③ 대졸이상 고학력층 증가, ④ 블루칼라에서 지식노동자로의 변화, ⑤ 여성의 사회참여 증가, 그리고 ⑥ 총합으로서의 사회적 다양성과 소수자에 대한 인식 제고 등의 변화에 대응하는 시민이다(Dalton 2010).

탭스콧(Tapscott 2008)은 한걸음 더 나아가 새로운 세대의 등장에 따른 '디지털 시민'의 등장에 주목했다. 그는 새로운 세대가 디지털화된 시민으로 등장했으며 비참여적인 시민들이 ICT라는 새로운 참여의 도구를 활용하여 개방과 공유의 참여문화를 만들고 있다고 강조했다. ICT에 익숙한 젊은 세대의 경우 디지털 시민으로서 새로운 방식의 참여활동을 하고 있으며 이들을 디지털 네이티브 (digital native)로 평가했다. 탭스콧은 넷 세대가 기존 권위에 대항하는 새로운 가치관을 가지고 있으며, 이전과는 민주주의에 대한 인식이나 관심사 등이 다르다고 실증적으로 분석하고 있다 (Tapscott 2008, 131-135). 그는 넷 세대의 정치적 관심이 기존세대보다 높으며, 자발적인 사이버 커뮤니티에서 시민운동에 참여하고 공식 정치활동에도 적극적이라고 분석했다.

칸과 그의 동료들(Kann, Berry, Gant, and Zager 2007) 역시 ICT의 민주적 가능성에 주목하고 디지털화된 시민의 민주주의 강화 효과에 주목한 바 있다. 이들은 과거와 다른 형태의 시민참여가 민주주의 발전의 가능성을 보이고 있으며 인터넷 기반의 행동주의 (Internet-based activism) 확산에 주목한다. 이들은 인터넷이 시민과 결합하면서 참여지향적인 특징이 잘 나타난다고 보았다. ICT가 시민의 사회정치적 활동의 유력한 도구가 되고 있으며 특히 미국에서 젊은 세대가 과거와 다른 방식의 참여 기회를 가지게 되었다고 논증하고 있다.

3. 다중의 등장과 다중운동

이상 참여 민주주의에 기반을 둔 시민에 대한 개념은 참여시민의 이론적 발전을 주도했다. 정부의 불신구조와 대의 민주주의의 위기,

탈권위와 탈집중의 자각성 확장 등이 새로운 의식을 가진 시민의 등장을 가능케 하고 있다. 즉 권위체에 대한 복종과 의무만을 강조하는 시민성이 아니라 시민의 자유를 확장하고 이에 대한 새로운 질서를 구축하고자 하는 시도를 하고 있는 것이다. 이는 노리스(2002)가 지적한 바와 같이, 시민들이 단순히 자신의 의사를 표출하고 이를 수용하지 않는다면 저항하는 방식으로 나타나고 있다. 즉 전통적인 시민이 자유민으로서 세금을 내고 투표에 참여하거나 법을 준수하는 등의 의무에 기반을 두는 계몽적인 시민(duty-based citizen)에서 참여하는 시민(engaged citizen)으로 변화되었으며, 한 발 더 나아가 저항하는 시민으로 발전하고 있다(Dalton 2010, 4; 신진욱 2008; Hardt & Negri 2000; 2004/2008; 장우영·송경재 2009에서 재인용).

노리스(Norris 2002; 2011)는 참여 민주주의 시각에서 등장한 ICT 기반의 새로운 시민을 다양하게 해석해야 한다고 주장한다. 그녀는 시민의 행위를 정부인사 선임과 그들에게 영향을 미치는 제한된 참여로 한정하는 것을 비판하고 이를 협소한 개념화 함정에 빠질 수 있다고 보았다. 노리스는 이를 ICT를 이용한 '저항하는 시민(critical citizen)'이 등장한 것으로 해석한 바 있다. 그녀는 저항하는 시민이 1950년대 이후 인권이나 반핵과 같은 시민불복종운동 등 조직화된 저항의 정치가 싹을 틔웠고 60년대 반전시위, 68운동의 잠재적 저항(protest potential)에서 본격적으로 90년대 이후 ICT 기반의 피플 파워(people power)와 반세계화 시위 등에서 표출되었다고 보았다.

그리고 새로운 형태의 저항 행동주의(protest activism)는 ICT의 발전과 결합하여 새로운 탈권위와 탈집중, 탈근대의 시민을 형성하고 있다. 이러한 현상에 주목하고 시민에 대한 새로운 해석을 시도하고 있는 이들이 바로 하트와 네그리이다. 이들은 앞서 제기한 바와 같이 새롭게 등장하는 시민의 개념을 다중으로 정의하고 있다. 하트와 네그리(Hardt & Negri 2000; 2004/2008)에 따르면, 다중은 "노동계급이 다중을 규정하는 근본동력이지만, 사회계급이 다양화되면서 인종·민족성·지역성·젠더·섹슈얼리티 등의 다양한 집단을 포함하는 개념"으로 정의한다. 즉 다중은 하나의 통일성이나 단일한 동일성으로 결코 환원될 수 없는 수많은 내적 차이로 구성돼 있다는 점에서 기존의 민중이나 인민의 개념과는 차별성을 가진다. 그리고 계급적인 관점에서의 노동자와도 다른 의미성을 가진다. 하트와 네그리는 근본적으로 전 지구적인 체제의 정치·경제적 측면들에 대항하는 엄청난 투쟁들은 민주주의의 위기로 연결되고 이같은 위기를 극복할 실마리를 다중이 지닌 다수성과 차이성을 무기로 삼는 민주주의 형태에서 찾을 수 있다고 주장한다. 이들의 논의를 요약한다면, 다중은 모든 차이들이 자유롭고 평등하게 표현될 수 있는 공통성을 발견하고 이는 공동으로 구성하는 수평적인 네트워크이고 저항의 주체가 될 것이라 주장한다.

기존의 시민이 전통적인 권력관계에서 근대적인 권리와 의무라는 차원에서 접근했다면 하트와 네그리는 다중의 개념을 본질적으로는 민중을 기본으로 하는 계급주의 시각에서 제기하고 있다, 다만 이들은 계급적인 한계를 넘어서 사회의 다양성을 반영한 새로운 집단으로서 다중을 정의하며 이들의 권익주창(advocacy)과 사회변혁에 대한 열망이 새로운 운동으로 발전한다고 본 것이다. 그런 차원에서 다중은 한편에서는 통일되고, 다른 한편에서는 다양해지는 모순 속에 있는 것처럼 보이지만, 실제 현 단계의 운동주체인 시민들은 다중적인 속성을 가지고 있다는 점에서 설득력이 있다. 제국이 위력을 더할수록 새로운 종류의 민주주의를 위한 가능성도 커지기 때문에 서로 다른 여러 집단들과 개인들로 구성된 다중은 민주적인 대안을 제시하는 힘을 가지고 있는 것이다.

하트와 네그리에 따르면, 다중은 먼저, 정치적으로는 보편적 시민권을 강조한다. 보편적 시민권은 민주주의의 시민권과 같은 개념으로 투명한 정보의 공개를 주장하는 정보권, 정치적 평등과 참여의 보장, 표현·결사의 자유와 같은 권리이다. 다중은 정치 공동체의 주체로서 시민과 같으나, 협의의 의미인 대의 민주주의 정체에서의 유권자로 구성되는 시민과는 차이가 난다. 다중은 대의나 매개를 거치지 않고 직접 참여한다는 면에서 유권자와 구별된다. 그리고 둘째, 다중은 사회적으로 평등한 권리를 지향한다. 임금차별, 양극화 해소, 사회적 차별과 특권을 철폐하고 누구나 존중받는 사회, 평등을 지향한다. 셋째, 다중은 생산 방식의 사회적 소유까지 그 이상을 확대한다. 정보의 사회적 소유, 천연자원의 사회적 소유, 시간의 사회적 소유, 경제적 이익과 정치적 권리에 대한 사회적 소유를 지향한다(김범수 2018). 이러한 선행 연구를 종합한 개념적 접근을 바탕으로 대중과 민중, 다중의 차이를 분석하면 다음 <표 1>과 같다.

구분	대중	민중	다중
사회성격	산업사회	후기산업사회	정보화·세계화
관심 이슈	- 자유, 평등, 권리	- 계급운동을 기본으로 하며 환경, 여성, 소비자 운동 등 포괄	- 보편적 시민권과 사회정의(social justice) - 정보화·세계화에 따른 사회의 다양성 반영
운동조직	- 이슈집단	- 노조, 이익집단, 시민단체	- 네트워크 형태의 로컬 또는 글로벌 조직
동원방식	- 정치매개집단의 동원	- 이념적 동원	- 네트워크
운동원리	- 오프라인 기반의 시민권리 운동	- 오프라인 기반의 계급운동	- 온라인과 오프라인이 융합한 스위밍형 운동

* 출처 : 장우영·김범수·송경재(2018)에서 연구자가 수정 보완

그러나 이와 같이 하트와 네그리가 제기한 다중은 첫째, 지나친 계급주의적인 시각, 둘째, 다중이 사회변혁적인 차원에서만 제기된다는 한계가 있다. 실제 본 연구에서 파악할 다중의 특성은 단순히 권력(power)의 문제만이 아니라, 삶의 개선과 전통적인 정치지형의 요소와는 다른 원인이 제기되기도 한다는 점을 고려하지 못한 것이다.2)

요컨대, 다중의 등장은 전통적인 정치과정에서 민주주의에 대한 요구로 발전하고 다중의 새로운 운동은 한 단계 진화한 개념으로 다중운동으로 발전했다. 그런 맥락에서 다중은 21세기 지구화·정보화 사회에서 제기된 지역적·지구적 의제에 관한 저항적 운동의 결과로 등장한 것이라 정의할 수 있다. 다중은 수십 년간 누적된 정치적·법적·경제적 제 문제에 대한 불만이 누적되면서 등장한다. 이러한 불

---

2) 이후 브런스(Bruns 2005), 서키(Shirky 2008)와 필드(Field 2012) 등은 세계시민(global citizen)으로서의 자각과 함께 고도 정보화를 활용한 행동주의(activism)의 맥락에서 다중의 역할을 강조한다. 그리고 이들은 글로벌 사회정의(social justice)와 같은 경성 이슈는 물론, 전환기 정의와 생활정치(politics as usual) 등 다양한 이슈들을 제기하며 민주주의·복지·생태·정보 분야로 사회적 권리의 범위를 확장하고 있다.

만은 그 자신만의 독특한 메시지를 가지고 있으며 현실체로서 존재하는 불만으로 다중 등장의 원인이 된다. 이러한 다중에 대해 하트와 네그리는 "처음 보기에는 서로 분리된 문제들에 대한 불만들(discontents)의 집합"으로 정의하고 민주주의 불만(대의의 불만, 권리와 사법의 불만), 경제적 불만, 삶 정치적 불만 등의 영역에서의 목록들(cahiers de doleances)의 새로운 21세기적인 형태가 재연된다고 보았다. 이 과정은 1788년 프랑스혁명의 전야에 프랑스에서 수집된 불만과 유사한 것이다(Hardt & Negri 2004/2008, 322-346).[3]

또 다중이 주체가 되는 다중운동 방식은 분산된 네트워크 형식으로 발전한다(Barabási 2002). 다중은 한 가지 목표를 향해 군집하여 움직이는 스워밍(swarming) 전략을 통해 다층적인 특성을 가지지만 내부에서는 질서가 존재하는 방식의 운동을 지향한다.[4] 각각의 지역적 운동은 하나의 마디로 기능하면서 지성의 어떠한 중추나 중심이 없이 다른 모든 마디들과 소통하는 형태인 것이다. 각각의 운동은 특이한 채로 남아있고 자신의 지역적인 조건에 묶여 있지만 동시에 공통적인 네트워크(또는 웹) 속에 포함된다. 다중운동에 대해 하트와 네그리는 네트워크에 참여하는 각각의 특이성을 부정하지 않으며 "같이 운동하는 타자들과 소통하고 협동하는 가운데에서도 더 큰 공통적인 습관들, 실천들, 관습들, 행동들, 욕구들을 형성

---

3) 1789년 5월 베르사유의 삼부회의 회의에서 제기된 4만 가지가 넘는 불만 목록이 전국에서 수집되는데 이 목록들은 가장 지역적인 문제부터 통치권의 문제까지 다양했다고 한다. 당시 프랑스에서 성장하고 있던 혁명세력들은 이러한 구체적인 불만 목록에서 새로운 사회적 권력의 맹아를 찾았다고 한다.

4) 스워밍은 얼핏 보면 무질서한 것처럼 보이지만 때가 되면 가장 진보된 형태의 조직 형식으로 평상시에 벌 떼나 늑대, 하이에나 같은 무리군집이 아무런 연계 없이 산개해 있는 것 같지만 일단 목표가 정해지면 각자의 방식으로 목표 달성에 나서며 임무가 해소되면 즉각 힘을 분산해 반격을 피하는 방식의 운동이다.

하는 가운데에도 공통된 것을 기동하고 확대하는 가운데에도 특이성이 축소되거나 감소되지 않는 모델을 제공"한다고 보았다(Hardt & Negri 2004/2008, 268).

이와 같은 다중의 운동은 수많은 자율적 개인들이 스마트폰이나 분산적 네트워크로 연결되면서 중심 없이 수행하는 사회운동이라는 점에서 특징이 있다. 그런 차원에서 한국의 2016~17년 촛불집회, 미국의 2011년 월가 점령시위(Occupy Wall Street) 등은 하나의 공동목표를 공통분모로 갖되 다양한 목표를 달성하기 위해 다중이 나섰다는 점에서 다중운동의 전형이었다고 할 수 있다. 무엇보다 다중운동은 중앙 집중적인 기획이 아니라는 점에서 일종의 아메바 운동처럼 지향이나 방향이 뚜렷하지 않고 분산된 것처럼 보일 수 있지만, 미시적으로 보면 정보 네트워크로 이어져 있는 '스워밍' 방식의 운동을 지향한다는 점에서 특징이 있다. 디지털 발달 이전에는 단일 지역 내의 대중(Mass)이었지만 90년대 월드와이드웹(www)이 생겨나면서 다양한 인종·종교·국적·민족이 연결된 '다중'이 부각됐고 트위터, 유튜브, 페이스북 같은 SNS가 다중의 공론장 역할을 수행하고 있는 것이다.

4. 2016~17년 박근혜 전 대통령 탄핵 촛불집회 원인과 과정

이상의 내용을 바탕으로 IV장에서는 2016~17년 박근혜 전 대통령 탄핵 촛불집회 과정에서 나타난 다중의 특성에 대한 심도 있는 분석을 실시할 것이다. 분석에서 사용할 지표(indicator)는 하트와 네그리가 정의한 다중의 특성과 다중적 존재에 대한 이론적 논의를 바탕으로 세부지표를 바탕으로 분석할 것이다. 분석의 지표는 원인 변인으로 하트와 네그리가 지적한 현실에 존재하는 불만으로서의 민주주의 불만과 경제적 불만과 삶 정치적 불만을 세부 지표로 분석했다. 그리고 행동양식으로서 대중의 등장 배경이랄 수 있는 ICT적인 특성을 파악하기 위해 스워밍과 정보 확산, ICT를 활용한 탈권위·다차원적인 자기과시형 참여, 직접 행동주의적 참여를 지표로 측정했다.

1) 원인: 현실에 존재하는 불만과 다중의 등장

2016~17년 박근혜 전 대통령 탄핵 촛불집회는 시작은 최순실 게이트였지만 한국사회에서 그동안 누적된 모순구조에 대한 불만이 누적되어 터진 결과일 수 있다. 첫째, 가장 구조적인 불만의 표출은 민주주의에 관한 불만이라 할 수 있다. 1987년 이후 개선되지 않는 통치자와 투표자 간의 격차가 증가하면서 제도에 대한 피로감은 한국 민주주의의 고질적인 문제였다. 특히 일부에서는 민주적 참여와 대의의 간극은 한국 대의 민주주의의 위기로까지 간주되기도 했다(임혁백·송경재·장우영 2018). 그리고 대표되지 않은 비선 실세 최순실의 등장과 실제 통치행위에 영향을 미쳤다는 증거는 시민들이 직접행동에 나설 수밖에 없는 분노의 자극제가 되었다. 이러한 대의의 불만과 함께 권리와 사법에 대한 불만 역시 누적되었다. 제도적인 모순구조가 일시적으로 폭발한 것이라 할 수 있다. 그리고 여기에 기름을 부은 것은 시민권의 침해였고 그중 핵심적인 것은

세월호 사건, 백남기 농민의 죽음, 검찰 불신 등에서 나타난 시민권의 위협이었다. 이와 함께 지난 보수정권에서 꼬리를 물었던 각종 비리와 게이트 사건에 대한 불만이 누적되었다는 점도 민주주의 불만을 가중시키는 또 다른 원인이라고 할 수 있다.

둘째, 경제적 불만 역시 고조되었다. 단순히 이 문제는 박근혜 정권의 문제는 아니었지만 누적된 경제적 불만은 장기간 내재되어 있었고 민주주의 불만과 결합되어 책임론으로 확장되었다. 앞서 하트와 네그리가 지적한 경제적 불만이 표출되면서 분리된 불만들의 집합이 결합된 것이다. 이는 당연히 삶 정치적 불만과 연계되어 나타난다. 특히 경제적 불만은 경제 양극화로 인한 전 영역에서 나타났다. 2030세대는 청년실업률 증가와 N포세대로 불리는 포기세대의 문제로 나타났고, 4050세대는 일자리안정, 노후문제와 집값 폭등으로 인한 경제적 어려움에 직면해 있다. 설상가상으로 6070세대 역시 빈곤층의 증가로 인한 어려움을 겪고 있다. 한국경제의 구조적인 문제가 계속 내재되어 있었던 것이 탄핵 촛불집회에서 동반 폭발한 것이다. 실제 탄핵 촛불집회에서 경제구호와 함께, 노동자 인권 등의 요구도 다수가 제시되는 등 경제적 불만은 촛불집회의 주요한 원인이기도 했다.

셋째, 삶에 대한 불만의 고조이다. 이는 역시 경제적 불만 고조에 따라 2016~17년 촛불집회의 한 원인이다. 무엇보다 박근혜 정부시기에 나타난 안전에 대한 불만은 내재적으로 한국민들에게 많은 불만을 만들었다. 세월호에서 촉발된 각종 강력 폭력 및 강력범죄 등의 사회사건에서 불안감은 더욱 고조되었다. 여기에 이대 부정입학 사건은 그나마 교육구조 속에서 열심히 노력하면 대학에 진학할 수 있다는 믿음을 가졌던 학부모와 청소년들의 삶 정치적 불만을 자극했다. 이러한 문제점은 누적되어 시민의 변화와 다중의 등장으로 발전하게 되었다. 특히 ICT를 활용한 정치정보의 네트워크 확산은 시민들이 다양한 사회문제에 대해 실시간으로 정보를 획득할 수 있게 되었다. 앞에서 제시한 삶 정치적 불만은 네트워크로 확산되고 이것이 경제적 불만과 연계되어 고용의 불안정, 결혼포기, 출산포기 등의 악순환으로 나타난 것이다.[5]

<표 2> 하트와 네그리의 다중적 지표로 본 2016~17년 박근혜 전 대통령 탄핵 촛불집회

지표		분석	비고
민주주의 불만	대의의 불만	○ 통치자와 투표자 사이의 격차 증가 - 대표되지 않은 비선 실세에 대한 분노 - 대의되는 대표의 차이 발생 - 민주적 참여(participation)와 민주적 책임성(accountability)의 불만	- 민주주의의 제도 불신
	권리와 사법의 불만	○ 시민권의 침해 - 이명박, 박근혜 정부 각종 게이트의 발생 - 세월호 사건에서 나타난 시민 안전권의 위협 - 백남기 농민의 죽음 ○ 사법부와 검찰 불만 - 검찰에 대한 불신 고조 - 양승태 전 대법원장의 사법운영의 문제점 대두	

---

5) 실제 많은 한국인들은 경제적 불안으로 인한 삶의 불만도 고조되고 있는 상황이다. 육아정책연구소(2018)에 따르면, 한국민 40.1%는 출산에 대해 '해도 좋고 하지 않아도 좋다', 3.2%는 '하지 않는 게 낫다'고 답했다. 그리고 자녀가 없어도 되는 이유는 '좋은 부모가 될 자신이 없어서'(26.4%), '경제적으로 여유롭게 생활하기 위해서'(20.7%), '자녀가 있으면 자유롭지 못할 것이기 때문에'(17.0%), '부부만의 생활을 즐기고 싶어서'(13.4%) 순으로 대답했다. 특히 20대 이하 응답자에서는 경제적 여유를 많이 응답했다.

경제적 불만	○ 경제 양극화로 인한 경제적 불만 누적 - 2030세대 : 청년실업률 증가, N포 세대 - 4050세대 : 노후문제, 집값 폭등 - 6070세대 : 노령 빈곤층	
삶 정치적 불만	○ 안전에 관한 불만 - 세월호, 폭력, 각종 사회적 사건사고로 인한 불안감 고조 ○ 삶에 대한 정치적 불만의 고조 - 경제적 불만과 연계되어 고용의 불안정 → 경제적 어려움 → 결혼포기 → 출산포기의 악순환 ○ 학부모·청소년들의 불만 - 이대 부정입학 사건	- 경제적 불만과 권리와 사법의 불만이 결합

2) ICT와 다중운동

다중의 등장 배경에는 세계화와 함께 정보화의 영향력도 크다. 특히 제국과 다중논의를 시작한 하트와 네그리는 제국과 반대되는 주체의 등장에 대해 논의하면서 정보경제와 지구화에 대항하는 다중이 탈집중적이며 탈중심적인 네트워크적 속성을 가질 것을 강조했다(네그리 2011, 50-51). 물론 시애틀 시위 등에서 나타난 다중의 ICT 활용은 글로벌 시민운동 또는 일국 시민운동에서는 보편적인 것이 되었다. 이는 2016~17년 촛불집회 과정에서 잘 나타난다. 첫째, 탈집중의 네트워크형 정보 확산과 참여자 중심의 운동형태, 둘째, ICT를 활용한 탈권위의 다차원적인 평화 운동, 셋째, 직접 행동주의적 참여가 주요한 특징으로 발견된다.

첫째, 다중은 운동의 방식으로 탈집중의 네트워크로 연계된 정보 확산과 스위밍 운동으로 ICT를 활용한다. 촛불집회에서 새로운 운동은 인터넷과 SNS를 이용한 네트워크형 정치정보의 확산과 수렴

그리고 조직화로 발전했다. 촛불집회에서 확인된 다양한 정치정보 확산은 전통적인 미디어의 영향력을 넘어서 스스로 네트워킹하면서 정보가 전달되는 방식이었다. 빔버(Bimber 1998)는 특정 정치적 관심사에 따라서 형성되고 해산하는 과정을 반복하는 이슈 공중(issue public)이 커뮤니티를 형성하여 사이버 공간에서 결집하고 오프라인으로 운동영역을 확장하는 경향이 있다고 보았다. 이러한 이슈기반의 집단은 사이버 공간에서 정보를 공유하고 상호작용을 하며 조직화하여, 온-오프라인의 집합행동에 나서게 된다는 것이다(Bimber 2003; Chadwick 2006, 114-115; 송경재 2011에서 재인용). 대표적인 집합행동의 방식은 SNS를 이용한 실시간 커뮤니티의 형성이다. 이들은 주로 정치정보를 공개된 정보를 통한 습득보다는 자신들이 활동하는 네트워크 속에서 소비하고 집합행동에 나선다. 서키(Shirky 2008)가 제기한 조직 없는 조직화가 ICT를 통해서 가능하게 되었다. 트위터와 페이스북, 카카오톡을 사용한 시민들 간의 정치정보 공유는 이후 직접행동을 위한 사전 토론까지 확장되기도 한다. 이 밖에 정치풍자를 담은 '짤' 제작 및 배포,6) '집 앞에 박근혜 퇴진 현수막 걸기', '#그런데 최순실은', '#그런데 우병우는' 해시태그 달기 운동, 온라인 촛불 켜기 운동 등이 활발하게 진행되었다. 촛불집회에 참여한 시민들은 SNS를 통해 집회현장을 생중계하고, 미처 참여하지 못한 시민들은 이 장면을 보고 '좋아요' '공유하기' 등의 상호작용적인 참여를 진행한다. 이와 함께 혼자만의 참여를 확인하기 위한 인증 샷 등에서 확인된 새로운 운동방식은 탈권위의

---

6) 짤은 짤림 방지 사진·이모티콘·문자 대신 사용하는 흥미로운 사진으로 직접 제작한 일종의 간단한 UCC이다.

자기과시형 참여의 한 특성을 보여준다. 댓글이나 소셜 미디어에 인증 샷을 공유하며 참여를 숨기는 것이 아니라 타인에게 네트워킹을 하는 방식의 참여로 발전했다. 이와 함께 다중은 SNS를 통해 광장에서 비폭력평화시위를 강조했다. 그 결과 세계 정치사에 유례 없는 비폭력평화집회를 진행했다. 실시간으로 인터넷 중계가 된다는 점에서 참여자로도 자신들의 정치적인 행동과 의사표현을 합법적인 테두리 내에서 유지했고 그 결과 법원에서도 집회행진의 범위를 평화시위라는 명분으로 계속 확대해 주었다. 이는 ICT가 참여의 무기이기도 하지만 실시간 중계가 되고 전 국민에게 공개된다는 점에서 참여자들의 정치참여의 책임성을 높여준 것이라 할 수 있다.

둘째, ICT를 활용한 탈권위적·다차원적인 과시형 참여는 주요한 특징이었다. 촛불집회가 확산되자 일부 반대와 찬성 진영의 집회인원 논쟁확인 과정에서 다중의 ICT 활용도 흥미로운 장면이다. 촛불집회 초기 언론사들과 집회참가자, 그리고 경찰에서의 집회참여인원 추산으로 인한 논쟁이 발생하자 다중은 ICT를 활용한 창발적인 방식으로 논란을 과학적인 방식으로 해소했다(IT 뉴스 2016, http://www.itnews.or.kr/?p=20093 검색일: 2018.04.28.). ICT 회사인 <조이코퍼레이션>은 2016년 11월 12일 광화문에서 열린 3차 집회참가 인원추산이 주최 측 100만 명, 경찰 측 26만 명으로 74만 명의 큰 차이를 보이자 ICT를 활용하여 이를 증명했다. 단순히 집회참가자 수치를 증명한 것이 중요한 것이 아니라 당시 집회참가인원을 둘러싼 '정치적 대표성' 문제가 시작되면서 논란을 잠재우고, 촛불집회 참가자들의 규모를 공식적으로 확인하는 계기가 되었다. 2015년 메르스 사건 때 등장한 메르스 병원 지도 방식의 스마

트 기술을 활용한 매쉬업(mashup) 서비스가 등장했는데, 2016~17
년 촛불집회에서는 시민들이 집회참여 숫자의 오류를 잡기 위한 도
구로 활용되었다.[7] 이는 다이아몬드 등(Diamond 2010; Diamond
and Plattner 2012)이 제기한 바와 같이 ICT가 민주주의에 기여하
는 '자유화의 기술(Liberation Technology) 또는 민주주의의 기술
(ICT4D, information communication technology for democracy)'
의 가능성을 확인하는 계기가 되었다는 점에서 의미가 있다.

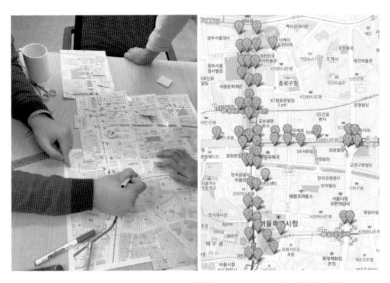

* 출처 : IT뉴스(http://www.itnews.or.kr/?p=20093 검색일: 2018.05.28). 조이코퍼레이션 제공

<그림 1> ICT를 활용한 집회참여 인원 추산

---

7) 매쉬업 서비스는 각종 콘텐츠와 서비스를 융합하여 새로운 웹서비스를 만들어내는 것으로 집회
인원 수 파악에 사용된 기술은 지도 서비스와 통신량, 또는 지하철 이용자 수 등을 합산하는 방
식으로 산출했다고 한다.

셋째, ICT를 활용하여 직접 집회참여와 함께 온라인 공간에서의 행동주의적 참여도 증가했다. 이를 분석하기 위해 한국의 주요 포털 사이트인 <네이버>와 <다음>의 커뮤니티와 블로그 게시 글 분석을 시도했다. 분석기간은 <jtbc>에서 최순실 비선실세 의혹이 보도된 2016년 10월 24일부터 박근혜 전 대통령이 헌법재판소에서 탄핵이 결정된 2017년 3월 10일까지의 기간으로 한정했다. 왜냐하면 이전에도 촛불집회와 탄핵관련 논의가 있었기 때문에 순수하게 2016년 촛불집회의 주요 키워드만을 한정해서 볼 필요가 있기 때문이다. 연구에서 <네이버>와 <다음>의 커뮤니티와 블로그를 분석대상으로 한 이유는 두 포털사이트가 한국의 인터넷 사용자의 80% 이상이 사용하는 주요한 포털이기 때문이다. 여기에 스마트폰용 앱 사용량까지 포함하면, 전 국민적인 포털이라 해도 과언이 아니다. 그리고 인터넷 이용자들이 가장 활발한 토론을 진행하는 공간이란 점도 반영했다. 2017년 7월 기준(만 3세 이상) 인터넷 이용자 수는 45,283,000명으로 전 국민 대비 90.3%인데(인터넷 통계정보시스템 http://isis.kisa.or.kr/ 검색일: 2018.06.05), 특히 Reuters Institute(2018)의 <디지털 뉴스 리포트 2017>에 따르면, 뉴스 이용량은 77%이며 가장 이용률이 높은 포털사이트는 네이버(64%)와 다음(35%)이다.

이 분석원칙을 바탕으로 2016년 탄핵과정에서 가장 핵심적인 키워드인 촛불, 촛불집회(시위), 탄핵, 태극기집회(시위)의 내용을 담고 있는 커뮤니티와 블로그의 게시 글, 관련 커뮤니티 수, 커뮤니티 게시 글 수를 추출하였다(<표 3>~<표 5> 참조). 이는 탄핵관련 찬성과 반대운동진영에서 온라인 공간에서 얼마나 많은 논쟁과 토론이 존재했는가를 확인할 수 있는 지표이다. 그리고 당시 시민들의 참여가 단지 오프라인에만 한정되는 것이 아니라 전자 민주주의적인 소통의 방식을 바탕으로 e-참여를 하였음을 확인해 준다. 여기에 데이터로 확인되지 않은 트위터와 페이스북, 유튜브, 카카오톡 등 SNS까지 포함한다면 그 숫자는 더욱 증가할 것이다.

<표 3> 온라인 공간의 참여 1(주제어 : 촛불)

주제어 : 촛불	커뮤니티		블로그 게시 글
	게시 글	커뮤니티 명	
네이버	46,386건	138개	195,473건
다음	약 132,000건	571개	약 248,000건

<표 4> 온라인 공간의 참여 2(주제어 : 촛불집회(괄호는 촛불시위 검색))

주제어 : 촛불집회(시위)	커뮤니티		블로그 게시 글
	게시 글	커뮤니티 명	
네이버	16,343건(5,654건)	31개(13개)	71,808건(28,945건)
다음	약 52,100건(약 25,400건)	91개(34개)	약 106,000건(약 41,700건)

<표 5> 온라인 공간의 참여 3(주제어 : 탄핵)

주제어 : 탄핵	커뮤니티		블로그 게시 글
	게시 글	커뮤니티 명	
네이버	47,375건	115개	165,807건
다음	약 136,000건	231개	약 222,000건

이와 함께, 다중은 탄핵찬반 국회의원에 대한 직접 압력수단으로서 스마트폰과 ICT를 활용했다. 촛불집회과정에서는 실시간으로 국민의 대표인 국회의원들에게 자신의 의사와 요구를 전달할 수 있

는 새로운 방식을 개발했다. 일부에서는 지나친 개인정보의 유출 또는 사이버 공격의 대상이 되었다는 비판도 있지만 새로운 e-청원 (e-petition) 방식이 등장했다는 점에서는 주목해야 할 것이다. 가장 잘 알려진 <박근핵닷컴(https://parkgeunhack.com/)>은 지역구 유권자들이 국회의원에게 박근혜 대통령 탄핵소추안을 찬성하도록 청원하기 위한 웹페이지이다. 주요 청원 통계는 12월 1일~12월 9일까지 929,160건의 청원이 보내졌다. 그리고 국회의원 응답현황도 실시간으로 제공되었다.

<표 6> ICT와 다중운동

지표	분석	비고
탈집중의 네트워크로 연계된 운동(스워밍)	○ 특정집단 주도 없이 자발적인 네트워크형 지도부를 구성하고 자발적으로 참여하는 스워밍(swarming)형 운동을 지향 - 지도부 중심이 아닌 참여자 중심의 촛불집회 - 특정 정치적 관심사에 따라서 형성되고 해산하는 과정을 반복하는 이슈 공중(issue public)형 참여 - 온라인과 오프라인의 융합형 참여 - 기존 운동조직, 시민단체와는 다른 이합집산과 자발적인 참여의 비정형의 네트워크형 조직	- 2011년 월가 점령 시위, WTO반대 시위 등에서 축적
ICT를 활용한 탈권위적·다차원적인 과시형 참여	○ 지도부 지시가 아닌 다수의 참여자가 만든 여러 아이디어가 집성되면서 평화적인 방식을 적극적으로 활용 - 참여를 숨기는 것이 아닌 타인과 적극적 네트워킹 선호	- ICT와 연계된 참여세대
직접 행동주의적 참여	○ 온라인과 오프라인에서의 행동주의 - e-청원, 집회참가인원 계산, 박근핵닷컴, 댓글 및 소셜 미디어 인증 샷 등 - 온라인 생중계, 집회인원 계산 등의 직접 행동주의적인 참여가 확대	

5. 결론

현재 촛불집회가 한국 민주주의에 어떤 영향을 주고 있는가에 대한 사회과학계의 연구는 활발하다. 일부에서는 민주주의의 실패로 분석하지만 일부에서는 새로운 민주주의의 전망을 제시하기도 한다 (최장집·서복경·박찬표·박상훈 2017; 임혁백·송경재·장우영 2018). 대표적으로 홍석구(2018, 149-178)는 촛불집회가 킨(Keane 2009)이 제시한 '파수꾼 민주주의'의 발전으로 분석하기도 한다. 그는 권력 남용에 대한 심판이 진행되었으며, 인터넷을 매개로 한 현대 정보사회에서 대의 민주주의는 파수꾼 민주주의로 발전할 것으로 강조한 바 있다. 박찬표(2017, 175-252) 역시 촛불집회를 한국 민주주의의 강점도 보여주지만 약점도 동시에 표출한 것으로 분석하고 있다. 그동안 누적된 한국 대의 민주주의의 한계를 시민의 의사가 반영된 실질적 민주주의로 발전시켜야 한다고 본 것이다. 이렇듯 2016~17년 촛불집회는 아직 다양한 시각의 분석과 민주주의의 진화과정에서 해석이 필요한 사건이라 할 수 있다. 그리고 분명한 것은 2016~17년 촛불집회를 통해 한국 정치사의 중요한 변곡점을 맞이한 것은 사실이다.

본 연구는 다중의 특성을 하트와 네그리가 규정한 지표로 세분화하여 이를 한국의 2016~17년 박근혜 전 대통령 탄핵 촛불집회 과정을 분석했다. 분석에서도 확인되지만 한국의 2016~17년 박근혜 전 대통령 탄핵 촛불집회 과정은 이른바 사회정치적 불만의 누적과 ICT를 활용한 네트워크 기반의 스워밍 방식의 다중운동으로 평가할 수 있다. 연구는 변화된 시민의 상(像)을 '다중'으로 규정하고 세부 지표라고 할 수 있는 변인을 2016~17년 박근혜 전 대통령 탄핵 촛불집회 과정에 투입하여 분석했다. 이 연구의 장점은 기존 다중 연구가 몇 가지 특성에 관한 부분적이고 관념론적인 연구가 주류를 이루었으나 한발 더 나아간 해석으로 분석을 실시한 점이다. 이를 통해 다중이 지향하고 있는 특성이 2016~17년 박근혜 전 대통령 탄핵 촛불집회 과정에서 잘 나타나고 있는지, 과연 촛불집회의 성격이 다중운동적인 성격을 가지고 있는지를 파악했다. 마지막으로 이러한 성과를 바탕으로 시민에서 다중으로의 변화가 민주주의에서 어떤 함의를 제공할지를 분석하였다.

분석결과, 첫째, 본 연구에서 확인한 바와 같이 다중은 시민과는 다른 차원에서 발전한 이론적인 개념이고 이를 한국 사회에 접목하려는 시도는 의미가 있었다. 특히 2016~17년 박근혜 전 대통령 탄핵의 원인에 대한 다중이론에 기반을 둔 접근은 기존 촛불운동의 분석틀과는 다른 함의를 제공해 준다. 아울러 다중의 운동행태를 ICT를 활용한 탈집중·탈권위적 스워밍 방식의 운동이란 점을 다시 한 번 확인했다. 그런 맥락에서 지난 촛불집회의 의미를 다시금 정립하고 시민운동 차원이 아닌 다중운동으로 새롭게 해석할 수도 있을 것이다. 탈집중의 네트워크로 연계된 운동방식과 탈집중·탈권위적, 다차원적인 과시형 참여, 직접 행동주의적인 참여는 기존의 시민참여와는 다른 차원에서 해석할 필요가 있다.

둘째, 분석을 통해서 2011년 월가 점령시위 등에서 나타난 다중운동의 단면들이 한국에도 등장했으며 2016~17년 박근혜 전 대통령 탄핵 촛불집회 과정의 경우 한국에서 전통적인 사회운동의 계급 기반 운동이나 시민적 권리의 운동이 아닌 민주주의 정치적 불만과 경제적 불만, 삶 정치에 대한 불만 등 복합적인 요인이 폭발한 것으로 해석할 수 있다. 지난 촛불집회에 나타난 민주주의적 함의는 한국이 1987년 이후 제도적인 민주주의가 발전했지만 진정한 민주주의 심화(democratic deepening) 또는 민주주의의 질(quality of democracy) 문제에 관한 고민이 부족했다는 점이다. 그런 차원에서 다중의 등장은 기존 민주주의에 대한 반작용이며, 기존의 운동과 민주주의 진화과정과는 다른 출발 원인과 발전과정을 가진다고 할 수 있다.

셋째, 다중의 등장을 어떻게 해석해야 할 것인가에 관한 과제도 존재한다. 본 연구에서도 확인되지만 다중은 다의적이고 다차원적인 의미를 가지기 때문에 이를 일차원적으로 규정하기는 어렵다. 다중을 처음 제기한 하트와 네그리 역시 계급주의적인 관점으로 비판받고 있다는 점을 감안하면 현재 나타난 다중은 아직은 아메바와 같고 완전히 정의되지 않은 실체일 수 있다. 분명한 것은 다양한 민주주의와 경제적, 삶의 불만이 누적됨에 따라 등장한다는 것이고, 단순한 제도개선이나 정책변화가 아닌 근본적인 체제전환을 시도한다는 점에서 기존 시민운동과는 결이 다르다고 할 수 있다. 따라서 다중에 관한 보다 체계적인 연구가 필요한 대목이다.

이 논문은 몇 가지 한계가 존재한다. 첫째, 다중에 관한 구체적인 개념화가 학계에서 합의되지 않아 선행 연구를 바탕으로 지표를 추출하여 한국의 촛불집회 현상을 해석하고자 했다. 따라서 지나친 일반화의 오류(fallacy of hasty generalization)가 있을 수 있고, 한국의 사례만 한정한 문제점을 가지고 있다. 둘째, 분석지표의 추출 역시 하트와 네그리가 주장한 바와 같이, 다중이 등장한 원인으로 민주주의, 경제적, 삶 경제적 불만 등의 지표를 제시하였으나, 연구에서 보다 다양한 지표로 다층적이고 탈집중·탈권위적인 다중의 특성을 완전히 해석하지는 못한 한계를 가지도 있다. 따라서 분석의 지표 역시 다중과 다중운동의 등장 원인과 이들의 행태를 ICT로 접목하여 해석하는데 그쳤다. 그럼에도 이 연구는 앞서 지적한대로, 그 동안 학계에서 시도하지 않았던 다중에 대한 구체적인 분석과 실증적인 다중의 등장에 관한 연구를 시도했다는 점에서는 의미가 있을 것이다. 이번 연구를 통해 향후 다중에 관한 연구가 지나치게 조어적인 차원 또는 수박 겉핥기식의 분석이 아닌, 보다 실증적인 연구로 발전하기를 기대한다.

참고문헌

김범수. 2018. "다중운동의 주제와 유형: 한국의 촛불집회와 스페인 15-M을 중심으로." 사이버커뮤니케이션학회 춘계학술대회자료집.

김상배. 2010. 『정보혁명과 권력변환: 네트워크 정치학의 시각』. 서울: 한울아카데미.

네그리 안또니오. 서창현 옮김. 2011. 『네그리의 제국강의』. 서울 : 갈무리.

몽테스키외. 이재형 옮김. 2015. 『법의 정신』. 서울: 문예출판사.

박찬표. 2017. "촛불과 민주주의: 촛불 시위에서 드러난 한국 시민사회의 장점과 한계." 최장집·서복경·박찬표·박상훈. 『양손잡이 민주주의: 한 손에는 촛불, 다른 손에는 정치를 들다』, 175-252. 서울: 후마니타스.

송경재. 2011. "이슈형 사이버 커뮤니티 네트워크의 시민참여 : 2008년 촛불 시위를 중심으로." 『국가전략』 17권, 2호, 91-121.

신진욱. 2008. 『시민』. 서울: 책세상.

육아정책연구소. 2018. 『행복한 육아문화 정착을 위한 KICCE 육아정책 여론조사』. 서울: 육아정책연구소.

이동수. 2017. "문명, 국가 그리고 시민사회." 이동수 외. 『시민학과 시민교육』. 서울: 인간사랑.

임혁백·송경재·장우영. 2018. 『빅 데이터 기반 헤테라키 민주주의 메가트랜드』. 대구: 한국정보화진흥원.

장우영·김범수·송경재. 2018. "다중운동과 참여 민주주의: 탐색적 고찰." <다중운동의 부상과 참여 민주주의의 도전> 콜로키움 자료집.

장우영·송경재. 2009. 『디지털 융합시대 온라인 사회운동 양식의 변화와 의미』. 과천: 정보통신정책연구원.

최장집·서복경·박찬표·박상훈. 2017. 『양손잡이 민주주의: 한 손에는 촛불, 다른 손에는 정치를 들다』. 서울: 후마니타스.

홍성구. 2018. "박근혜 탄핵 촛불집회의 민주적 함의 - 숙의 민주주의와 파수꾼 민주주의를 중심으로." 『한국언론정보학보』 89호, 149-178.

후쿠야마 프랜시스. 함규진 역. 2012. 『정치질서의 기원』. 파주: 웅진지식하우스.

Barabsi, Albert-Lszlo. 2002. *Linked : The New Science of Networks*. Cambridge, MA: Perseus. 바라바시. 강병남 · 김기훈 역. 2002. 『링크: 21세기를 지배하는 네트워크 과학』. 서울: 동아시아.

Barber, Benjamin. 1998. *A Place for Us: How to Make Society Civil and Democracy Strong*. New York: Hill and Wang.

Bimber, Bruce. 1998. "The Internet and Political Transformation: Populism, Community, and Accelerated Pluralism." *Polity* 31(1): 133-160.

Bruns, A. 2005. *Gatewatching: Collaborative Online News Production*. New York: Peter Lang.

Castells, Manuel. 2009. *Communication Power*. Oxford: Oxford University Press.

Chadwick, Andrew. 2006. *Internet Politics: States, Citizens, And New Communication Technologies*. Oxford: Oxford University Press.

Dalton, Russell. 2010. *Engaging Youth in Politics: Debating Democracy's Future*. New York: IDEBATE Press.

Dahl, Robert. 1970. *After the Revolution*. New Haven: Tale University Press.

Dahl, Robert. 1956. *Preface to Democratic Theory*. Chicago: University of Chicago Press.

Diamond, Larry. 2010. "Liberation Technology." *Journal of Democracy*. 21(3): 69-82.

Diamond, Larry and Marc Plattner. 2012. *Liberation Technology: Social Media and the Struggle for Democracy*. Baltimore: Johns Hopkins University Press.

Field, Sandra. 2012. "Democracy and the Multitude: Spinoza against Negri." *A Journal of Social and Political Theory* 59(131): 21-40.

Hardt, Michael, and Antonio Negri. 2004. *Multitude: War and Democracy in the Age of Empire*. New York: The Penguin Press. 조정환 · 정남영 · 서창현 역. 2008. 『다중』. 서울 : 세종서적.

Hardt, Michael, and Antonio Negri. 2000. *Empire*. Cambridge: Harvard University Press.

Heywood, Andrew. 1994. *Political Ideas and Concepts: An Introduction*. London: MacMillan.

Kann, M. E., J. Berry., C. Gant, and P. Zager. 2007. "The Internet and Youth Political Participation." *First Monday* 12(8).

Keane, J. 2009. *The life and death of democracy*. 양현수 역. 2017. 『민주주의의

삶과 죽음』. 서울: 교양인.

Norris, Pippa. 2011. *Democratic Deficit: Critical Citizens Revisited.* Cambridge: Cambridge University Press.

Norris, Pippa. 2002. *Democratic Phoenix: Reinventing Political Activism. Cambridge.* U.K.: Cambridge University Press.

Pateman, C.. 1970. *Participation and Democratic Theory.* Cambridge: Cambridge University Press.

Reuters Institute. 2018. *Reuters Institute Digital News Report 2017.* https://reutersinstitute. politics.ox.ac.uk/sites/default/files/Digital%20News%20Report%202017 %20web_0.pdf(검색일: 2018. 06. 05).

Rheingold, Howard. 2002. *Smart Mobs: The Next Social Revolution.* Cambridge, MA: Perseus. 라인골드 하워드. 이운경 역. 2003. 『참여군중』. 서울: 황금가지.

Schumpeter, Joseph A.. 1943. *Capitalism, Socialism and Democracy.* London: Geo. Allen & Unwin.

Shirky, Clay. 2008. *Here Comes Everybody: The Power of Organizing Without Organizations.* USA: Penguin Books. 송연석 역. 2008. 『끌리고 쏠리고 들끓다』. 서울: 갤리온.

Tapscott, Don. 2009. *Growing Digital: The Rise of the net Generation.* New York: McGraw-Hill.

Tocqueville, Alexis de. 2004. *Democracy in America.* New York: Library of America.

6장. 다중운동 비교 연구: 다중운동과 시민참여형 정치개혁[*]

김범수(연세대학교)

1. 서론

2016-17 촛불집회는 기존의 사회운동과는 다른 특징을 보였다. 운동의 주체, 운동의 용법,[1] 운동의 정치적 결과가 달랐다. 촛불집회는 시민운동 단체가 주도하기보다는 연결된 시민들이 스스로 매개하였다. 개인들이 인터넷 미디어를 통해 정보를 소통하고, 의제를 설정하였던 2008년의 촛불집회의 확장이었다(장우영 2010, 26). 운동의 참여자들은 온라인 네트워크를 통해 정보를 소통하고 자신의 의견을 표출하고 공감하면서 사회운동의 집단 인식 틀을 구성하였다.[2] 또한, 촛불집회의 참여자들은 대통령 탄핵의 근거를 "대한

---

* 이 글은 『글로벌정치연구』 제11권 2호에 게재한 필자의 논문을 보완하여 작성한 것임.

1) 장우영 교수(2008)는 정보화 시대의 네트워크를 이용한 사회운동이 미래 사회운동의 새로운 "레퍼토리"를 재창조한다고 설명한다. 여기에서 레퍼토리는 사회운동이 펼치는 운동의 용법 혹은 운동의 양상에서 반복되어 나타나는 특징으로 볼 수 있다. 본 연구에서는 레퍼토리와 같은 의미로 '용법'이라는 단어를 사용한다.

2) 인식 틀이란 개인들이 자신의 주변에서 일어나는 일들을 해석하는 인식의 틀로서, 사람들이 집합행동에 참여하기 위해서는 개개인들이 인식 틀을 일치시키는 과정이 이뤄진다. 집합행동으로

민국은 민주공화국"이라는 헌법에서 찾았고, 대통령을 헌법 절차에 따라 권한을 중지시키고 탄핵했다.

촛불집회의 참여자들은 국회에 탄핵소추를 요구했고, 헌법재판소의 탄핵심판 절차를 요구했다. 참여자들은 선거가 아닌 방식이지만, 헌법 절차에 따라 대통령을 교체한 점은 새로운 특징이다. 과거의 사회운동이 실정법을 부정하는 특성을 보였다면, 촛불집회는 헌법을 준수하고 절차를 따라 국민주권을 실현하는 헌정 민주주의[3] 특성이 나타났다. 촛불집회의 헌정 민주주의 특성이 평화적인 정권교체를 가능케 한 중요한 원인이라 할 수 있다. 또한, 촛불집회는 정치변동의 시작과 과정에 시민이 중요한 주체로 참여하는 특성을 보인다. 소위 시민참여형 정치개혁이다. 반면에 과거의 사회운동에서는 운동의 주체인 시민들이 정치개혁을 시작하게 하였지만, 정치개혁의 과정에는 참여하지 않았다. 대표적인 사례가 1987년 6월 항쟁이다. 6월 항쟁은 전두환 정권을 중단시켰지만, 1987년 6월 29일 6.29 선언 이후 운동의 역량은 잦아들기 시작하였다. 그리고 1987년 체제의 제도적 근간인 제6공화국 헌법을 만드는 정치개혁의 과정은 여야정당을 대표하는 "8인 정치협상회의"가 주도하였고, 시민의 참여 없이 정치인들에 의해 한 달 만에 헌법안이 만들어졌다(서유경 2012, 237).[4] 시민의 참여 없는 정치개혁으로서 변혁운동이 강조되고, 대안 형성은 상대적으로 약화되었기에 1987년 6월의 사

서, 사회운동의 집단 인식 틀에 관한 논의는 갬슨(Gamson 1992)과 최재훈(2015) 참조.

3) constitutional democracy의 번역으로, 민주주의(rule by the people) 개념 중 규율(rule)을 강조한 민주주의 이론이다. 김만권(2018) 참조.

4) 6월 항쟁의 성과에도 불구하고 '민주헌법쟁취 국민운동본부'가 판단을 잘못하여 타도의 대상이었던 군부독재의 '속이구'에 불과한 6.29 선언을 항복문서로, 그리고 대통령 직선을 담은 제6공화국 헌법을 민주주의의 쟁취로 인식하여 혁명의 열기를 지속하지 못한 것은 과오라는 비판적 평가도 있다(박용일 2008, 85).

회운동은 "1987년 6월 항쟁"으로 명명된다. 반면에 박근혜 정권 퇴진을 넘어 근본적인 체제변화에 시민들이 참여하고 있는 2016-7년 촛불집회는 "혁명"으로 불린다(손호철 2017, 78). 정보화된 시민에 의해 주도된 2016-7년 촛불집회는 국가다운 국가의 구성, 새로운 정치제도의 구성, 시민참여형 정치개혁을 주장하고 시민들이 정치개혁 과정에 참여하고 있다.

그런데, 시민참여형 정치개혁으로 이어지는 사회운동의 양상은 2000년 이후 세계 다른 나라에서도 나타나고 있다. 인터넷 미디어를 매개로 한 정보화된 시민들은 혁명적이면서 동시에 대안적으로 새로운 제도의 생성 즉 시민참여를 제도화 하려는 정치변동에 참여하고 있다. 아이슬란드의 헌법개정운동으로 이어진 2008-9년 아이슬란드의 키친웨어(kitchenware) 혁명과 양당 체제를 다당 체제로 변화시킨 2011년 스페인의 분노자들(indignados) 운동이다. 이 두 사회운동은 인터넷을 매개로 한 정보화된 시민이 주체가 되었고, 시민참여형 정치개혁에 시민이 중요한 역할자로 참여하였다.

연구방법은 2010년을 전후해 발생했던 세 개 나라의 인터넷 기반 정보화된 시민들이 벌인 사회운동 사례를 비교한다. 정보화와 신자유주의의 세계화로 우리의 삶의 환경은 점점 네트워크 사회로 전환되고 있다. 사회의 변화는 필연적으로 정치변동으로 이어진다. 그리고 네트워크 혹은 디지털 시대의 정치모델은 "참여적 대의 민주주의"로 변환한다(윤성이 2013, 200). 인터넷 시대에 벌어지고 있는 정보화된 시민들의 사회운동이 시민참여형 정치개혁으로 이어지는 내적 인과관계를 사례분석을 통해 도출하고자 한다. 이 연구는 인터넷 기반 온-오프 연결의 사회운동의 양상을 다중운동의 개

념으로 이해하고, 나아가 다중운동이 어떤 정치변동을 야기하는가
에 대한 인과관계를 분석하여, 네트워크 시대 한국의 정치가 나아
가야 할 개혁의 구체적인 방향을 제안하고자 한다.

2. 이론적 논의

1) 네트워크 사회운동 개념 분석

그동안 한국의 사회운동 연구자들 사이에서는 인터넷 네트워크
를 활용하여 사회운동을 하는 현상을 일컬어 '네트워크 사회운동
(이항우 2012)' 혹은 '온라인 매개 사회운동(최재훈 2015)'이라 명
명하고 있다. 그런데 네트워크 사회운동에 대한 평가는 비판적이다.
온라인을 매개로 하기 때문에 다양한 논의가 어려워 단일 이슈 지
향적 운동에 적합하여 포괄적이고 전면적인 사회변동을 추구하는
사회운동으로 이어지기 어렵다는 비판이다. 또한 네트워크 사회운
동은 감정요인에 좌우되어, 소위 집단 이성과 같은 이성적 집합행
동으로 이어지기 어렵다는 것이다(최재훈 2015, 105-108). 사회 정
치 현안에 대한 진보적 관념과 해석의 조직화, 즉 위로부터의 적극
적인 진보 프레임 구축과 전파 작업이 디지털 시대 사회운동이 결
코 등한시해서는 안 되는 과제임을 주장한다(이항우 2012, 270).
요약하자면, 네트워크 사회운동을 개념 짓는 연구자들은 네트워크
사회운동을 인터넷 공간에서의 활동으로 범위를 제한하고, 네트워
크 사회운동이 오프라인으로 결합되지 못하기 때문에 한계가 있다
는 설명이다. 나아가 대안으로 조직화된 상부에 의해 하향식으로

주어지는 사회갈등에 대한 개념적 해석과 프레이밍이 필요하다고 제시한다. 그런데 이러한 주장들은 일면 네트워크 사회운동의 개선 방향을 잘 보여주고 있는 듯하지만, 21세기 네트워크 시대에 인터넷을 매개로 한 사회운동의 양상을 너무 제한적으로 해석하고 비판한 측면이 있다. 온라인상의 정보 유통과 오프라인상의 사회운동이 결합될 필요는 있지만, 그 대안이 상부 운동 조직이 부여하는 운동의 전략과 프레이밍이어야 한다는 것은 네트워크 사회운동이 갖는 역동성을 축소시킬 위험이 있다. 즉 인터넷을 매개로 이루어지고 있는 사회운동은 온라인 네트워크를 주요한 정보의 통로로 활용하지만, 오프라인 광장에서의 활동과 긴밀하게 이어지는 현상이 여러 사례에서 나타나고 있기 때문이다.

따라서, 네트워크 사회운동의 개념을 사용하고 있는 연구자들은 인터넷을 매개로 한 사회운동이 오프라인 광장에서 펼치고 있는 운동의 역동적인 내용과 결합되고 있는 현상을 충분히 주목하지 않고 있다고 할 수 있다. 나아가 1987년 6월 항쟁에서 나타난 조직 동원형 사회운동의 틀을 모범으로 정하고 있기 때문에, 30년이 지난 현재의 네트워크 사회운동을 포괄적이고 전면적이지 않은 사회운동이라거나 중심성이 부족한 사회운동으로 비판하는 결론에 도달하는 것으로 이해된다.

이 지점에서 해결해야 되는 두 가지 과제가 등장한다. 하나는 네트워크 사회운동에서 네트워크의 의미 규명이다. 네트워크 사회운동의 개념은 2000년대 초반 인터넷이 도입된 직후에 인터넷이 사회변동과 정치변동에 어떠한 영향을 미친 것인가에 대한 논의와 연결되어 있다. 인터넷이 새로운 정치참여를 가능하게 하고 나아가 민주주의를 확대할 것이라는 '변동가설'과 인터넷을 주로 이용하는 주체는 오프라인에서 학력과 지식, 자본을 확보한 기득권층이므로, 이들이 인터넷을 활용하게 되면 인터넷 공간은 기득권층의 지배력이 강화될 것이라는 '강화가설'이 첨예하게 대립되던 시기이다. 이때 인터넷은 사회변동의 독립변수로서 다루어 졌다. 그러나 15년 이상이 지난 현재의 시점에서 인터넷은 독립변수이기보다는 인터넷 공간, 즉 사이버 공간으로 이해되고, 사이버 공간은 다양한 이해당사자들이 만나고 소통하는 장소의 개념, 정치적 공간으로 이해되고 있다. 따라서 지금 시점에 인터넷은 단일한 성격을 갖는 사회변동의 독립변수가 아니다. 나아가 인터넷 공간은 가상과 현실을 연결하여 오프라인 정보를 소통하고, 사회운동과 정치활동의 자원을 동원하여, 다시 오프라인 활동을 전개해나가는 오프라인 사회운동의 자원, 실제적인 정치활동의 자원이면서 동시에 정치적 사회적 활동의 장으로서 가상과 현실을 연결하는 장으로 설명될 수 있다. 따라서 지금의 시점에서는 인터넷이나 네트워크를 사이버 공간에 국한된 기술요인으로 이해하는 것은 제한적 개념으로 구성된다. 오히려 인터넷이나 네트워크는 가상과 현실을 연결하는 새로운 사회변화와 정치활동이 벌어지는 공간으로 이해하는 것이 더 타당한 개념이다. 따라서 네트워크 사회운동의 연구자들이 네트워크를 가상공간의 기술적 요인으로 이해하고, 그 개념을 기준으로 네트워크 사회운동을 중심권위가 부재하고, 규율이 없이 상호 제어되지 않으며, 분쟁을 조절할 수 없는 개개인들의 탈중심 운동, 개인주의 운동으로 이해하는 것은 현재의 시점에서는 타당한 개념정의라 동의하기 어렵다. 특히, 이렇게 네트워크 개념과 네트워크 사회운동 개념을 가상공간의 탈중심성으로 규정하고, 제한적 규정에 근거하여 현실의 인터넷을 매개로 한 사회운동을 네트워크 사회운동으로 규정하며, 나아가 현실의 사회운동을 비판하는 것은 더욱 동의하기 어렵다.

두 번째 과제는 바로 제한적 개념으로 인한 현실의 설명의 타당성 문제이다. 네트워크 사회운동의 개념이 2000년 이후 세계적으로 발생하고 있는 사회운동을 정확하게 설명하고 있는가에 대한 것이다. 네트워크 사회운동은 인터넷을 통해 소통하는 온라인 가상공간에 초점을 맞춘 개념이다. 이 때문에 현장에서 벌어지고 있는 인터넷을 매개로 가상과 현실이 결합되고 있는 현상을 담아낼 수 없다. 2010년 전후에 벌어진 아이슬란드의 키친웨어 혁명이나, 스페인의 분노자운동, 그리고 2016-7년의 촛불집회는 모두 가상과 현실이 결합된 사회운동이었고, 광장에서는 토론을 통해 사회적 약속과 정치적 권위를 만들고, 강령과 원칙, 그리고 주장을 도출하였다. 따라서 이전의 연구자들이 개념을 구성한 네트워크 사회운동의 개념은 위의 세 가지 사례의 온라인-오프라인의 결합, 특히 오프라인 광장에서의 토론과 그것을 온라인과 결합하여 사회적 약속과 정치적 권위로 만드는 실제 과정을 포괄하지 못한다.

이러한 네트워크 사회운동의 개념이 오프라인 사회운동을 설명하지 못하는 제한점과 제한적 개념구성으로 인해 네트워크 사회운동이 인터넷을 매개로 가상과 현실이 결합하며 진행되는 사회운동을 설명하지 못하는 한계를 고려할 때, 개념상 네트워크 사회운동을 대치할 새로운 개념이 필요하다.

2) 인터넷을 활용한 사회운동으로서의 다중운동

2000년대 인터넷 미디어를 이용한 사회운동을 '다중운동(multitude movement)'의 개념을 적용하여 설명하고자 한다. 다중운동은 세계적인 수준의 네트워크 사회의 등장과 신자유주의 세계화로 인한 구조적인 원인을 강조한다(Negri and Heart 2000; 20004). 다중운동은 피지배자가 억압받는 구조를 평등의 구조로 변화시키려 한다는 점에서 사회운동의 한 유형에 속한다. 사회운동은 지배와 피지배 관계로 구조화된 국가에서 피지배 구성원들이 지배자들에 의한 억압을 스스로 해체하고 보다 평등한 정치, 경제적 질서와 사회적 관계를 형성하려는 집단행동으로 정의된다(Glasberg and Shannon 2011).

그런데, 다중운동은 과거의 사회운동과 다른 특성을 보인다. 2000년 이전 한국의 사회운동 은 1987년 6월 항쟁을 기점으로 6월 항쟁 이전은 민주화운동, 그 이후는 시민운동으로 구분할 수 있다(김성일 2017). 민주화운동은 박정희 정부, 전두환 정부의 시기에 구조화된 정치, 경제, 사회적 엘리트 지배구조에 저항하고 민주정부를 목표로 하였다. 민주화 운동의 주체는 학생, 노동자, 농민으로 구성되는 '민중'이며, 민주와 반민주라는 균열로 정치적 대립 구조를 단일화하였다. 단일화된 동원이 필요했기 때문에 민주화운동은 민주주의를 운동의 상징으로 하고 모든 자원을 운동에 동원하였다. 민주화운동은 단일적인 운동조직을 중심으로 전개된 운동조직 중심의 동원형 사회운동이었다. 6월 항쟁 이후 시민운동은 민주화운동과 용법을 달리한다. 시민적 덕성을 갖춘 시민을 주체로 상정하고 운동의 "개량적 속성"이 나타난다. 당시의 시민운동은 급진적인 민중운동과 차별화하는 시민운동의 중간층적인 온건성을 갖고 있는 것으로 평가되었다(정태석 2015, 38). 민주화운동은 독재 지배체제(regime)를 구조적으로 변화시키고자 하는 목적이 전제되어 있지만, 시민운동에는 시민들이 정책결정과정에 참여하여 원하는 정책을 이끌어 내려는 면에서 개량적이라 비판되었다. 당시 시민운동의 개량화 논쟁은 주요 쟁점이었다. 시민운동은 사회운동의 대상을 환경, 여성, 지방으로 확대하는 기여를 하였지만, 체제를 근본적으로 개혁하기보다는 체제와 융합하고 효율화하고 합리화하려 하는 경향이 강조되었다.

2000년 이후 정보화시대와 세계화로 인한 신자유주의가 심화되면서 정보화된 시민이 운동의 주체로 등장하고, 1대 99로 상징되는 사회양극화가 심화되면서 체제와 구조를 시민들이 스스로 변혁하고 새로운 대안을 구성하려 한 사회운동을 다중운동이라 할 수 있다. 다중운동은 운동의 주체가 노동자 혹은 민중뿐 아니라 학생, 청년, 여성, 일반 시민들을 모두 포괄한다는 점에서 시민운동의 주체인 시민의 전통을 잇는다. 하지만 다중운동은 시민운동이 갖고 있는 현실적인 전략, 즉 체제 내에서 합리적 대안을 찾기보다는 사회구조의 체제변환을 지향한다는 점에서 민주화운동과 유사하다. 다만, 다중운동은 정보화시대 인터넷 정보통신기술을 활용하여 스스로 정보를 유통하는 개인이자 네트워크화된 개인들이 운동의 주체이자 운동의 양상으로 나타난다는 점에서 민주화운동이나 시민운동과 차이가 있다. 인터넷이 활용되기 이전 시대인 1980년대 민주화운동 시대와 1990년대 시민운동 시대에는 사회운동의 정보가 운동조직을 통해 전달되었기 때문에 동원형 사회운동이었다. 2000년 이후 인터넷 연결망과 소셜 미디어를 활용하는 네트워크화된 시민, 그리고 네트워크를 통해 정보를 검색하고 수집하고 활용하는 정보화된 시민이 사회운동을 펼치면서 새로운 운동의 용법이 등장하였다.

다중운동은 네트워크로 연계된 운동의 주체들이 탈권위와 탈집중 운동의 용법과 탈근대 가치를 나타낸다(송경재 2018, 3; Hardt and Negri 2008). 다중운동의 특성은 운동의 매개와 자발적 참여에 있다. 다중운동은 조직을 통한 참여자들이 연결되고 동원되는 것이 아니라 인터넷 미디어를 통한 정보에 의해 매개된다. 또한, 인터넷 정보유통의 특성상 운동의 쟁점과 공감대 형성과정이 시간과 공간의 제약을 받지 않는다. 다중은 세계적으로 혹은 지역적으로 사고한다. 약한 고리를 따라 정보를 소통하며, 동의 수준과 이슈의 파급력에 따라 운동의 확장성이 정해진다. 세월호 사건처럼 사회의 구성원이 이슈에 대해 공감하는 동의 수준이 높을 경우에는 온라인상에서의 공감표명 및 후원금을 지원하는 형태로 운동이 확장됨과 동시에 오프라인 집회로 연결된다. 정보 유통에 의한 공감형성과 운동의 확장성이 클수록 운동의 반경은 전국적으로 확대된다. 반자유화 시위와 같은 주제는 미국 뉴욕과 세계의 여러 도시로 확장되기도 하였다. 진정한 민주주의를 주장하고, 경제 양극화의 심화를 반대하며, 기업과 정부, 그리고 세계은행 등의 기구들에 반대했던 2011년 10월 15일의 세계적인 저항운동은 인터넷 정보 유통을 매개로 하여 세계 82개국 950개 도시에서 연대집회로 나타났다. 다중운동은 운동조직이 아닌 개인들 사이의 인터넷 미디어를 통해 유통되는 정보와 정보의 공감 확산능력에 의해 규모와 성격이 결정된다.

둘째, 다중운동은 이슈의 공감 동원력에는 생생한 현장감과 감성적 유대의 형성 능력이 운동의 동력이기 때문에 누구인가라는 정체성보다는 공감하는가에 대한 의사소통성이 중심이 되는 운동이다. 정체성은 사회적으로 형성되는데, 네트워크 사회에서 정체성은 네트워크 안에서 주어지는 정보와 사회화 과정으로부터 영향을 받으면 변화한다. 네트워크 안의 개인은 과거 산업사회에서 개인보다 정체성이 쉽게 변화된다. 신진욱(2013)은 이것을 사회운동과 사회운동에 참여하는 개인들의 "정체성의 비고정성과 변화가능성"으로 설명한다. 또한, 정체성의 비고정성은 사회운동의 분산성과 탈중심화로 이어진다. 이러한 분산과 탈중심화는 두 방향으로 나아갈 수 있다(정태석 2015, 41-42). 시민사회와 개인들의 자율성과 자치의 확산, 풀뿌리 민주주의의 실현이라는 긍정적 방향으로 나아갈 수도 있고, 개인 사이의 분열과 고립이라는 부정적인 방향으로 나아갈 수도 있다. 다중운동은 분열과 고립의 방향이 아닌 자율과 참여, 그리고 풀뿌리 민주주의라는 시민참여형 정치개혁으로 연결된다.

3) 다중운동의 용법

다중운동은 운동의제에 공감하여 집단의 인식 틀을 공유하는 누구나 운동의 주체가 된다. 다중운동의 주체인 다중은 개인성을 유지한 집합체의 의미를 갖는다(Michael and Negri 2004). 다양한 정체성을 갖는 개인들이 자본의 세계화와 세계적 불평등 체제의 상징인 제국(empire)에 대해 대응하려는 의지가 규합되면서 다중이 등장한다. 세계수준의 양극화와 그로 인한 빈부의 격차는 1:99라는 양극화로 상징된다. 그리고 심각화 양극화를 지탱하고 있는 정치적 경제적 사회적 모순에 저항하기 위해 다양한 개인들이 모여 다중을 형성한다. 청년, 여성, 실업자, 장애인, 환경피해자, 억압받고 있는 사무노동자, 학생, 그리고 노동자와 시민, 단 노동자와 시민은 노조나 시민단체의 조직원이 아닌 개인들이다. 모든 개인들이 자신의 갖고 있는 정체성을 유지하면서 정보의 소통을 통해 시민의 자발성과 혁명성, 그리고 즉자성과 대안성을 소통한다. 이 과정을 통해 신자유주의 빈부격차와 지대추구, 그리고 권위주의에 저항하여 '다중'이라는 집합적 정체성을 구성한다. 다중은 처음부터 존재하는 계급이나 민중, 시민이 아니라 정보의 유통과 의사소통을 통해 구성된다.

둘째, 다중은 다양성을 유지하지만 세계화라는 공통의 모순체제, 즉 제국에 대항하기 위한 안티테제라는 면에서 집합적 일치성을 갖는다. 다양한 개인들이 반세계화 혹은 엘리트 중심의 배분체계인 신자유주의에 대항하기 위해 다중으로 결합한다. 정보 네트워크, 혹은 인터넷기반 정보통신기술이 세계적으로 연결되어 정의와 평등의 가치를 공유하고 공감할 수 있게 된 것이 핵심적인 배경이다. 인터넷이라는 연결망과 세계화라는 세계적 양극화 기제가 다중의 형성과 다중운동의 등장을 가능하게 한다. 그것은 다양한 개인들이 처한 상황의 궁극적인 원인이 정치적 폭력과 경제적 불평등, 그리고 사회적 배제와 연결되기 때문이다. 또한 정치적 경제적 사회적 배제와 모순이 중첩되고, 상대적으로 이러한 모순으로부터 이득을 보는 주체가 집약되기 때문이다. 전쟁과 세계적 금융위기, 정보유통의 제한, 환경과 동물에 대한 위협 등은 서로 다른 주제와 영역이며 공간적으로도 달리하지만 이러한 위기들은 정보 네트워크로 공유되면서 1:99 사회 혹은 양극화 사회로 수렴된다. 다중은 다양한 위기와 모순들의 원인은 엘리트의 지배를 위한 대의제 정치제도와 자본주의 경제제도에 있음을 정보의 유통과 의사소통을 통해 공감하고 재확인한다. 정치적 억압, 전쟁, 경제적 파산, 지구온난화, 소수자 차별과 같은 문제들은 우연하게 발생한 것이 아니라 지배의 기제가 존재한다는 세계관을 공유한다(Michael and Negri 2004).

셋째, 다중운동은 정보와 의견을 스스로 만들어 내는 소비-생산자(prosumer)의 특성을 보인다. 다중은 정책을 소비하지만 동시에 정책을 생산한다. 다중은 대의제 정치 시스템이라는 정책 생산과 소비의 이원구조를 반대하고, 시민참여형 정치 시스템을 추구한다. 다중은 정당이나 국회, 정부 심지어 시민단체에 중재되거나 매개되지 않고 직접 참여힌다. 다중은 사회직으로 평등한 권리를 지향하는 반위계성(anti-hierarchy)을 지향한다. 임금차별의 해소, 빈부와 신분의 양극화 해소, 갑과 을의 사회적 차별과 특권을 철폐하고 누구나 존중받는 사회, 평등을 지향하고 자신의 존엄성과 인격권을 주장한다. 다중은 경제 엘리트의 소유와 소비가 일정한 평등의 기준을 넘어서는 것에 반대하고 저항한다.

이러한 다중운동은 네 가지 특성을 보인다. 첫째, 다중운동은 중재되지 않는(unmedicated) 시민운동이라는 점이다. 다중운동은 내부 조직과 리더가 존재하지 않는, 선험적 강령과 지도가 존재하지 않는, 참여를 통해 스스로 만들어간다. 또한, 대의기구인 국회와 대통령에게 요구하는 유권자, 기업에게 시정을 바라는 소비자의 그 이상을 지향한다. 둘째, 다중운동은 혁명적 변화(revolutionary)를 추구하고 두려워하지 않는다. 제국으로 상징화되는 세계화와 양극화 체제를 극복하고 새로운 정치적 경제적 질서의 창출을 지향한다. 다중은 중재되지 않는 자기조직화를 통해 엘리트지배의 지대추구 구조를 극복하는 새로운 정책, 제도, 시스템을 추구한다. 셋째, 다중운동은 내재화된 자신의 본질적 요구에 충실한 즉자적(immanent)이면서 동시에 구성적인 운동이다. 다중은 개인들이 스스로 주제와 의견을 제시하고 공유하며 대안을 형성한다는 점에서 융합방식을 취한다. 융합방식은 다양한 제도를 함께 만든다는 면에서 제헌의회 제정(constitution)이기도 하다. 마지막 네 번째로 다중운동은 비판적이면서 동시에 긍정적이며 대안적이고 창조적이다. 다양한 개인들이 온라인 혹은 광장과 같은 오프라인 정보 네트워크를 통해 참여, 공유, 소통하여 제안들을 양성하고, 대안을 발전시킨다. 이런 면에서 다중운동은 창조적 긍정행동(creative positivity)이다(Michael and Negri 2004).

3. 분석 방법

1) 다중운동과 정치개혁

다중은 선거로 대표되는 참여에 자신들의 참여를 국한하지 않는다. 대의제의 선거참여는 기성 정당들을 대상으로 하고, 선거결과 그들에게 정당성을 부여하게 된다. 다중은 선거참여보다는 청원, 시위 등, 과거에 비상례적인 정치참여로 규정되었던 방식을 통해, 정책에 직접 영향력을 발휘한다. 다중의 정치참여는 대의제를 개혁하여 직접 민주제를 강화하는 정치변동으로 이어진다. 다중은 자본의 세계화, 즉 신자유주의 자본주의 질서로 인한 승자와 패자라는 계급 균열을 강조하고 기존 경제체제와 정치체제에 저항한다. 다중은 인터넷에 의한 다양성과 분화 속에서도, 신자유주의로 인한 부자와 빈자, 체제와 대항자라는 경제균열을 내세워 정치적 대립구도를 만든다. 다중운동은 중재되지 않고, 혁명적 변화를 두려워하지 않으며, 즉자적 개인들의 집단지성을 통해 창조적 대안을 만들어가는 특징을 보인다.

다중운동은 운동의 주체가 갖는 위기에 대한 집단 정체성과 정치적 기회구조, 그리고 온라인과 오프라인의 결합 수준에 따라 정치개혁의 범위가 달라진다. 2008-9년의 아이슬란드의 키친웨어 혁명(Kitchenware Revolution), 2011년 스페인의 15M5) 운동 혹은 분노자들(Indignadas) 운동,6) 그리고 2016-7년 한국의 촛불집회는 체제를 변화시킨 다중운동이라는 점에서 공통적이다. 세 사례 모두 2010년을 전후하여 최근에 이르기까지 인터넷이 상용화된 네트워크 사회를 배경으로 발생하였다. 아이슬란드와 스페인, 그리고 한국은 인터넷 가입률이 90%를 상회하고 페이스북과 트위터 등 SNS의 이용자가 다수이다. 그리고 세 가지 사례는 페이스북, 트위터, 유튜브와 같은 인터넷 기반 소셜 미디어를 통해 사회운동이 발생했다는 공통점이 있다. 또한, 세 가지 사례는 사회운동이 정치개혁으로 이어졌다. 키친웨어 혁명은 아이슬란드의 새로운 정부와 헌법의 개정시도로 이어졌고, 15M 운동은 스페인의 양당 체제를 다당 체제로 변화시켰다. 그리고 촛불집회는 진보성향의 새로운 정부로의 정권교체를 불러왔다.

하지만 각 사례들에서 나타난 정치개혁의 범위는 달랐다. 정치개

---

5) 2011년 5월 15일이 스페인의 지방선거일이며, 이 날을 초점으로 점거운동이 계획되고 진행되었기 때문에 15M 운동이라 함.

6) Castells(2012)은 Rhizomatic Revolution 이라 칭한다. Rhizomatic은 '풀뿌리의, 근본적인, 뿌리처럼 연결된'의 의미를 갖고 있으며, 스페인 15M 운동인 풀뿌리 피지배자의 운동이었으며, 근본적인 질서변화를 추구하였고, 네트워크로 연결된 운동이라는 의미로 해석될 수 있다.

혁의 범위는 개혁의 단위에 따라 구분할 수 있다. 국가의 정치 시스템 자체가 변화되는 헌법 개정이 가장 큰 정치개혁이다. 정권의 교체는 상대적으로 작은 개혁이다. 정당체제의 변화는 헌법 개정과 정권교체 사이에 위치한다. 정치개혁의 범위를 가장 작은 범위부터 큰 범위로 나열한다면, 정권의 교체->정당체제의 변화->헌법의 개정이다. 아이슬란드의 키친웨어 혁명은 정권의 교체는 물론, 보수당 중심의 1당 우위체제에서 경쟁적 정당체제로 바꾸었고, 1944년에 제정된 헌법을 온/오프 시민참여 방법으로 참여의 확대와 자원의 사회적 소유를 규정하는 헌법 개정으로 나아가게 했다. 스페인의 15M 운동은 독재자 프랑코가 1975년 사망한 이후 처음 실시된 1977년 총선부터 지속되어온 보수당(People's Party)과 진보당(Spanish Socialist Worker's Party)의 양당제를 다당 체제로 변화시켰다 (Orriols and Cordero 2016). 2011년 분노자들의 운동은 2014년 포데모스 정당이라는 시민참여 정당으로 이어졌다. 포데모스(Podemos) 정당은 좌파입장에서 시민의 직접 참여를 강조한다. 이외에 중도우파 입장을 견지하면서 시민참여를 강조하는 정당이 등장하였다. 15M 운동 직전 2008년 총선에서 스페인 보수당은 43.87%, 진보당은 39.94%의 득표율로 합하면 80% 이상을 차지했다. 그런데 15M 운동 이후 좌파성향의 정당과 중도우파성향의 시우데다다노스(Ciudadanos) 정당이 참여하면서, 2015년 총선에서 보수당의 득표율은 28.71%, 진보당은 22%로 줄어들었다.[7] 그리고 포데모스 정당연합은 20.68%, 시우데다다노스 정당은 13.94%를 얻었다. 2015 총선 의석률을 기준으로 유효정당 수를 계산한 결과 4.11이었다. 즉 스페인 하원 의

---

7) https://en.wikipedia.org/wiki/Spanish_general_election,_2015 참조.

회의 유효정당 수는 4당 체제라 할 수 있다.8) 다음으로 한국의 촛불집회는 보수당인 새누리당 소속의 대통령을 탄핵하고, 제19대 조기 대선을 통해 진보적인 더불어민주당의 문재인 대통령이 선출된 정권교체로 이어졌다. 2018년 문재인 정부가 기본권 확대, 지방분권, 그리고 참여확대를 내용으로 담는 헌법개정안을 발의했으나, 심의되지 않고 부결되었다. 그리고 정당체제는 자유한국당과 더불어민주당 중심의 양당 체제가 유지되고 있다. 물론, 바른미래당, 정의당, 평화민주당이 있어 이들 정당이 캐스팅보트를 하는 3당 체제의 성격을 갖고 있다. 하지만 3딩 체제직 속성은 촛불집회 이전에 안철수라는 정치인의 등장으로 형성된 것으로 촛불집회와는 직접 관련이 없다. 따라서 한국의 촛불집회는 정권교체라는 가장 작은 범위의 정치변화를 가져왔다. 그렇다면 세 개 나라의 정치개혁의 범위가 다르게 나타난 이유는 무엇일까? 정치변동을 가져왔던 직접적 원인인 세 사례의 다중운동이 차이가 있었던 것은 아니었을까? 본 연구는 이러한 질문에 근거하여 세 사례의 다중운동의 차이가 정치개혁의 범위차이에 영향을 미쳤을 것으로 보고, 이와 관련된 가설을 아래와 같이 제시한다.

2) 다중운동의 정치적 결과에 관한 가설

사회운동이 정치와 연결되는 방식에 관해 달튼(Dalton 1995)은 유럽의 녹색운동의 정치화 사례를 비교연구하면서 세 가지 방식을

---

8) 스페인은 2015년 총선 후 연합정부를 구성하지 못하고 2016년 총선을 실시했다. 2016년 총선 결과 의석률을 계산한 결과 유효정당 수는 3.8이었다. 포데모스 정당과 시우데다다노스 정당이 등장하기 이전 2008년 총선에서의 유효정당 수는 2.3이었다.

도출하였다. 하나는 사회운동이 기존의 정당들 중 하나와 연합하여 정치과정에 참여하는 것이다. 두 번째는 새로운 정당을 창당하는 방식이다. 세 번째는 반정당 입장을 견지하면서 사회단체로서의 정체성을 유지하면서 정책적 영향력을 행사하는 방식이다. 한국의 촛불집회는 더불어민주당과 문재인 대통령을 지지하였지만, 더불어민주당과 정치 연합을 이루지는 않았다. 또한, 촛불집회 이후에 그 주도세력이 새로운 정당을 창당하거나, 반정당의 입장에서 사회단체를 조직하지 않았다. 촛불집회는 시민참여형 정치개혁과 부정부패와 특권의 해소라는 정치개혁의 방향을 제시하였고, 정치개혁은 더불어민주당과 대통령으로 당선된 문재인 대통령을 중심으로 추진되고 있다.

스페인의 분노자들의 운동은 정당의 창당으로 이어졌다. 창당한 정당들은 스페인의 정당체계를 다당 체계로 바꾸었으며, 포데모스 정당은 스페인의 수도인 마드리드 시 지방선거에서 약진하여 시정을 책임지는 여권 정권연합에 참여하였다.[9] 그리고 마드리드 시의 시정을 시민참여형으로 만들었고, 이러한 영향은 디사이드 마드리드(Decide Madrid)라는 시민참여형 온라인 플랫폼과 정치과정으로 열매를 맺었다(김범수·장우영 2018). 아이슬란드의 키친웨어 혁명은 수십 년간 1당 지배체제를 이끌어오던 독립당(Independence party)의 지배에서 좌파정당을 비롯한 다양한 정당들에 의한 다당체제의 경쟁체제로 전환하는 계기가 되었다. 그리고 헌법 개정을

---

9) 2015년 스페인 동시지방선거가 있었고 선거방식은 의원내각제 방식으로 진행되었으며, 폐쇄명부형 비례대표제였다. 마드리드 시에서는 1989년 이후 집권해오던 우파 정당(People's Party)이 좌파정당인 스페인 노동자정당과 포데모스 정당이 중심이 된 "바로 지금 마드리드(Ahora Madrid)"의 연합정부에 졌다. 우파정당은 34.6%, 스페인 노동자정당은 8.6%, 바로 지금 마드리드 선거연합은 31.8%의 득표율을 얻었다.

요구하는 시민들의 요구에 따라 헌법 개정 절차가 진행되었으며, 토지공개념의 도입과 시민의 직접 참여 확대 등 정치개혁이 진행되었다.

이러한 차이의 원인은 무엇인가? 첫 번째 이유는 다중운동의 주요 쟁점이 정치개혁에 국한되는 경우와 사회개혁을 포괄하는 경우에 따라서 정치개혁의 범위가 달라질 수 있다. 정치개혁에 집중될 경우, 그것이 운동세력의 전략적 선택일지라도 다중운동은 정권교체에 집중될 것이다. 정권교체는 현 권력에 대한 저항과 반대이다. 다중운동의 주체들은 다양한 이유로 현재 권력에 저항하고 새로운 권력을 요구한다. 다만, 새로운 권력이 어떤 정책을 펼칠 것인가에 대해서는 다중운동에 참여한 주체 내부에서 서로 다른 입장이 존재할 수 있다. 이 때문에 사회경제적 개혁을 다중운동이 포괄하는 경우, 다중내부의 토론과 협의가 필요하다. 아이슬란드의 키친웨어 혁명은 2007년부터 시작된 금융위기에 의한 경제위기가 그 출발점이었고, 경제위기를 만든 금융자본 엘리트와 금융자본에 호의적인 정치 엘리트와 정부가 경제위기를 해결하지 못하여 정치위기가 발생되어 다중운동으로 이어졌다. 이 때문에 키친웨어 혁명은 경제개혁을 포괄하는 다중운동이었다. 스페인의 분노자운동은 경제위기를 해결하겠다고 공약한 진보정당인 스페인 사회주의 노동자 정당이 IMF의 구제 금융을 수용하고 긴축재정을 펼침으로써 유권자의 기대에 반하고, 그 결과 높은 실업과 물가상승 복지감소가 지속되면서 다중운동이 발생했다. 경제위기와 정치위기의 중첩이 다중운동의 발생의 원인이었다. 반면에 한국의 촛불집회는 "최순실 국정농단"과 "박근혜·최순실 국정 게이트"라는 명칭에서 보듯이 정부의 실패와 정권에 대한 저항을 운동의 직접적인 계기로 하였다. 이러한 차이를 근거로 할 때, 다음과 같은 가설 설정이 가능하다.

H01: 정치개혁과 경제개혁을 포괄하는 다중운동은 정치개혁의 범위를 확대한다.

두 번째 이유는 다중이라는 운동 주체의 형성과 관련이 있다. 다중의 형성 범위가 포괄적으로 큰 경우와 제한적으로 작은 경우에 따라서 다중운동이 정치개혁의 범위에 미치는 영향은 차이가 날 수 있다. 예를 들어, 진보세력과 중도세력, 그리고 보수 세력까지 정치개혁이라는 공동의 목표에 협력하여 다중을 형성할 경우, 정치개혁의 범위는 확대될 것이다. 다중운동의 주체 형성의 크기가 정치개혁에 미치는 영향에 관해서는 다음과 같이 가설을 설정할 수 있다.

H02: 다중운동의 주체의 규모가 포괄적이면, 정치개혁의 범위도 커진다.

세 번째, 정치적 기회구조는 정치체제의 개방성, 반응성, 안정성, 그리고 정치체제와 시민사회와의 유대성의 정도에 따라 사회운동의 제도화에 영향을 미친다(민병기 2017; Tarrow 1998). 정치체제가 개방적일수록 사회운동은 정당으로 전환될 가능성이 높다. 정치체제가 반응성이 클수록 사회적 요구와 불만이 정치체제 안에서 해소될 가능성이 커진다. 정치체제의 안정성이 클수록, 즉 정치체제 지배 엘리트의 응집력이 클수록 시민사회에 대한 지배와 통제능력이 커진다. 그리고 정치체제가 시민사회의 세력과 유대가 강할수록 사회운동의 요구가 정치체제에 안정적으로 전달된다. 이러한 4가지 요인들을 본 연구에서는 정치체제의 폐쇄성으로 종합하여 분석하고자 한다. 정치체제가 1당 체제와 같이 폐쇄적일 경우, 정치체제의 개방성은 낮아 시민사회에 대한 반응성이 떨어진다. 또한 정치체제가 다양한 집단으로 구성된 시민사회와의 유대가 약하기 때문에 시민사회의 저항수준이 커지면 시민사회를 통제할 수 없게 된다. 아이슬란드에서는 1944년 나치 지배 영향권 아래에 있었던 덴마크로부터 독립하여 키친웨어 혁명이 발생했던 2009년 초//시 보수적인 Independence Party를 중심으로 농민정당에 뿌리를 둔 Progress Party와 집권하였다. 정치체제의 폐쇄성이 가장 큰 경우, 정치개혁의 범위는 확대될 것이다. 스페인의 경우에는 1975년 프랑코 사망 이후 진보-보수당의 양당 체제로서 1당 체제보다는 개방적이다. 하지만 좌파와 우파의 양당 체제가 시민사회의 다양한 요구를 수용하지 못하는 경우, 양당 체제는 새로운 정당체제로 변화하여 양당에 의한 정치적 카르텔 구조를 변화시키게 된다. 한국의 촛불집회는 박근혜 정부에 대한 저항이었다. 이 때문에 정권교체라는 상대적으로 작은 범위의 정치개혁이 나타날 수 있었다. 결국 다중운동이 인식하고 있는 정치체제의 폐쇄성의 범위가 클수록 정치개혁의 범위는 확대된다.

H03: 다중운동이 인식하는 정치체제 폐쇄성의 범위가 클수록 정치개혁의 범위는 커진다.

마지막 네 번째는 운동의 자원으로서 온/오프라인 결합의 정도이다. 2000년대 이후 네트워크를 기반으로 하는 사회운동은 오프라인 참여와 결합될 때, 운동의 영향력이 커진다(최재훈 2015). 또한 온라인 기반 시민참여 플랫폼 중 성공적인 사례들은 온라인과 오프라인을 결합하여 운영하고 있다(김범수·장우영 2018). 네트워크 시대에 등장한 다중이 온라인 미디어를 통해 서로 연결되는 경우, 많은 이견과 차이점들이 노출된다. 그런데 온라인 미디어는 교차성보다는 선택적 노출로 인한 극화로 이어지는 경향이 있다.[10] 온라인 소통에서 끼리끼리 모이는 동류선호(homophily) 경향을 상쇄하고, 교차성을 높이기 위해서는 오프라인 공론장 형성이 필요하다. 다중 운동의 특성은 변화를 열망하는 시민들이 광장에 모이고, 온라인으로 소통하는 온라인과 오프라인 결합이 그 특징이다. 인터넷 기반 소셜 미디어와 1인 미디어에 의한 대중 소통이 광장과 연결되고 소통과 참여를 증강시켰다. 이러한 온/오프라인의 소통과 참여의 증강효과는 세 사례에서 모두 나타났지만, 시공간적 차이를 보인다. 키친웨어 혁명은 아이슬란드 국회 앞 광장에서 시작하여 국회 헌법 제정위원회라는 제도적인 오프라인 회의체까지 지속되었다. 스페인의 15M 운동은 광장에서 장기간 지속되었으며 새로운 정치질서를 구상한 자기 성찰의 제안서를 만들어 회람하고 소통하는 과정으로 전개되었다. 그리고 포데모스 정당의 창당으로 온/오프라인 소통은 이어졌다. 한국의 촛불집회는 상대적으로 오프라인 공론장에서 차이를 표현하고 조정하기보다는 박근혜 퇴진이라는 합일된 목표에

---

10) Iyenger, S., & Hahn, K. S. 2009. Red Media, Blue Media: Evidence of Ideological Selectivity in Media Use. Journal of Communication, 59(1), 19-39.

집중하였다. 오히려 합일된 목표에서 벗어난 주장은 제한하기도 하였다. 따라서 다중운동이 온라인과 오프라인의 결합을 장기간 그리고 심화수준까지 진행할 경우, 정치개혁의 범위는 확대될 수 있다.

H04: 다중운동에서 나타난 온/오프 의사소통 정도가 심화될수록 정치개혁의 범위는 커진다.

4. 사례 비교

1) 아이슬란드 키친웨어 혁명

(1) 발생의 배경

아이슬란드는 2007년을 기준으로 1인당 소득이 세계에서 5번째로 높은 나라였다. 전통적으로 수산업을 기반으로 했던 아이슬란드가 이렇게 부유하게 된 원인은 2000년대 이후 아이슬란드의 은행세 개가 금융 및 투자 산업을 확대한 결과였다. 2000년 기준으로세 개 은행의 총매출액은 아이슬란드 GDP와 비슷했고, 2007년에는 국가 GDP의 7배 수준까지 성장했다(Castells 2012, 31). 그러나이러한 부는 생산성의 향상보다는 은행 간 대출과 은행 간 은행의주식매입, 그리고 저금리 부동산 대출에 의한 부였다. 은행 간 상호차입과 소득을 초월하는 대출과 소비가 GDP 성장의 원인이었다. 또한, 세 은행들은 아이슬란드 국내에서 금융활동이 한계에 이르자영국과 유럽의 나라들의 은행과 투자자를 대상으로 높은 금리의 저축상품을 판매하여 저축을 받아, 그 돈으로 은행의 단기 부채를 지급하였다. 자기 자본율이 낮은 금융자본기업과 가계의 높은 부채 그리고 자본의 세계화를 이용하여 외국의 자본을 유치하여 투자에 이용한 은행들의 행위는 비정상적인 투기행위였다. 이러한 비정상을 행하는 은행들에 대하여 아이슬란드 보수정권은 지급보증과 국책은행을 통한 지속적인 대출로 지원하였다.

그러나 실물경제의 성장이 뒷받침 되지 않는 화폐경제 혹은 신용경제의 투기를 통한 성장은 경제적 거품에 지나지 않았고, 그 거품은 오래갈 수 없었다. 2008년 IMF가 아이슬란드의 은행들의 낮은 자기자본비율과 지나친 투자문제를 아이슬란드 정부에 제기하였다. 정부는 이 문제를 해결하기 위해 중앙은행으로 하여금 추가로 세 은행에 대출을 하게 하였는데, 이것이 문제를 해결하기보다는 국제적 신용평가기관에 의해 국가 신뢰도를 하락하게 하는 결과로 가져왔다. 국가 신뢰도의 하락은 금융위기가 발생하는 계기였다. 세 개의 은행이 차입할 수 없게 되자, 차입으로 대치하였던 단기 부채를 해결하지 못하면서 파산하였다. 세 은행의 부채 금액은 250억 불(약 25조)에 달하였다. 이 금액은 아이슬란드 GDP의 7배에 해당하는 금액이었다. 아이슬란드의 부동산 가치는 하락하고 개인소득은 급격히 줄어 2009년과 2010년에는 각각 -6.8%와 -3.4%로 GDP가 감소했다.

집값이 하락하고 수입이 감소하였으며, 실업이 증가되자 아이슬란드 국민 개인들의 경제적 고통도 커졌다. 시민들은 은행과 투자기업, 그리고 경제 엘리트의 무차별 차입경영과 소비, 그리고 이러한 투기행위를 감독하기보다는 지원하고, 은행의 이익을 공유했던 정부와 정치인들, 정치시스템에 분노하였다.

(2) 키친웨어 혁명에서 나타난 다중운동의 요소

키친웨어 혁명의 시작은 2008년 10월 11일 한 가수가 아이슬란드 국회 앞에서 은행가들과 그들을 비호한 정치인들에 분노하는 노래를 부르는 것으로 시작되었다. 몇몇 시민들이 그 광경을 보고 모이게 되었고, 시민들은 그 모습을 SNS를 통해 공유하고 전파하였다. 수십 명이 수백 명으로 확대되면서, 매주 토요일에는 정부에 항의하고 수상과 내각의 사임을 요구하면서 정치 집회가 되었다. 이 집회는 아이슬란드의 추운 겨울 내내 지속되었다. 그리고 2009년 1월 20일, 국회가 한 달의 겨울휴가를 마치고 개회하는 날, 시민 수천 명은 냄비와 프라이팬, 그리고 북 등을 두드리며 금융자본의 비도덕성과 정부의 무능을 비판하는 집회를 시작했다. 키친웨어 혁명의 시작은 노조나 정당, 시민단체와 같은 조직에 의해 매개되지 않은 시민 개인들이 분노를 표현하기 위해 시작되었고, 광장에 모이면서 상승 동력을 얻은 다중운동이었다.

집회에 모인 시민들은 아이슬란드 경제시스템의 전환, 그리고 정치시스템의 변혁을 요구했다. 시민들은 복잡한 제도적 논의를 하기보다는 금융자본이 시민의 통제를 받지 않고 국가 GDP를 상회하는 대출을 하고, 결국에는 파산하여 그 짐을 국민에게 전가하는 경제시스템을 해체하라 요구했다. 또한, 금융자본을 관리감독하고 시민의 재산권을 보장해야 하는 정부와 정치시스템이 시민의 예금과 재산을 보호하지 못하고, 금융자본을 통제하지 못한 것에 분노하였다. 시민들은 자신의 재산권과 권리를 보장하는 정치시스템이 함께 모여 토론하였고, 새로운 정치 시스템과 제도를 요구하였다. 이러한 요구는 제도주의 학자나 정치적 고려를 하는 기득권 정치인의 현실론에 구속받지 않았다는 점에서, 구속받지 않는 변화에 대한 요구라는 점에서 혁명적이다. 시민의 이해에 반하는 것이라면 무엇이든 고쳐야 한다는 점에서, 그리고 시민의 의사가 정책에 직접적으로 반영되어야 한다는 점에서 혁명적이었다.

키친웨어 혁명은 저항가요에서 시작하여 SNS를 통해 공유되어 참여가 확대되었다는 점에서 즉자적이고 구성적인 과정이었다. 저항의 상징으로 키친웨어를 이용한 것은 조직이 아니라 시민이었다. 시민들은 광장의 저항운동에 참여하면서 경제 엘리트와 정치 엘리트의 비도덕성과 무책임에 사례와 내용은 공유하고, 대안을 형성해 갔다. 그리고 시민들은 수상과 내각의 사퇴와 새로운 총선을 요구하고, 나아가 새로운 공화국, 더 이상 경제 엘리트와 정치 엘리트가 시민들에게 무책임하지 않는 새로운 정치시스템을 스스로 만들었다. 모이고, 소통하고, 대안을 만든다는 다중운동의 즉자성이 키친웨어 혁명에서도 나타났다.

키친웨어 혁명은 기존의 경제시스템과 정치시스템에 대하여 비판적이고 분노하면서 동시에 경제개혁과 정치개혁의 대안을 만들고 민주적 절차를 따랐다는 점에서 다중운동의 창조적 긍정성을 보여주었다. 키친웨어 혁명은 분노를 노래로 표현하였으며, 경찰의 시위진압과정에서 충돌과 피해자가 발생하였지만, 수상이 사임하고, 야당이 내각을 구성하여 총선을 실시하게 하였다. 민주적 절차에 따라 적녹 연합의 정부가 출범하였다. 1944년 이후 수십 년간 지속되어온 아이슬란드 독립당의 지배체제, 1당 우위체제가 처음으로 적녹 연합의 정부로 교체되었다. 적녹 연합 정부는 시민들의 의사에 따라 결정하는 국민투표를 통해 경제정책의 기본방향을 잡았다.

또한, 시민참여형 헌법 개정을 통해 정치개혁을 추진하였다. 시민들과 새로운 정부는 과거의 문제에 대하여 비판적이면서, 동시에 창조적이고 대안적이며, 민주적 절차를 따라 협력하며 새로운 헌법을 만들었다.

키친웨어 혁명은 불평등한 경제적 정치적 질서를 극복하고 체제와 시민 사이의 벽을 허물었다. 그러나 키친웨어 혁명은 조직에 의해 선도되지 않는 시민들의 자발적인 참여과정이었으며, 변화에 대한 기대를 구속받지 않고 표출한 혁명적인 운동이었다. 또한 시민 개인들이 광장에 참여하고 소통하면서 대안을 형성하는 즉자적인 운동이었으며, 경제 엘리트와 정치 엘리트에 비판하면서도 사회적 공유의 경제와 시민 직접 참여를 확대한 정치와 그 대안을 형성했던 창조적 긍정성이 나타난 운동이었다. 이러한 점에서 키친웨어 혁명은 과거의 시민운동과 구분되는 다중운동이었다.

(3) 키친웨어 혁명의 정치적 결과: 정치시스템 변화로서의 헌법개정

헌법은 정치체의 정치시스템을 규정하는 법규범 중 가장 큰 규범이다. 2008년 10월 시작된 키친웨어 혁명은 광장의 저항을 통해 보수적인 독립당 소속 수상과 내각을 물러나게 하고, 적녹 연합의 야당이 수상과 내각을 구성하게 하였다. 또한, 조기 총선을 통해 1944년부터 2009년 초까지 의회에서 제1여당이었던 독립당을 야당으로 만들었다. 독립당에 의한 1당 우위체제는 보수당연합과 진보당연합 사이에 경쟁하는 다당제적 양당제 체제로 변화시켰다. 그리고 키친웨어 혁명이 주역인 시민과 적녹 연합은 헌법 개정을 추구했다. 키친웨어 혁명의 정치개혁의 대상은 정권교체, 정당체제변화,

그리고 헌법의 개정으로 이어졌다.

키친웨어 혁명에 의한 헌법 개정 과정에는 시민들이 주역이었다. 시민들은 아이슬란드의 경제위기는 기업의 행위를 사유재산권이라는 원리로 보호한 경제를 사회적 공유를 원리로 한 경제로 전환해야 해결될 것이라 생각했다. 또한, 인구 대표성보다 지역 대표성을 강조하여 농촌지역에서 과대 대표되는 선거규정을 바꾸어야 정부가 시민들의 소리에 귀 기울일 것이라 생각했다. 사회적 공유를 원리로 하고 선거에서 비례성을 높이는 원리를 새로운 헌법에 담고자 했다.

경제위기 극복과정과 정권교체 그리고 헌법 제정 과정에서의 시민의 참여가 두드러졌다. 은행이 외국계 은행으로부터 빌린 차입금을 국가가 지불해야 하는 상황에서, 시민들은 국민투표를 통해 지급정지를 지지하였다. 키친웨어 혁명에 의한 총선은 헌법 개정이 주된 쟁점이었고, 시민들은 헌법 개정을 공약한 적녹 연합이 집권하게 하였다. 또한, 적녹 연합의 정부는 국민투표의 결과에 따라 경제정책을 펼쳤다. 헌법 개정을 위해 2009년 1,500명의 국민회의(National Assembly)를 소집했다. 1,200명은 추첨을 통해 선정하였고, 300명은 기업, 단체, 기관에서 선출하였다. 162개의 실무소회의를 구성하여 토론하고, 통합, 정직, 평등, 존경, 정의, 사랑, 책임, 지속가능성, 민주주의, 신뢰와 같은 헌법의 가치를 도출하였다. 1,200명은 18세부터 88세까지 세대 다양성을 반영했고, 6개 광역지역별 인구비례를 반영하였고, 남녀 비율도 반영했다. 국민의회는 헌법 개정의 주요 원리와 의제를 도출하였다. 2010년에는 15명의 헌법회의(Constitutional Assembly) 의원을 선출했다. 헌법회의 선거는 아이슬란드 헌법과 법률 규정에 존재하지 않는 조직이다. 그러나 국민회의에서 수렴된 원칙을 헌법에 반영하기 위한 시민의 위임을 받은 조직이었다. 전국에서 500명의 후보가 출마하여, 36%의 투표율을 통해 15명의 남성과 10명의 여성이 선출되었다. 헌법회의는 국민회의가 도출한 헌법의 원칙들인 자원의 사회적 소유와 선거에서의 비례성 제고 등을 조문으로 구현하는 것을 위임받았다. 아이슬란드 법원은 이 조직과 선거가 법 근거가 없다고 판결하였지만, 의회가 25명의 의원을 임명함으로써 실정법적 정당성 문제를 해결했다. 헌법회의는 2011년 2월 임명받아 같은 해 7월 헌법초안을 의회에 제출했다. 국회는 이 초안을 심의하여 최종안을 만들었고, 2012년 10월에 국민투표를 하였다. 국민투표 역시 헌법적 근거가 없었다. 아이슬란드에서의 헌법 개정은 국회의 과반수 의결로 결정하며 국민투표의 절차는 없다. 다만 적녹 연합의 정부는 시민의 요구에 따라 국민투표를 실시했다. 67%의 국민이 새로운 헌법에 찬성하였다. 그러나 헌법개정안은 국회에서 야당의 무제한 토론(필리버스터)로 통과되지 못하고, 2013년 총선으로 이어졌다. 2013년 총선에서는 아이슬란드가 유럽회원국으로 가입할 것인지 여부가 쟁점이 되어 헌법개정안을 반대했던 보수당의 독립당과 대중주의 정당 진보당(Progress Party)이 승리하면서 헌법안은 2018년 5월 현재까지 보류되고 있다. 그러나 국민회의 헌법회의, 그리고 국민투표로 이어지는 과정에서 온/오프 시민의 주도가 두드러졌다.

헌법개정안에는 시민참여형 정치개혁이 담겨있다. 먼저, 선거에서의 인구 비례성의 실현이다. 1인 1투표의 평등가치의 실현이다. 기존 헌법에는 전국의 6개 비례선거구가 인구격차가 있음에도 일

률적으로 9명을 선출하게 하였다. 1~2명을 조정의석으로 반영하였지만, 농촌이 과대 대표되는 문제를 해결하지 못했다. 헌법에 1인 1투표의 원리 반영은 농촌을 대표하는 농민당의 후신인 진보당과 보수당의 의석을 낮출 가능성이 있다. 하지만, 농촌 과대 대표 선거체계가 도시에 살고 있는 시민들의 정치적 의사표출을 구속하고 있었기에 1인 1투표의 표등가치 실현은 구속의 해체에 해당한다. 두 번째는 루터교에 의한 국가종교로부터의 자유를 의미하는 종교의 자유이다. 세 번째는 수상의 임기를 10년으로 제한하고, 대통령의 임기를 3선으로 제한하며, 내각의 장관 수를 10명 이내로 하고 국회의원이 장관 겸직을 금지하는 것이다. 네 번째는 천연자원이 개인의 사적 소유가 아닌 국가소유임을 명시하는 조항이다. 이외에 국가가 시민에게 인터넷 접근 권리를 보장하는 것, 유권자 15%의 서명으로 국민발안을 가능하게 하는 것이 포함되었다. 이 조항들은 시민의 재산권, 참정권, 자유권을 강화시키는 동시에, 정부와 기업에 의한 지배를 축소하는 효력을 미친다.

(4) 헌법 개정으로 이어진 정치개혁의 네 가지 원인

첫 번째 원인은 경제위기의 발생과 정치기구의 대응 실패라는 두 가지 모순의 중첩이다. 시민들은 소위 국책은행이라 할 수 있는 세 개의 대형 은행들이 벌인 투기행위로 인해 예금을 찾지 못하고, 물가가 오르며, 소득가치가 내려가는 경제위기에 처하게 되었다. 더욱이 보수적인 독립당이 구성한 정부는 금융자본이 벌이고 있는 투기행위를 감독하지 못하고, 오히려 지원하였다. 시민들은 경제적 불만과 정치적 불통에 분노하였다. 그리고 이러한 현실의 극복, 구속의 해방과 정치적 자유를 얻기 위해서는 경제적으로 자원의 사회적 소유와 정치적으로 농촌이 과대 대표되지 않고 평등하게 대표되는 새로운 정치 시스템이 필요하다는 결론에 도달하게 되었다. 대다수 시민들과 정치권의 야당(적녹 연합)은 경제개혁과 정치개혁을 달성하기 위해 정권교체, 국민투표, 그리고 헌법 개정을 달성하려 했다.

두 번째 원인은 키친웨어 혁명에 참여한 참석자들의 포괄성이다. 키친웨어 혁명의 주체는 좌와 우 그리고 중도를 포괄한다. 2009년 5월부터 8월에 거쳐 실시된 설문조사에 의하면 키친웨어 혁명의 시위에 참여한 시민들의 이념분포가 매우 넓게 분포한다. 전체 1385명 중 223명이 키친웨어 혁명에 참여하였다. 223명이 자기기입 이념 수준을 나타낸 결과를 아래의 표로 나타냈다. 중도를 중심으로 좌와 우가 균등하게 펼쳐져 있다. 이러한 포괄적 분포는 스페인의 15M과 한국의 촛불집회의 참여자들의 사례에 비교된다.

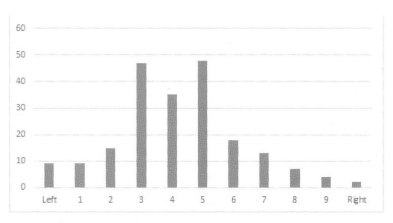

※ 출처: The Social Science Research Institute(2009)

<그림 1> 키친웨어 집회의 참여자 이념분포

그러나, 2013년 총선에서 보수적인 독립당과 대중주의 정당인 진보당인 승리하여 내각을 구성하게 된다. 이러한 결과는 아이슬란드가 유럽연합에 가입할 것인가라는 새로운 문제가 선거에서 쟁점이 되었기 때문이다. 키친웨어 혁명을 주도했던 시민들은 소위 신자유주의 경제 질서에 반대하였지만, 이러한 반대가 곧 좌파 사회주의적 공유 질서를 목표로 한 것은 아니라는 의미로 해석할 수 있다.

다중운동이 헌법 개정 절차로 확대된 세 번째 원인은 지배집단이 신자유주의 경제 질서에 기반을 둔 경제 엘리트와 보수적인 독립당의 내각이 결합되어 있었기 때문이다. 키친웨어 혁명의 분노의 대상은 신자유주의 경제 질서와 이를 지원하는 보수적인 지배체제, 즉 독립당의 1당 우위체제였다. 그리고 그 뿌리에는 농촌의 과대 대표 체계였다. 경제 질서에서 사회적 소유권을 강화하고, 정치에서 도시와 농촌의 평등한 대표를 위해서는 헌법의 개정이 필요하다는 점에 다중운동의 주체들은 도달한 것이다.

네 번째 원인은 온라인과 오프라인 소통의 결합이 헌법 개정까지 지속된 점이다. 국회 앞 광장에서 키친웨어 혁명의 시작은 페이스북을 통한 SNS 연결로 가능했다. 그리고 헌법 개정을 위한 국민회의 1,500명의 소통과, 국민회의가 시민들과 하는 소통은 온라인과 오프라인을 통해 이루어졌다. 162개의 오프라인 실무회의와 온라인을 통한 의견수렴이 그것이다. 그리고 25명의 헌법회의의 활동단계에서도 온라인과 오프라인 소통은 계속 지속되었다.

2) 스페인 15M 운동

(1) 발생의 배경

2011년 5월 22일 스페인의 지방선거일 7일 전 15일에 마드리드시의 광장(Puerta del Sol)에서 점거운동이 일어나기 전, 스페인에는 여러 유형의 저항과 시위와 집회가 있었다. 2003년 이라크에의 파병 반대, 2006년의 도시 주택의 문제에 대한 분노 집회였다. 그리고 2009년과 2010년에 인터넷에서의 저작권을 강화하고 정보 접근권과 자유를 제한하는 법률(the Sinde Law) 제정 반대 시위가 대표적이었다.

2004년과 2008년 총선에서 시민들은 긴축재정에 반대할 것을 공약으로 한 사회주의 정당(Spain Social Worker's Party)을 지지하였다. 사회주의 정당은 보수적인 국민의당(People's Party)으로부터 정권을 이전받았다. 그런데 새로운 정부는 IMF의 구조조정을 수용, 구조조정과 공공복지의 축소를 추진하였다. 시민들은 사회주의 정부에 대한 분노를 표출하게 되었다. 아이슬란드의 키친웨어 혁명과 2011년 1월 이집트의 타흐리르 광장의 점거시위도 영향을 미쳤다.

2011년 초 실업률 22%, 청년실업 47%, 그리고 신자유주의 세계화에 의한 대규모의 민영화, 공공의료의 붕괴, 교육지원 예산의 축소, 빈부의 양극화로 시민들의 분노는 커졌다. 금융위기로 인한 양극화와 1%를 제외한 99% 시민들의 경제적 어려움, 정치적으로 99%의 시민을 대표해야 할 정부가 시민의사에 반하는 정책을 펴는 정부에 대한 분노가 스페인 15M 운동의 배경이었다. 그리고 시민들은 경제의 근본적인 변화와 정치개혁을 요구하였다.

(2) 15M 운동이 다중운동인 이유

15M 운동은 조직에 의해 매개되지 않은 운동이었다. 인터넷의 자유를 주장했던 개인들과 네트워크 조직들은 "바로 이곳에서 민주주의를(Real Democracy Now!)"이라는 온라인 네트워크를 만들고, 2011년 5월 15일 집회 모임을 제안했다. 이 제안을 보고, 다양한 개인들이 광장으로 모였다. 경제현실에 고통당하고 정부에 분노한 개인들은 누구나 광장에 모였다. 마드리드에 5만 명, 바르셀로나에 2만 명 등, 여러 도시에 개인들이 모여 경제 엘리트와 정부에 분노를 표출했다.

마드리드 시에서는 15일 집회를 마친 후, 저녁에 광장에 모인 개인들은 광장에서 밤을 지새우기로 했다. 지방선거가 1주일 남았기 때문에, 문제를 해결하겠다는 의지와 서로에 대한 이해와 소통을 위해 광장에서의 철야가 시작되었다. 물론 광장 철야는 2011년 1월 25일 이집트의 타흐리르(Tahrir) 광장 시위를 모방했다. 이집트 대학의 한 여대생이 이웃의 고통을 더 이상 견딜 수 없어 혼자라도 광장에 나가 시위하겠으며, 이것을 보는 누구든지 함께 할 것을 요구한 유튜브 동영상이 시위를 촉발시켰다. 이처럼 15M 운동의 시작과 광장 점거는 개인들이 블로그와 SNS를 통해 네트워크인 "Real Democracy Now"를 만들고, 이 망을 통해 시위를 시작했다. 그리고 광장에 모인 사람들이 철야를 제안하고 동의하여 광장 점거 시위는 시작되었다.

분노자들 운동은 대의제를 비판하고 시민참여를 강조했다는 점에서 혁명적이다. "Real Democracy Now"의 선언문에는 소수의 은행가들을 비호하는 정치계급(political class)을 비판하고, 진보-보수의 양당 체제를 "정당주의 독재(partytocratic dictatorship)"로 명명한다. 그리고 시민들의 목소리가 반영되는 정치제도, 그리고 대다수 시민의 삶의 질을 높이는 경제정책을 위한 시민참여 확대를 주장했다(Castells 2012, 112). 그리고 Castells는 분노자들 운동이 혁명적인 이유가 혁명적 결과를 만드는 과정, 참여하고 있는 시민들의 자기 성찰의 과정을 결과보다 중요하게 여기게 되었다는 점에서 찾는다(ibid, 141). 과거의 사회운동이 새로운 정부(대의제)를 세우는 것이 혁명이라 개념정의 했다면, 15M 운동은 혁명의 개념조차 혁명적으로 바꾼다. 변화가 혁명이며, 성찰과 대안을 찾는 과정, 시민들이 직접 정치체를 운영하는 대안을 모색하고 현실을 비판하는 과정이 혁명의 의미라고 재정의한다. 그리고 이러한 결과는 2014년 포데모스 정당이라는 새로운 네트워크 기반 온/오프 정당의 등장으로 구현되었다.

분노자들 운동은 즉자적인 운동이었고, 광장은 집단지성의 장이었다. 제안들이 나오고 끊임없이 문제들이 재정의되는 역동적인 소통의 장이었다. 또한, 시위에는 깃발이 없었고, 시민들은 새로운 자유와 연대의 공기를 느낄 수 있었다. 지금의 상황을 "위기"라 느끼는 시민 누구나 참여하여 자신들의 분노와 정당성을 서로 공감했다. 분노를 표출하는 방법은 다양했다. 노래와 유머 등 문화적인 방법들이 광장에서 표현되었다. 정부가 시민들의 여론과 국민투표 결과를 수용하지 않고, 연금을 축소하고 구조 조정하는 것을 행위예술로 표현했다. 우리는 은행가들과 정치인이 우리의 요구를 진지하게 수용할 때까지 비웃을 것이라는 의미의 "We 'll laugh at you(bankers and politicians) until you take us seriously"의 비웃음

집회도 있었다.

15M 운동은 광장을 새로운 소통의 공간으로 창조했으며, 광장에서 근본적인 개혁을 논의하였다. 15M 운동은 대안 정당이나 정책이 아닌, 근본적인 개혁, 정치와 경제 질서의 개혁을 광장에서 논의했다. 2011년 11월에 예정된 총선에서 현재의 집권당인 사회주의 정당에 대한 지지를 철회하고 보수당인 국민의당을 지지하는 것은 의미가 없다고 여겼다. 공과 사를 구분하는 이분법을 해소하는 공동체는 무엇인가? 투표 외의 방법으로 공동체의 의사를 결정하는 방법은 무엇인가? 대표 없는 조직, 대의제가 아닌 직접 참여와 표현의 민주주의는 무엇인가에 대하여, 그리고 비폭력과 상호존중의 시민의식에 대하여 논의하였다(Castells 2012, 127). 그리고 광장은 서로 소통하고, 생활하기 위한 시설들을 스스로 만들었다. 먼저, 광장은 시민들이 모이고, 자신들의 행동과 의견을 공개할 수 있는 장소이다. 광장은 많은 사람(public)이 공동체의 일을(common affairs) 하는 장소이다. 광장에서는 생활하는 장소와 다양한 서비스를 제공하는 장소로 구획되었다. 총회로 모이는 장소, 하루 세끼 식사를 제공하는 곳, 공부하는 곳과 소규모 토론하는 곳, 미디어 센터 등이 만들어졌다.

(3) 정치개혁: 정당체제의 변화

15M 운동의 정치적 결과는 중도좌파를 지향하면서, 대중주의 정당으로 평가되는 2014년 포데모스 정당의 창당이었다. 또한, 15M 운동의 참여자 중 중도를 지향하는 자유주의자 성향의 참여자들은 시민당으로 일컬어지는 시우다다노스 정당을 지지하였다.

2011년 15M 운동이 있기 전, 스페인은 보수적인 국민의당 (People's Party)과 좌파 정당인 스페인 사회주의 노동자당(Spain Social Worker's Party)의 양당 체제였다. 2011년 총선까지 두 정당의 득표율은 70% 이상이었고, 의석률은 90%에 육박했다. 그런데 15M 운동 이후 포데모스 정당과 시민당에 대한 지지가 형성되면서, 스페인의 정당체제는 양당제에서 다당제로 변화했다. 포데모스 정당은 의회 내 제2당과 대등한 득표율을 보였다.

<표 1> 스페인 총선 주요정당 득표 결과

연도	국민의당		사회당		포데모스		시민당	
	득표율	의석률	득표율	의석률	득표율	의석률	득표율	의석률
2000	44.5	52.3	34.2	35.7				
2004	37.7	42.3	42.6	46.9				
2008	39.9	44.0	43.9	48.3				
2011	44.6	53.1	28.8	31.4				
2015	28.8	35.1	22.0	25.7	20.7	19.7	13.9	11.4
2016	33.0	39.1	22.6	24.3	21.2	20.3	13.1	9.1

※출처: 위키피디아 자료를 분석하여 작성함

포데모스 정당과 시민당은 모두 2011년 분노자들 운동을 계기로 창당하거나 영향력을 확대하였고, 시민참여를 정당 운영의 근본원리로 반영하였다. 지역별 조직에 기반한 오프라인 모임과 온라인 플랫폼을 통한 소통과 의사결정은 포데모스의 대표적인 특징이다. 특히, 포데모스 정당은 스페인의 수도인 마드리드 지방선거에서 승리하여 집권을 하였다. 그리고 "Decide Madrid"라는 주민참여 예산제 온라인 플랫폼을 도입하여 운영하였다.

(4) 정당체제의 변화를 가져온 원인

분노자들 운동은 신자유주의 세계화로 인한 유럽의 금융위기로 인한 경제위기와 경제위기에도 불구하고 긴축재정을 펼치지 않겠다고 약속한 사회주의 정부의 공약 위반이 결합되어 발생하였다. 47%에 달하는 청년실업과 의료보험지원의 축소, 그리고 부동산 위기로 인한 주거의 문제까지 겹치면서 시민들은 정부와 경제 엘리트에 분노하였다. 경제 위기와 정부의 실패가 15M 운동의 배경이었다.

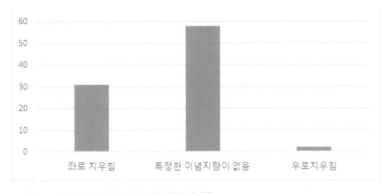

※ 출처: Castells(2012, 117)의 자료를 활용하여 작성함

<그림 2> 15M 운동에 대한 이념 평가

분노자들 운동의 참여자들은 좌파와 우파에 치우지지 않는 이념적으로 중도파였다. 2011년 시점에 실시된 여론조사에 의하면, 시민들은 분노자들 운동이 특정한 이념적 지향이 없다는 것에 다수가 동의하였다. 좌파에 기울어 있다는 대답이 30%, 우파로 기울어 있다는 대답이 소수 있었다. 운동은 이념적 중도층을 중심으로 하며, 좌파성향의 시민들이 참여하였다. 이러한 이념적 구성은 좌파성향

의 포데모스 정당과 중도파 성향의 시민당의 정치적 세력화로 이어졌다.

운동이 일어나는 2011년에는 사회주의 정당이 집권하고 있었다. 시민들은 사회주의 내각의 긴축재정 정책에 반대하였다. 2011년 총선에서 시민들은 보수당과 사회주의 정당 모두를 신뢰할 수 없었다. 투표율은 2008년 73.8%에서 2011년 68.9%로 하락했다. 이러한 하락은 사회주의 정당에 대한 지지자의 지지철회였다. 결과적으로 보수당인 국민의당 득표율이 높아져 제1당이 되었다. 2015년 총선에서는 시민참여를 공약한 포데모스 정당과 시민당이 창당하고 제3당과 제4당이 되었다. 분노자들 운동에 참여한 시민들은 보수당과 사회주의 정당 좌·우 정당에 대한 지지를 접고, 새로운 시민참여 정당을 선택하였다.

분노자들 운동은 광장에서 토론하고, 온라인 미디어를 통해 정보를 공유하였다. 그리고 이러한 온/오프라인 소통은 포데모스 정당의 창당과정에서 중요한 역할을 하였다. 지역모임인 클럽은 온라인과 오프라인을 통해 조직을 형성하고, 클럽들은 전국적으로 네트워크로 연결되었다. 그리고 중앙당은 온라인 의제 제안과 투표를 통해 정당의 강령을 결정하고, 대의원과 당대표를 선출하였다. 포데모스 정당과 시민당은 온/오프라인 소통을 통해 시민의 직접적인 정당 활동 참여를 제도화한 정당이다.

3) 한국 촛불집회

(1) 발생의 배경

촛불집회의 참여자들은 헌법과 같은 규율과 제도를 존중한다는 면에서 "규율된 정치참여" 혹은 "자치(self-governing)"의 성격이 컸다고 볼 수 있다. 그리고 두 번째는 규율된 정치참여의 기반은 "폭발적인 정치정보의 유통"이라 할 수 있다. 2016년 10월 24일 JTBC 뉴스에 의해 공개된 태블릿 pc와 그 안의 정보들, 그리고 그 정보가 갖고 있는 국정농단의 사례, 그리고 태블릿 안에 담겨져 있던 내용에 대한 전문가와 일반 시민들의 무수한 해석과 재해석들, 그리고 새로운 정치와 정책정보, 그리고 새로운 관점의 해석들이 인터넷을 통해 소통되고 확산되었다.

촛불집회는 정치적 불통과 최순실 국정농단이 직접적인 원인이 되었다. 먼저 촛불집회를 시작한 주체는 전국 550여 개 시민 사회 단체로 구성된 민중총궐기투쟁본부였다. 2016년 9월 10월 백남기 농민의 죽음을 계기로 국가 폭력에 항의하는 집회와 민주노총이 주도하는 범국민대회가 개최되었다(박찬표 2017, 192). 10월 24일 JTBC에서 태블릿 PC를 근거로 국정농단을 보도하면서 민중운동에서 시민운동으로 성격이 변화되었다. 촛불집회에 일반 시민들이 참여하게 되었다.

촛불집회는 앞에서 설명한 두 사례와 다르게, 정치위기가 발생의 원인이었다. 넓은 의미에서 양극화, 청년실업 등도 불만의 토대가 되었지만, 촛불집회에서 직접적인 원인은 되지 못했다. 이에 대하여 박찬표(2012)는 촛불집회가 박근혜 탄핵이라는 주장에 대해서는 대부분 일치하였으나, 사회경제적 이슈에 대해서는 서로 다른 입장과 의견을 갖고 있었음에 주목한다. 특히 민중운동세력과 시민운동세력 사이의 거리가 해소되지 않았다고 본다.

(2) 다중운동으로서의 촛불집회

다중운동은 매개되지 않는 운동, 혁명적인 변화를 추구하는 운동, 현장에서 구성되는 즉자성, 그리고 비판에 머물지 않는 창조적 긍정성이 나타나는 운동이었다. 촛불집회는 제1차부터 제3차까지 민중총궐기운동본부가 주최하였다. 민중총궐기운동본부는 전국 550여 개 시민·사회단체로 구성되었고, 한국노총, 민주노총 등 조직 단체가 참여하였다. 제4차 촛불부터 '박근혜 정권퇴진 비상국민행동'이 주최하였다. 촛불집회는 초기에 조직적인 시민단체가 매개한 운동으로 시작되었다. 그러나 집회에 참여하는 시민이 늘어나면서 촛불집회는 비조직된 시민들, 네트워크화된 다양한 시민들이 참여하면서 다중운동의 성격을 보였다.

촛불집회는 박근혜 대통령 하야, 최순실 구속 등 정치구호가 중심을 이루었으며, 국회의 대통령 탄핵소추를 주장하였다. 정권에 대한 반대가 핵심적인 주장이었다. 또한, 헌법 제1조의 민주공화국 조항을 근거로 하였다는 점에서 헌법에 근거한 정권 교체를 주장하였다. 따라서 혁명적 변화보다는 정권의 교체에 목적을 두었다고 할 수 있다.

촛불집회에서는 다양한 형태의 퍼포먼스가 나타났다. 또한, 많은 집회를 통해 다양한 의견들이 제시되고 발표되었다. 그러나 참석자의 소통을 통해 대안을 양성해 가는 과정보다는 대통령 하야라는 단일 목적중심의 운동 전략이 강조되었다. 촛불집회는 다른 사례와 달리 정권에 대한 저항운동으로 시작하였고, 대통령의 탄핵을 목적으로 단일한 활동이 그 특징이었다. 다만, 다양한 계층의 많은 시민들이 참여하고, 자유롭게 자신의 의사를 비조직적으로 표현하였으며, 비폭력적이고 준법의 질서를 따랐다는 점에서 과거의 사회운동과 차이를 보인다. 또한, 과거의 민주화운동이나 시민운동과 다르게 비폭력적이며 절차적 민주주의를 따랐다. 특히, 대통령에 대한 탄핵소추 주장과 헌법재판소를 통한 탄핵심판을 주장한 것이 대표적이다. 대통령의 하야보다 헌법의 절차에 의한 대통령 탄핵을 주장하였다.

(3) 정치개혁으로서 정권 교체

촛불집회는 정치적 결과물로서 정권교체를 가져왔다. 박근혜 대통령이 탄핵되고, 5월 조기 대선을 통해 문재인 후보가 대통령에 당선되었다.

촛불집회는 정당체제의 변화를 주장하기보다는 정권을 비판의 대상으로 하였다. 보수당인 새누리당을 비판하되, 보수당의 전체를 비판하기보다는 박근혜라는 특정 대상에 집중하였다. 촛불집회에서 정당체제의 변화는 주장되지 않았다. 또한, 헌법 개정의 요구로 발전하지 않았다. 오히려 헌법은 박근혜 대통령을 탄핵하는 근거가 되었다.

촛불집회는 시민참여를 확대하는 정치질서의 변화보다는 정권의 교체, 그리고 신자유주의에 의한 경제 엘리트의 개혁보다는 박근혜 정부의 경제정책 실패를 비판하였다. 정권교체에 수많은 이슈들이 희석되어 집회의 과정에서 다양한 이슈가 제기되었을 뿐, 다양한 이슈가 소통되고 종합되는 단계로 나아가지 못했다.

(4) 민중운동, 시민운동, 다중운동의 동시성

촛불집회는 2015년에 시작한 민중총궐기 대회가 2016년에 이어지고, 촛불집회와 결합되었다. 또한 수백여 개의 진보적인 시민운동단체들이 조직적으로 결합한 시민운동의 모습도 나타났다. 마지막으로 다양한 시민들이 자유롭게 자신의 의사를 표현하면서 조직에 의해 매개되지 않으면서 참여하는 다중운동의 특성도 나타났다.

다중운동은 온라인과 오프라인을 통한 참여와 개방, 그리고 소통을 통해 대안을 양성하는 특징을 보인다. 그러나 촛불집회에서는 이러한 대안 양성의 과정이 명확히 나타나지 않았다. 그 결과 외국의 다중운동이 경제 질서와 정치 질서의 근본적 개혁을 기대하고 대안을 모색했던 모습과 다른 점이 나타났다. 촛불집회는 박근혜 대통령의 탄핵이라는 단일한 주장에 집중되었다. 그 결과, 촛불집회는 정권의 교체 이외에 새로운 정당의 등장을 통한 정당체계의 개편이나, 헌법 개정을 통한 새로운 질서의 수립으로 나아가지 못하고 있다.

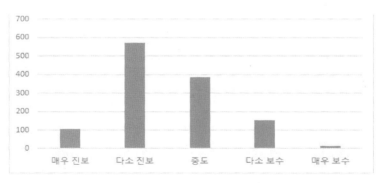

※ 출처: 장우영(2017)

<그림 3> 촛불집회 참가자 이념 분포

촛불집회에 참여한 주체는 이념적으로 진보에 편향되어 있다. 이것은 다른 나라의 사례와 달리 촛불집회가 맞불집회라 할 수 있는 태극기 집회와 동시에 존재했었다는 점과 연계된다. 촛불집회의 참여자들은 이념적 편향과 정치적 편향을 갖고 있었다. 촛불집회가 정당체계의 변화나 헌법 개정을 중심 동력으로 전환하지 않은 이유는 발생의 배경이 정치의 위기 특히, 박근혜 정부의 정책실패에 기인하였기 때문이며, 촛불집회의 주체가 이념적으로 편향되어 있어서 좀 더 큰 규모의 정치개혁으로 나아가는 힘으로 작용할 수 없었다는 점이다. 헌법 개정이나 선거법과 정당체계의 변화는 촛불집회의 안티테제인 보수적인 정당과 보수적인 시민들의 동의 없이는 실현되기 어렵다. 촛불집회의 목표를 박근혜 정부 퇴진으로 명확히 하였지만, 체제 변화를 위한 폭 넓은 개혁세력의 조직화로 이어지지 못했다.

5. 결론

다중운동은 연령, 성별, 이념, 직업 등을 달리하는 다양한 개인들이 광장이라는 오프라인 공간과 인터넷 미디어라는 온라인 공간을 연결하여 소통하면서 네트워크화된 집합 정체성을 형성하여 변화를 추진하는 사회운동이라 할 수 있다. 아이슬란드의 키친웨어 혁명과 스페인의 15M 운동, 그리고 한국의 촛불집회는 다양한 개인들이 조직으로 매개되지 않고 스스로 참여하고 운동의 목표를 성취해 나갔다는 점에서 다중운동의 특성을 보였다.

그런데, 다중운동은 개혁 과제에 대한 포괄성, 주체의 규모, 정치적 기회구조에 대한 인식, 그리고 온/오프 결합 수준에 따라 정치개혁의 범위에 영향을 미쳤다. 다중운동이 정치위기에 초점을 두었을 때, 권력변동에 초점을 두어서 사회경제적 개혁은 후순위로 두었다는 점이 한국의 촛불집회 사례에서 확인할 수 있었다. 다중운동은 정치위기와 함께 경제위기가 동시에 주어졌을 때, 그리고, 사회경제적 해법에 대한 다중들의 토론이 이어질 때, 더 넓은 개혁으로 나갈 수 있다. 아이슬란드의 헌법 개정의 노력과 스페인의 포데모스 정당의 등장과 정당체제의 개편에서 확인할 수 있었다. 권력의 교체에만 초점을 맞춘 다중운동과 사회경제적 모순과 정치의 실정을 동시에 해소하려는 다중운동은 참여의 주체의 포괄성과 개혁의 범위, 그리고 소통의 시공간적 범위에서 차이가 있었다. 키친웨어 혁명은 '금융투기자본에 대한 통제'와 '정부의 경제 통제권 강화 및 시민대표성 확대'로 이어졌다. 스페인의 15M 운동은 '신자유주의 구조조정의 반대'와 '정당주의 독재에 대한 저항'이었고 결국 시민참여형 새로운 정당의 등장과 다당 체제로의 전환이었다. 반면에 한국의 촛불집회는 '박근혜 탄핵과 최순실 국정농단'을 초점으로 하였고, 대통령의 탄핵결정으로 일단락되었다.

둘째, 좌파로 편향되거나 우파로 편향된 다중운동은 정권교체 이상의 정치개혁으로 확대되기 어렵다. 한국의 촛불집회가 태극기 집회와 대립관계로 나타났다. 촛불집회는 좌파정부의 지지를 강화하는 효과는 발휘하였으나, 헌법 개정이나 정당체제의 변화로 이어지지 못하고 있다. 스페인의 분노자들의 운동은 포데모스 정당과 시우데다다노스 정당이라는 새로운 정당의 창당으로 이어졌다. 그리고 스페인의 정당체제를 양당 체제에서 다당 체제로 변화시켰다. 아이슬란드의 키친웨어 혁명은 경제체제와 정치체제를 모두 바꾸는 헌법개정절차로 이어졌다.

셋째, 다중이 인식하는 정치체제의 폐쇄성이 클수록 정치개혁의 범위는 확대된다. 촛불집회에서 운동의 주체들은 반 박근혜라는 집단적 인식 틀을 형성하였다. 그리고 박근혜 정부의 폐쇄성에 저항하였다. 그 결과 촛불집회는 박근혜 대통령의 퇴진과 문재인 대통령의 등장이라는 정권교체를 가져왔다. 스페인의 분노자들의 운동은 양당 체제에 대한 저항이었다. 경제위기를 불러일으킨 장본인은 좌-우 야당 카르텔 체제라 인식하였고, 양당 체제의 폐쇄성에 저항한 것이었다. 아이슬란드의 키친웨어 혁명은 1944년부터 지속되어 온 헌법에 근거한 헌법체제에 대한 저항이었다. 아이슬란드의 헌법 개정 과정에서는 선거시스템을 변화하여 비례성을 높이고, 법안의 국민발의제를 도입하는 등 시민참여형 국가로의 전환이 담겨있다.

넷째, 다중운동이 온라인 정보 소통뿐 아니라 광장에서의 오프라인 공론장 형성을 통해 정치개혁으로 이어졌다. 다중운동이 오프라인 공론장 형성에 성공할수록 정치개혁의 범위와 대상은 확대되었다. 아이슬란드의 키친웨어 혁명은 광장의 오프라인 소통을 통해 헌법 개정을 시도하였다. 스페인의 분노자들의 운동은 광장에서의 소통을 통해 운동의 목표를 합의하였고, 이러한 합의는 2014년 포데모스 정당의 창당으로 이어졌다. 그리고 포데모스 정당은 온라인과 오프라인 소통을 결합하는 네트워크 정당으로서 자리매김하였다. 포데모스 정당의 등장으로 스페인의 정당체제는 다당 체제로 변화하였다. 한국의 촛불집회는 광장에서 토론을 전략적으로 제한하였다. 박근혜 퇴진이라는 목표달성을 위해 전략적으로 논의를 집중하였다. 이 전략은 정권교체라는 목표를 이루는 데 도움이 되었다. 하지만 정치개혁의 폭을 넓히는 데에는 기여하지 못했다.

정치개혁의 범위는 다르지만, 세 사례의 다중운동은 시민참여형 정치개혁의 원인이었다. 네트워크 사회에 시민들은 네트워크화된 개인들이며, 스마트 시민이고, 언제든지 집단지성을 통해 공유하고 참여할 수 있는 정치적 주체인 다중이 되었다. 정치적 참여 주체인 다중이 등장한 현 시대에 선거참여라는 제한된 역할만을 부여하는 대의제 중심의 정치체제는 저항에 직면할 수 있다. 다중의 참여와 소통이 공적으로 그리고 상호 견제를 통해 공론화로 이룰 수 있도록 하는 방향으로의 정치개혁이 요구된다. 정부는 시민과의 협력과 시민참여를 더욱 확대하여 시민참여형 정치개혁을 완성하여, 다중이 갖고 있는 민주주의와 사회정의를 향한 동력을 건설적으로 제도화할 필요가 있다.

참고문헌

김만권. 2018. "대한민국 '도래할' 헌법의 정치철학: '새로운 시작'과 '인민헌
　　정주의'."『철학』135집, 129-157.

김범수·장우영. 2018. "온라인 기반 시민참여 정치의 탐색적 연구: 14개 국
　　내외 사례 비교 분석."『동서연구』30권 1호, 5-30.

김성일. 2017. "광장정치의 동학: 6월 항쟁에서 박근혜 탄핵 촛불집회까지."
　　『문화과학사』89집, 146-168.

민병기. 2017. "사회운동 기반의 정당 등장과 정치적 기회구조."『한국정치학
　　회보』51집 1호, 207-231.

박용일. 2008. "6월 항쟁, 절반의 성공."『내일을 여는 역사』33권, 85-99.

박찬표. 2018. "촛불과 민주주의: 촛불 시위에서 드러난 한국 시민사회의 장점과
　　한계." 최장집·박상훈·서복경·박찬표·박상훈.『양손잡이 민주주의:
　　한 손에는 촛불, 다른 손에는 정치를 들다』, 173-252. 서울: 후마니타스.

서유경. 2012. "한나 아렌트의 정치사상에 비춰 본 1987년 이후의 참여 민주
　　주의."『국제정치논총』52집 3호, 227-256.

손호철. 2017. "6월 항쟁과 '11월 촛불혁명': 반복과 차이."『현대정치연구』
　　10권 2호, 77-97.

송경재. 2018. "다중의 등장과 민주주의 심화: 2016~2017 촛불집회를 중심
　　으로."『한국지방정치학회보』8집 2호, 1-27.

신진욱. 2013. "사회운동의 문화, 정체성, 프레이밍." 김동노 외.『한국의 사
　　회운동』. 서울: 다산출판사.

윤성이. 2013. "소셜 미디어와 정치참여." 조화순.『소셜 네트워크와 선거』.
　　177-201. 파주: 한울아카데미.

이항우. 2012. "네트워크 사회운동과 하향적 집합행동."『경제와 사회』, 봄호
　　(통권 93호), 244-274.

장우영. 2010. "네트워크 개인주의와 시민저항: 2008년 촛불집회를 사례로."
　　『한국정치연구』19집 3호, 25-55.

장우영. 2017. "2016년 촛불시위 참가자들의 특성과 대선의 함의." 사이버

커뮤니케이션학회 춘계학술대회. 서울. 5월.

정병기. 2017. "68혁명운동과 비교한 2016/2017 촛불집회의 비판 대상과 참가자 의식."『동향과 전망』가을·겨울호(통권 101호), 261-291.

정태석. 2015. "분산하는 사회운동과 접합의 정치."『경제와 사회』봄호(통권 105호), 37-63.

최재훈. 2015. "온라인을 매개로 한 사회운동의 가능성과 한계: 촛불집회의 사회운동론적 의의에 대한 재고찰."『사회연구』통권 28호, 69-114.

Castells, Manuels. 2012. *Networks of Outrage and Hope.* Cambridge: Polity Press.

Dalton, Russell J.. 1995. "Strategies of Partisan Influence: West European Environmental Groups." In *The Politics of Social Protest: Comparative Perspectives on States and Social Movements,* edited by J. Craig Jenkins and Bert Klandermans, 296-323. London and New York: Routledge.

Gamson, W.. 1992. "The Social Psychology of Collective Action." in *Frontiers in Social Movement Theory,* edited by A. Morris and C. Mueller, 53-76. New Haven: Yale University Press.

Glasberg, Davita Silfen, and Deric Shannon. 2011. *Political Sociology: Oppression, Resistance and the State.* London: SAGE.

Hardt, Michael, and Antonio Negri. 2000. *Empire.* Cambridge: Harvard University Press.

Hardt, Michael, and Antonio Negri. 2004. *Multitude: War and Democracy in the Age of Empire.* New York: The Penguin Press.

The Social Science Research Institute. 2009. "2009 Information on data Collection." http://fel.hi.is/2009_0(검색일: 2018. 10. 1).

López, Miguel A. Martínez, and Elena Domingo San Juan. 2014. "Social and political impacts of the 15M Movement in Spain." http://www.miguelan gelmartinez.net/IMG/pdf/M15_impacts_v3_0_April_2014.pdf(검색일: 2018. 10. 1).

Önnudóttir, Eva H. 2016. "The 'Pots and Pans' protests and requirements for responsiveness of the authorities." *Icelandic Review of Politics and Administration* 12(2): 195-214.

Orriols, Lluis and Guillermo Cordero. 2016. "The Breakdown of the Spanish Two-Party System: The Upsurge of Podemos and Ciudadanos in the 2015 General Election." *South European Society and Politics* 21(4): 469-492.

7장. 시민기술의 다중운동: 촛불집회를 사례로

조희정(서강대학교)

1. 기술이 다중운동과 만나면 궁금해지는 것들

2010년 중동 혁명(Arab's Spring) 당시 네트워크 사회를 다루는 대표적 논객이었던 말콤 글래드웰(Malcom Gladwell)과 뉴욕대 교수 클레이 서키(Clay Shirky)를 중심으로 혁명에서 기술 역할에 대한 논쟁이 있었다(Gladwell 2010. 10. 4; Shirky 2011. 1). 페이스북이나 트위터가 혁명을 일으킨 것인가 아닌가에 대한 논쟁이었다. 이 같은 논쟁은 인터넷 등장 이후 인터넷과 신기술이 사회적 영향을 미치면서 늘 발생했던 논쟁이었다.

기술은 새롭고 경이롭지만 그것의 영향력에 대해서는 다양한 의견이나 관점이 존재할 수 있는 것이다. 어떻게 보면 기술 때문에 세상이 바뀐 것 같지만 어떻게 보면 좋은 기술에도 불구하고 나아진 것이 전혀 없어 보이기 때문이다. 그러나 이와 같은 반응은 지금 현재 우리가 늘 생활에서 접하는 ICT(Information Communication Technology)나 인터넷 때문에 처음 나타난 반응이 아니다. 오래 전으로 거슬러 올라가면, TV나 라디오가 나왔을 때의 반응도 이와 같았다.

　누군가는 경이로운 미디어로 인해 새로운 방식으로 돈을 벌고, 사회가 발전하고 획기적으로 변할 것이라고 예견했고(낙관론, 기술결정론), 누군가는 너무 미디어에만 의존해서는 결국 미디어에 종속당할 것이라고 경고했다(비관론, 사회구성론). 물론 낙관론과 기술결정론의 주장이 같지 않고, 비관론과 사회구성론의 주장 역시 동일하지 않다. 이분법적으로 대치하고 있는 관점이 그러하다는 의미이다.

　기술의 효용에 대한 찬반양론이 언제나 갈등할 수밖에 없는 현실의 한 켠에서는 또 다른 관점이 존재할 수 있다. 즉, 누구나 기술을 쓰고 있는 현재의 상황에서는, 사실에 대한 이러한 평가적 관점보다 이미 추동되고 있는 신기술을 활용하여 어떤 목적으로, 어떤 영역에, 어떻게 적용할 수 있는가 하는 효용론의 관점이 더 효과적일 수 있다. 계속 신기술이 등장하고 있고 이미 그것이 사람들에게 하나의 문화를 형성하는 새로운 계기로 작동하고 있는데, 이론적 관점에서 평가를 할 수 있다는 것과는 좀 다른 차원에서 현실의 문화를 더 나은 방향으로 끌고 가고자 하는 효용론의 관점이 현실에서는 더 큰 도움이 될 수 있다.

　또한, 기술의 효과에 대한 성급하고 선험적인 평가 때문에 기술의 사회적 적용 가능성을 축소시킬 수도 있다. 성급한 부정적 판단으로 발전하기도 전에 기술을 규제하여 시장 위축 현상이 나타날 수 있고, 한편에서는 너무나 낙관적인 판단 때문에 현실에서 발생할 수 있는 수많은 역기능에 대한 수습이 어려워질 수 있다.

　이미 정부·정당·시민사회 영역에서 신기술을 이용하여 정보를 공개하고, 서로 소통하고, 제도화하고자 하는 움직임이 진행된 지 25년여 정도의 시간이 흘렀다. 앞으로도 계속 신기술이 등장할 것이고, 그 기술은 단순한 도구로서의 기술이 아니라 인간과 인간을, 사회와 사회를, 정보와 정보를 연결하는 네트워크 기술로서 우리 생활에 깊숙이 들어올 것이다. 따라서 그럴수록 좋은 소통을 위한 조건, 제도적 개선방안 등을 간구하여 더 나은 기술의 사회적 효용성을 높일 수 있다.

기술을 이용하는 이용자에게만 효용론이 필요한 것이 아니다. 기술을 개발하는 공학자·개발자 등의 전문가들에게도 효용론 중심의 관점이 보강될 필요가 있다. 내가 만든 기술의 사회적 효과에 대해 충분히 고려해야 하며, 그 기술이 사회의 좋은 변화를 위해 어떻게 기여할 수 있는가에 대한 고민이 필요하다는 의미이다. 이래저래 기술 평가 이전에 기술 효용방안에 대한 모색이 더 필요한 것이다.

이 같은 관점에서 시작하여 이 글은 2016-17년에 진행된 국정농단 촛불집회(이하 국정농단 촛불집회)에서 나타난 기술의 효용을 다중운동 시작의 기술, 확산의 기술, 모이는 기술, 즐기는 기술의 네 단계로 구분하여 정리해보고자 한다. 단지 단계 구분을 하는 것이 핵심이 아니라 각 단계에서 나타난 특징이 과거와 어떻게 다르고 미래에 어떻게 영향을 미칠 것인가에 주목하고자 한다. 또한, 사람들이 원하는 좋은 정치 메시지를 전달하기 위해 기술이 어떤 역할을 했는가를 살펴보면서 기술이 단순한 도구에 머무는 것이 아니라 여론을 표현하고, 정보를 전달하며, 의견을 수렴하고, 제도를 변화하는 기폭제로 작동했다는 것을 좀 더 실증적으로 알아보고자 한다.

각 단계의 기술의 특징을 정리하고 난 후에는 글의 마지막 부분에서 각 기술들의 시사점과 앞으로 더 나은 기술의 효용을 높이기 위해 어떠한 점들이 과제로 등장하고 있는가를 정리하면서 글을 마무리한다.

2. 다중운동 시작의 기술: 해시태그 의제설정

1) 해시태그 행동주의

국정농단 촛불집회의 계기(trigger)는 매스미디어의 보도에서 시작했다. 특히 2016년 10월 24일 JTBC의 최순실 태블릿 PC 보도는, 2008년 미국산 쇠고기 수입반대 촛불집회에서 MBC PD수첩 보도가 했던 역할처럼, 사람들의 분노가 표출되는 방아쇠가 되었다. 국민의 대표자가 아닌 탐욕스러운 일개인에 의해 정부운영이 좌지우지되었다는 사실에 강하게 배신감을 느낀 것이고, 이전의 세월호 사고에서 유발되어 오랫동안 내재되어 있던 분노는 JTBC 보도 이후 일련의 사건에 의해 집회로 표출되고 확산되었다. 이것이 오프라인에서 진행된 누구나 다 아는 국정농단 촛불집회의 '사실'이다. 그러나 사건의 계기가 분명하더라도 사람들의 분노와 결집을 증폭시키는 많은 장치들이 온라인에서 응축되고 확산될 수 있다. 즉, 온라인이 기존의 매스미디어와 같은 의제설정을 할 수 있게 된 것이다. 대표적인 것이 국정농단 촛불집회 기간에 등장한 해시태그(hashtag)들이었다.

<그림 1> 2016 국정농단 촛불집회의 주요 표현

2009년, 트위터가 공식적으로 사용하기 시작한 해시태그는 해시마크(#)와 꼬리표인 태그(tag)의 합성어로서 도서관이나 문서들에서 식별하는 주어진 키워드가 아니라 이용자가 마음대로 설정할 수 있는 주관적인 주제어이다. 해시태그는 2009년 이란 혁명에서 #IranElection(이란 선거)으로 유명해졌다가 2010년 중동혁명 과정에서 #protest, #Arabspring, #Egypt 등으로 널리 쓰였으며 이후에 인스타그램이나 페이스북과 같은 다른 소셜 미디어 서비스로 널리 확산되었다. 2015년 프랑스 샤를리 에브도(Charlie Hebdo) 테러 사건 후 #JeSuisCharlie(나는 샤를리다)는 분당 6,300건이 트윗 되었고, 파리연쇄테러사건에서는 #PrayForParis(파리를 위해 기도한다) 해시태그는 분당 44만 건 트윗 되었다. 국내에서는 2014년 세월호 사건 당시 #PrayforKorea

라는 해시태그가 600만 건이나 공유된 사례가 있다. 가디언 (Guardian)지는 이 같은 변화를 '해시태그 행동주의(hashtag Activism)' 라고 평가하기도 했다.

2) 다중의 수평적·감성적 의제 설정력

SBS 김형민 PD의 '#그런데 최순실은' 같은 해시태그는 당시 (2016년 10월 7일)만 해도 잘 몰랐던 최순실이라는 인물에 대한 온라인 공간의 호기심을 증폭시켰다. 이어서 다른 이용자들이 만든 '#나와라 최순실', '#하야 하라 박근혜', '#가자 광화문으로'와 같은 해시태그는 짧은 표현으로 이용자의 공감과 행동을 불러일으킨 강력한 파급력을 나타냈다. 이후에도 '#그러니까_탄핵합시다', '#내려와라 박근혜', '#닥치고 탄핵', '#당장 탄핵해', '#박근혜 퇴진', '#박근혜 하야', '#촛불집회', '#특검 힘내라', '#하야 하라', '#하야해_박근혜', '#우리국민들만세'와 같은 해시태그로 더욱 확산되었다.

또한 국정농단 촛불집회 이후에는 '#metoo', '#갑질'과 같은 해시태그가 사회의 주요 이슈를 드러냈다. 일반적으로 소셜 미디어에 트위터의 단문이든 페이스북의 장문이든 자신의 의견을 표현하기도 하지만 해시태그는 자신이 말하고자 하는 바를 좀 더 분명히 축약하여 보여주거나 아니면 아예 해시태그 자체를 확산시키기 위한 하나의 방편으로서 이용되었다. 그리하여 해시태그는 현 상황에서의 사회 주요 이슈를 파악할 수 있는 하나의 기술로 작동하게 되었다.

국정농단 촛불집회에 앞서 2016년 이전에는 네이트온 메신저 대화명 앞에 검은 추모리본 '▶◀'(2002년 촛불집회)이나 오프라인 집회에서의 개인별 피켓구호가 의제설정 기능을 담당하기도 하였다. 즉, 장문의 논리적이고 선동적인 대자보에 의해 대중을 동원하던 과거의 사회운동과 학생운동의 동원 방식에 비해 이제는 현장 혹은 실시간으로 다양한 다중의 감성과 의견 표출이 공감과 연대를 증폭시킨 것이다. 그 과정에서 시민들은 수동적 의제 수용자가 아닌 능동적 의제 생산자와 의제 유통자로 행동하게 되었다.

이 같은 변화가 나타난 것의 가장 큰 계기는 '기술'이다. 고유명사나 문장으로 표현할 수 있는 해시태그 부호로 누구나 자신의 생각을 표현할 수 있다는 민주적 의제설정이 가능해지기도 했거니와 소수자의 계몽적인 장문의 메시지가 다수에게 확산되는 방식이 아닌, 단문의 메시지로 다수와 다수가 소통함으로써 수평적 소통성을 확장하기도 했다. 또한, 일방적인 논리전달로만 구성되는 것이 아니라 온라인 공간의 공명과 공감을 일으켜 이슈 공감 네트워크를 형성하는 특성을 보였다.

3. 다중운동 확산의 기술: 정보공개와 정보공유

1) 동영상 라이브의 정보공개

온라인 공간에서 정보공개와 정보공유는 의제의 확산을 위한 기본 조건이기도 하다. 국정농단 촛불집회 이전에는 2002년의 텍스트 중심의 정보제공, 2004년의 이미지 중심 정보제공, 2008년의 1인 미디어를 통한 정보제공이 큰 역할을 했다. 각기 그 시대에 사람들이 가장 많이 이용하는 미디어나 기술 서비스에 많은 사람들이 정보를 공개했고 이것이 연결된 네트워크를 통해 일파만파 확산된 것이다.

국정농단 촛불집회에서는 좀 더 진화한 정보공개 방식이 진행되었는데, 페이스북이나 트위터와 같은 소셜 미디어의 라이브 서비스나 모바일 앱 그리고 집단지성에 의한 지도 만들기(mapping) 등을 통해 매우 다양한 방식으로 정보공개와 정보공유가 이루어졌다. 최근 들어 영향력이 막강해진 것은 동영상 플랫폼인 유튜브이다. 국정농단 촛불집회 당시 최순실과 그의 딸 정유라에 관한 10여 개의 동영상은 150만-430만 건 정도의 높은 조회 수를 기록하였다.

* 자료: "IT 기술로 무장한 촛불 혁명, 속도 87년의 3배, 모바일 통한 연결사회, 지도부 없이도 민심 형성·실행 이어져."(「아이뉴스 24」2016년 12월 31일)

<그림 2> 개인의 페이스북 라이브 중계 화면

<표 1> 국정농단 촛불집회 기간 동안 유튜브 인기 동영상
2016년 11월 20일 기준 조회 수 150만 회 이상

제목	제작	조회 수
정유라, 그녀는 과연 누구의 딸인가 (https://www.youtube.com/watch?v=yL6tIimx264)	Korea's Privacy	4,366,756회
최순실 딸 정유라 인터뷰 영상 (https://www.youtube.com/watch?v=bZlfBPoXCMM)	co co	2,248,122회
박근혜, 하야 하라, 퇴진하라 듣고 난 후 표정 (https://www.youtube.com/watch?v=uLn9ov33MYI)	미디어몽구	2,040,029회
최순실 데이트 보도 날 손석희 사장이 언급한 소름 돋는 세월호.. (https://www.youtube.com/watch?v=vTtxv1Z6c-0)	미스테리시네마	1,744,446회
최순실+박근혜 40년 우정 동영상 발굴 (https://www.youtube.com/watch?v=A60V7H_PY_o)	newstapa	1,729,909회
어느 초등학생이 박근혜 대통령에게 던지는 돌직구 (https://www.youtube.com/watch?v=O6jI8vTZW2I)	MediaVOP	1,705,987회
우병우 째려본 여기자 얼굴 빠치는 동영상 (https://www.youtube.com/watch?v=wQ49Ks1A2kc)	Namu	1,650,094회
무당의 지시를 받은 박근혜 내년 초 전쟁 계획 빠치는... (https://www.youtube.com/watch?v=COwqX29Gg5Y)	Namu	1,644,068회
최순실 독일에서 전화로 계엄 때리라고 했는데 박근혜.. (https://www.youtube.com/watch?v=zmS9M30UKko)	Namu	1,576,466회
박정희의 비서실장이 말하는 박근혜-최태민 관계 비사 (https://www.youtube.com/watch?v=4pDAJsZ5C2Y)	nabiwa Moon	1,566,005회
소름 쫙 돋는 현재 박근혜*최순실 사태 예언 베스트5 (https://www.youtube.com/watch?v=mxM61d0umio)	Veritas Speak X	1,504,258회

* 자료: 작성자의 자체 조사 결과

동영상은 실시간 현장중계로 매스미디어와 같은 보도기능을 담당하기도 했다. 트위터 페리스코프(Periscope)나 페이스북 라이브(Facebook Live) 등은 집회 현장을 실시간으로 중계하였다. 2008년에는 노트북으로 아프리카 tv(afreeca tv) 서비스를 통해 특정 개인이 현장의 정보를 전달했다면, 이제는 누구나 이용하는 스마트폰으로 소셜 미디어를 통해 현장의 정보를 다수에게 전달하는 방식으로 변한 것이다.

2) 크라우드 소싱 정보 수집력

모바일 앱의 경우는 전국의 집회장소나 집회내용, 분노표출을 위한 댓글, 집회 꿀팁(준비물 및 행동수칙), 화장실 위치 정보, 경찰에 대한 대응법 등을 제공했다. '하야해! 하야꾸', '시티즌 맵', '집회시위 제대로'와 같은 앱들은 수많은 참여자들의 실시간 영상과 실시간 사진을 발신했다. 즉, 모바일 앱의 경우는 텍스트, 동영상, 지도 등 모든 콘텐츠를 좀 더 쉽게 누구나 볼 수 있게 함으로써 종합적인 정보제공 기능을 수행했다.

정보공개나 공유는 단순한 공개에 그치지 않았다. '박근혜 대통령 탄핵 소추 상황 공유(http://getoutpark.bakufu.org)' 서비스의 경우는 12월 1일부터 전국의 탄핵 찬성 국회의원과 탄핵 반대 국회의원의 정당별 현황정보를 매일 공개하였다. 매일매일 달라지는 지도의 정보는 국민의 압력에 따라 움직이는 국회의원의 결정 변화를 보여준다.

* 자료: http://getoutpark.bakufu.org(검색일: 2016년 12월 1일)

<그림 3> '박근혜 대통령 탄핵 소추 상황 공유'

한편, 국정농단 촛불집회에서는 그 어느 때보다 정보 기록(아카이브, archive)이 활발하게 진행되었다. 언론사 등 기존 미디어에서도 국정농단 촛불집회에 대한 많은 기록이 축적되었지만 개개인이 자발적으로 때로는 사실을, 때로는 풍자의 기록을 제공하였다. '박근혜-최순실 부역자 인명사전(http://ko.queenmaker.wikidok.net/WiKi)'과 같은 기록은 위키 방식으로 주요 인물에 대한 기록을 하였다.

정보와 관련된 다중의 활동은 정보 추적으로 빛을 발하기도 하였다. 1999년 10월에 만들어진 디씨인사이드의 주식갤러리는 국정농단 촛불집회 기간 동안 '제3의 국조위원', '명탐정 주갤' 등으로 불리며 활약을 하였다. 촛불집회의 주요 공격 대상이던 우병우가 팔짱을 끼고 조사받는 장면을 사진으로 찍어 공유하였고(2016년 11월 7일), 청문회에서 김기춘 발언의 번복이 이루어지도록 사실을 제보하였다(2016년 12월 7일). 전국의 뺑소니범을 다 잡을 정도의 정보수집 능력이 있다는 보배드림 커뮤니티(자동차 전문 커뮤니티)와 합세하여 우병우 차량추적 데이터를 공유하기도 하였다(2016년 12월 9일).

또한 온라인 국민행동(http://wouldyouparty.org)은 대통령 탄핵소추안 처리까지 시민행동을 제안하여, 새누리당 지역 사무실에서 인증 샷을 찍어 올리고, 해시태그를 달아 소셜 미디어에 공유하고, 탄핵 지도에 반영하여 크라우드 소싱 지도를 완성하도록 서비스하였다. 디지털 소통방식에 적합한 이와 같은 정보공개를 통해 더 많은 사람들이 정보를 공유하고 촛불집회의 많은 데이터들이 자발적으로 생산되었다.

4. 다중운동 결집의 기술: 약한 유대 네트워크와 집단지성

1) 약한 유대의 네트워크

국정농단 촛불집회에서는 역사상 유례없이 누적 인원 1,500만 명 이상이 참여하였고, 그 지속기간도 5개월로 사상 최장기간 진행되었다. 이들이 모이는 방식에는 어떤 기술이 작동했을까? 과거처럼 구심점으로 작동할 수 있는 특정한 단체나 조직의 힘으로 그렇게 많은 사람들이 모인 것일까? 그러나 정작 집회 현장에 가면 사람들을 모으기 위한 다양한 조직의 깃발은 보이지 않았다. 오히려 혼자 온 사람들 모이라는 '혼참러(혼자 참석한 사람)' 깃발이 보여서 의아하기조차 했다.

* 자료: https://blog.naver.com/nicolekr3/220868426912

<그림 4> 혼참러 깃발

이제 다중이 모였다 헤어지는 방식이 이상하지 않다. 이들은 특정한 조직과 특정한 행동원칙을 필요로 하지 않는다. 무대, 마이크, 깃발에 대한 거부는 온라인 커뮤니티와 같은 조직에도 해당되는 말이다. 2008년 촛불집회에서 적극적인 활동을 했던 많은 온라인 커뮤니티들은 국정농단 촛불집회에서는 분산적이고 연결된 활동만 할 뿐 광장에서 깃발을 내걸지 않았다. 이와 같은 현상은 흩어진 개개인의 약한 연결이 네트워크의 속성이라는 것을 반증하기도 한다.

2) 해커톤과 다중의 결집

경찰의 추산 방식에 대한 기술적 대응도 나타났다. '광화문 집회 출석' 앱은 집회 출석확인과 동시에 집회출석 참석자에 대한 응원의 댓글도 달 수 있도록 서비스했다. '오천만 촛불' 앱은 촛불 사진을 소셜 미디어에 공유하면 참석인원으로 간주하였고, 참가자를 지역별로 분류하여 참가자가 많아질수록 해당 지역을 짙은 노란색으로 표기하였다.

해커와 마라톤의 합성어인 해커톤(hackerthon)은 아이디어를 모아서 서비스를 생산하는 네트워크 사회의 일반적인 서비스 생산 방식이다. 국정농단 촛불집회 기간 동안이자 대통령 탄핵안의 표결일인 2016년 12월 9일 오후 7시부터 24시간 이내에 개발자들이 모여 효과적인 탄핵유도 서비스를 주제로 앱 만들기 프로젝트를 진행하였는데, 그 과정에 중학생부터 중장년층에 이르기까지 20명, 4팀이 참여하여 'candle card'과 같은 서비스를 제작하였다. 이들은 페이팔(paypal)을 통해 기부 받고 페이스북으로 정보를 공유하기도 하였다.

3) 제도화를 위한 결집

'ㅎㅇㅎㄹ(하야 하라)' 앱은 전 국민 시국선언 서비스로 의견을 모았다. 이 서비스는 과거처럼 전문단체들이 발표하는 시국선언문이 아니라 누구나 시국선언문을 올리고, 다른 사람들이 올린 시국선언문도 볼 수 있는 앱이다. 서울대학교 동문 커뮤니티인 '스누라이프(SNU Life)'에서는 20대 새누리당 국회의원의 연락처 정보를 공개하여 국회의원에게 직접 연락을 할 수 있도록 하여 국회의원들은 이른바 문자폭탄을 받았다. '박근혜 퇴진에 관한 모바일 국민투표' 앱을 통해 퇴진 시기에 대한 국민의 의견, 새누리당 당론에 대한 국민의 의견이 결집되었다. 2016년 12월 2일부터 9일까지 93만 명이 이용한 청원 플랫폼 '박근핵 닷컴(https://parkgeunhack.com)'에는 국회의원당 3,000여 건에서 58,000여 건의 청원이 접수되었다.

<그림 5> '전 국민 시국선언 ㅎㅇㅎㄹ(하야 하라)'

2017년 1월, 크라우드 펀딩 텀블벅에서 이루어진 대한민국 헌법 제1조 2항 금속 배지 제작을 위한 모금 서비스(https://tumblbug.com/lawpin)는 후원을 통한 다중의 결집 프로젝트로서 모금액을 훨씬 상회하는 실적을 보였다.

조금 더 제도화에 가까운 시민의회(http://citizenassembly.net) 서비스는 12월 8일부터 진행되었으나 그 방식에 대한 반대여론에 부딪혀 12월 11일에 종료되었다. 이 서비스는 제도개선을 요구하고, 다양한 시민을 중심으로 분권화를 요구하며, 국회의원 규모와 맞게 시민대표단을 구성하는 등 새로운 필요성과 목적을 제시하였지만 운영과정상에서 사전 합의 없는 대표자 선정 등으로 인해 대의 민주주의 역할에 대한 폄하, 정치 혐오 조장, 대표성 없는 대표선출로 정당성 취약과 같은 반대의견이 많이 제시되어 결국 서비스가 중단되었다.

<표 2> 시민의회 논란의 주요 내용

시민의회 찬성	시민의회 반대
- 문제 공론화를 통한 사회문제 해결 모색 (집단지성 효과: 대한민국 하면 떠오르는 단어를 공모하여 빅 데이터 분석)하고 제도 개선 요구 - 분권화를 통한 민주성 확보. 각계각층, 지역·직업·관심분야별 시민의회 분권화 필요 - 국회의원 규모와 같게 300명으로 대표단 구성(청년 50%, 여성 50%, 와글 대표의 의견). 50% 이상이 찬성하면 바로 대표 해임 - 대표가 아닌 대리인 추첨 민주주의 적용 - 인터넷 정보공개를 통해 투명성 확보 - 다양한 토론 방식 적용: 온라인 토론회, 온라인 공청회, 온라인 오디션, 온라인 투표,	- 대의 민주주의 무시 혹은 폄하. 국회의원 감시 역할을 강화하고 보완하는 것이 훨씬 더 생산적임 - 정치혐오 조장 - 완장권력, 엘리트주의의 반복. 혹은 NGO 들러리 세우기에 불과함 - 국민 전체 투표로 이뤄지지 않았기 때문에 대표성 없음. 시민의회 대표의 정당성 없음 - 국민이 이룩한 촛불집회 취지와 의미를 온라인 시민의회 세력 확장에 대한 도구적 활용으로 퇴색하게 함. 촛불집회의 자발성 훼손. "온라인 시민의회를 위해 촛불을 든 것이 아니라" - 추진 주체(와글, YMCA 연맹)의 정당성을 신뢰하기 어려움. 조직 정보를 투명하게

| 온라인 시민 청문회 등
- 국민입안, 국민발의, 국민소환, 국민투표
  장치 마련 | 공개해야 함
- 구체성 부족. 시민의회 목적 불분명. 단순
  포퓰리즘? 제도적 대안 불분명 / 불분명한
  실천방식. 박근혜, 전두환도 다수득표하면
  대표자 역할 가능? / 법적 정당성 불분명
- 시민의회 대표단의 규모, 역할, 권한의 모호성
- 성급한 일정(12월 19일까지 구성 완료는
  무리한 일정임) |

* 자료: 온라인 시민의회 의견 토론방 의견 논쟁(2016. 12. 8-11, http://citizensassembly.parti.xyz/p/role)

5. 다중이 집회를 즐기는 방식: 정치의 문화적 향유

촛불집회에서 언제나 빠질 수 없는 것은 과거의 과격한 집회방식보다는 다양하게 나타나는 정치의 문화적 소비 현상이다. 즉, '진지하고 무거운 주제인데 저래도 되나?' 싶을 정도의 유머가 있다. 대중의 해학과 풍자가 분노를 표현하는 또 다른 방식으로 작동하는 것이다.

* 자료: https://blog.naver.com/nicolekr3/220868426912

<그림 6> 국정농단 촛불집회의 다양한 깃발들

    국정농단 촛불집회에는 경직된 기존의 단체명이 아닌 임의단체
명 깃발이 등장하기도 하였는데, 이들은 실재하는 것이 아니라 기
존 대표나 단체들이 제 역할을 하지 못해 시민들이 광장에 나올 수
밖에 없는 상황을 풍자하여 제시된 깃발들이었다.

    이 외에도 많은 풍자게임도 등장하였다. '순실이 닭 키우기'(주인
이 닭에게 고소고발, 펜 세우기, 연설문 수정, 물 뿌리기 등을 지시
하면서 닭을 성장시키는 게임으로 1만 회 이상 다운로드), 'Choi's
GATE', '순실이 빨리와'(10월 28일에 공개돼 2일 만에 5000회 이
상 다운로드. 말을 탄 최순실 캐릭터를 조종해서 수갑 등 장애물을
피하는 게임으로서 평점 5점 만점에 4.9점을 얻을 정도로 인기),
'최순실 게임', '촛불런-순실의 시대'와 같은 앱 게임은 촛불집회의
진지한 정치적 의제를 문화적으로 해소하고자 하는 다중의 감성이
그대로 드러나는 게임이었다.

<그림 7> 촛불 게임 앱

    국정농단 촛불집회 이전에도 72시간 릴레이 시위, 철야 시위, 촛
불 문화제, 버스 위의 108배, 닭장차 투어, 패러디 UCC(user

created contents), 노래, 춤, 해학적 구호, 시민공연 등 정치에 대한 문화적 소비, 데모테인먼트(demo-tainment)와 같은 독특한 집회 문화를 보였다.

6. 다중 시민기술의 시사점과 과제

2002년 효순·미선 추모 촛불집회, 2004년 대통령 탄핵 반대 촛불집회, 2008년 미국산 쇠고기 수입 반대 촛불집회에 이어 2016년 국정농단 촛불집회가 진행되었다. 2000년 이후 전 세계에서 기술이 큰 영향을 미친 25여 차례의 큰 집회가 있었는데 그 가운데 우리나라에서만 네 번의 집회가 발생한 것이다. 네 번째 진행된 국정농단 촛불집회에서는 역사상 유례없이 누적 인원 1,500만 명 이상이 참여하였고, 그 지속기간도 5개월로 역사상 최장기간 진행되었다.

냉정히 보면 촛불집회를 촛불혁명으로 부르기는 어렵다. 촛불집회로 대통령이 물러났지만 그 후의 사회구조변화까지 '성취'되었다고 보기는 어렵기 때문이다. 그러나 다른 한편으로 우리나라에서 네 차례에 걸쳐 진행된 촛불집회는 각기 다른 모습으로 달라진 국민의 요구와 행동을 반영하고 있다. 무엇보다 매 촛불집회마다 새로운 미디어와 기술이 새로운 방식으로 이용되었고, 그 안에는 과거와 달라진 내용이 담겼고 달라진 모습으로 표출되었다. 즉, 기술과 미디어의 발전과 함께 그것을 이용하는 이용자로서의 국민들이 어떤 도구를 통해 무엇을, 어떻게 표현하고자 하는 것을 가장 가시적으로 잘 볼 수 있게 하는 다중운동이 촛불집회였던 것이다.

1) 기술 효용의 확산의 네트워크

그 글에서 정리한 것처럼, 국정농단 촛불집회는 시작, 확산, 집단
화 단계에서 뉴미디어와 신기술이 이용되었고, 각 기술에 담긴 콘
텐츠는 특성 있는 메시지를 전달하였다.

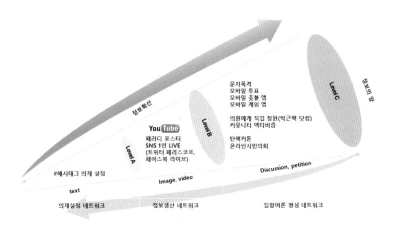

<그림 8> 국정농단 촛불집회 기술의 네트워크와 콘텐츠 확산 구조

시작 단계에서는 (수동적 역할에 머무르지 않는) 능동적인 이용
자 권한이 강한 해시태그 의제 설정을 통해 논리와 감성이 반영된
의제 내용이 제시되었고, 과거의 매스미디어나 대자보의 일방적인
전달이나 동원과 다른 새로운 의제설정 방법이 등장하였다. 다음으
로 확산단계에서는 소셜 미디어 라이브, 모바일 앱 등을 통해 시민
방송국과 같은 종합 콘텐츠들이 대거 생산되었다. 한편으로는 크라
우드 소싱을 통해 시민기록실(library)을 통해 다양한 정보가 집적
되고 공개되고 공유되었다. 집단화 단계에서는 상대적으로 좀 더
수평적인 동원이 이루어졌다. 그리고 문화적 향유 단계에서는 경직

된 정치투쟁이 아닌 유연한 정치문화의 다양화가 이루어져 소수가 선동하는 정치가 아니라 다수가 체감하고 즐길 수 있는 정치문화성을 강하게 표출하였다.

각 네트워크에서 다중의 분노의 크기, 의제의 중요성만큼 네트워크 증가속도(diffusion speed)가 신속하게 나타났고, 제도적 참여 방식보다 자유로운 다중운동의 참여방식이 나타났으며 문화적 참여의 특징이 나타났다. 이 과정에서 소셜 미디어는 안정기보다 더 활발하게 사람과 콘텐츠를 연결하는 역할을 하였고, 모바일 앱 등은 현장정보를 실시간으로 진달하였으며, 동영상 콘텐츠는 집회문화가 풍성하게 되는 데에 기여하였고, 그 외에 빅 데이터(big data), VR(가상현실, virtual reality), AI(인공지능, artificial intelligence)와 같은 신기술이 더 나은 콘텐츠 생산 기술을 제공하였다.

2) 정치적(외적) 효능감 확산을 위한 기술 이용

정치적 효능감을 제도변화에 기여하는 외적 효능감(external efficacy)과 참여과정에 대한 만족을 의미하는 내적 효능감(internal efficacy)으로 구분한다면, 촛불집회 이전에는 두 효능감 모두 부족했다. 그러나 국정농단을 거치면서 -많은 참여가 이루어진 만큼- 내적 효능감이 상승하였고, 이제는 외적 효능감을 위한 기대가 높아지는 상황으로 전환되고 있다. 즉, 미디어 차원에서 국정농단 촛불집회의 가장 큰 성과로는 제도 부문에서의 온라인 시민청원 제도 확산과 시민사회 영역에서의 정치 스타트업이나 시민기술의 확산을 들 수 있다.

먼저, 제도 차원에서 온라인 시민청원이 활성화되었다. 국민정책

소통 플랫폼 '광화문 1번가(https://www.gwanghwamoon1st.go.kr)', '청와대 국민청원(https://www1.president.go.kr/petitions)', '민주주의 서울(http://democracy.seoul.go.kr)'과 같은 서비스에는 전에 없던 많은 이슈가 제기되었고 많은 참여가 이루어졌다. 소위 '1번가 정치'라는 것이 전국의 지자체로 확산되어 정책유행만 만든 것이든, 백날 청원해봐야 달라진 것이 없다 한들, 정부가 국민의 의견을 온라인 공간에서 먼저 요청하여 듣고자 하는 적극적인 시도를 한 것 자체는 과거와 다른 정치적 반응성의 변화하고 평가할 수 있다.

다음으로 '정치 스타트업'이라는 용어 자체가 새롭게 형성되고 있는 것도 외적 효능감을 높이기 위한 시도라고 볼 수 있다. 주로 청년 개발자들로 이루어진 '빠띠(Parti)', '와글(http://www.wagl.net)', '국회 톡톡(http://toktok.io)', '투정(to 정치)', '폴리시 브리지(policy bridge)'와 같은 정치 스타트업들 혹은 '나는 알아야겠다(http://up.parti.do)'와 같은 시도들은 새로운 기술 적용으로 정치변화를 도모하고 있다. 오픈 소스(open source)를 이용하고, 빅 데이터 분석을 하고, 좀 더 쉬운 접근과 빠른 반응성을 구현하는 플랫폼(platform)을 통해 스페인, 대만, 아이슬란드, 프랑스 등에서와 같은 기술을 통한 정치 참여가 활성화되고 있다. 이들은 어려운 정치제도를 해석하여 좀 더 쉽게 국민에게 전달하고, 국회의원들이 놓치고 있는 생활현안 이슈를 법안화 할 것을 요구하고, 정부의 반응성을 높이기 위한 기술지원 방안을 고민하고 있다.

3) 정치 구조 변화라는 과제

그러나 이 모든 외적 효능감 확산을 위한 노력을 실질적인 정치 발전이나 민주주의 발전으로 이끌기 위해서는 여전히 과제가 남아 있다. 아무리 온라인에서 많은 국민청원이 이루어져 국민의 절실함과 문제를 파악한다 하더라도 제도 개선으로 이어지지 않는다면 의견 수렴 자체에만 머물 가능성이 높다. 또한 정치 스타트업이 정치적 의견을 수렴하는 효율적인 매개 역할을 할 수 있지만 지속성을 확보할 수 있는가 하는 문제는 또 다른 차원의 문제이며 정치 스타트업의 목표가 무엇인가에 대해서도 여전히 많은 고민이 필요한 상태이다.

즉, 그간 보이지 않던 시민이 광장에 나오고 온라인 공간에서 의견을 표출하여 이제는 국민보다 '시민'이라는 존재로 전환되고 있고, 일일이 방문하여 민원을 제기하거나 아니면 대표자조차 만날 수 없던 환경보다는 훨씬 더 쉽게 대표자를 압박할 수 있는 장치는 기술로 구현될 수 있지만 행위자와 수단의 발전이 구조 변화로 이어지기 위해서는 무엇을 해야 하는가 라는 문제는 여전히 남는 것이고, 그것이 국정농단 촛불집회로 변화한 정치적 조건이라는 의미이다. 따라서 국정농단 촛불집회는 비가시성을 가시성으로, 비연결성을 연결성으로 잇는 정치의 계기를 마련했으며, 이후의 정치 발전 과제를 다양하게 제시하는 중요한 정치적 전환의 계기였다고 평가할 수 있다.

참고문헌

조희정. 2018. "네트워크 시대의 사회운동과 시민." 『민주누리』 12호, 20-25.

조희정. 2017. 『시민기술, 네트워크 사회의 공유경제와 정치』. 서울: 커뮤니케이션북스.

조희정. 2012. "제12장 소셜 미디어 정치의 국제적 비교: 연결과 단절의 갈등을 중심으로." 한국언론학회 엮음. 『정치적 소통과 SNS』, 345-378. 서울: 나남.

조희정. 2011. "2011년 중동의 시민혁명과 SNS의 정치적 매개 역할." 『한국정치연구』 20권 2호, 309-337.

Gladwell, Malcolm. 2010. 10. 4. "Small Change." *The New Yorker*.

Shirky, Clay. 2011. 1. "The Political Power of Social Media." *Foreign Affairs*.

3부

다중운동과 정치개혁 과제

8장. 다중의 정치참여와 민주주의: 의의와 과제[*]

변창구(대구가톨릭대학교)

1. 문제의 제기

오늘의 한국 민주주의는 중대한 도전과 변화의 기로에 서 있다. 2016~2017년 박근혜 전 대통령의 탄핵정국에서 전개된 '다중운동(multitude movement)'으로서의 촛불집회는 현직 대통령을 탄핵, 구속하였을 뿐만 아니라, 당시 여당이던 새누리당을 해체시키고 재벌총수를 구속하는 등 엄청난 파장을 불러일으켰다. 이것은 민주주의의 이론적 관점에서 볼 때 전통적인 대의 민주주의의 실패와 무능을 촛불 시민들의 적극적인 참여로 극복한 하나의 사례로서 직접 민주주의 내지 참여 민주주의의 승리였다.

이처럼 오늘날의 대의 민주주의는 전 지구적으로 세계화와 정보화가 교차되면서 역동적으로 적응하고 혁신해야 하는 과제를 던져주고 있다. 금융세계화와 국민국가의 쇠퇴, 초국적 네트워크의 등장과 사회적 복합이슈의 부상 등으로 기존의 대의 민주주의는 적지

---

[*] 이 글은 『민족사상』 제12권 2호에 게재한 필자의 논문을 보완하여 작성한 것임.

않은 도전을 받고 있는 것이다. 이는 세계적으로 대의 민주주의 체제를 가지고 있는 나라들의 공통적인 문제이다.

더욱이 한국의 민주주의는 그동안 우여곡절을 겪으며 수많은 희생을 치르면서 괄목할 만한 발전을 거듭해 왔음에도 불구하고 아직도 권위주의 시대의 잔재를 완전히 청산하지 못하고 있다. 그 결과 역대 대통령들은 정치적 망명을 하는가 하면, 탄핵을 받고 구속되거나 스스로 목숨을 끊는 등 최고 권력자의 비극이 반복되고 있는 것이다.

이러한 불행에도 불구하고 한국 민주주의의 발전이라는 관점에서 볼 때 한 가지 다행스러운 것은 통치자의 권력 농단과 남용이 있을 때마다 주권자의 높은 정치의식으로 이것을 극복해왔다는 사실이다. 이는 다중의 적극적인 정치참여와 다중운동이 한국 민주주의 발전에 커다란 버팀목이 되어왔음을 의미한다.

본 연구는 바로 이러한 문제의식에서 착수된 것으로서 그 목적은 다중의 정치참여와 대의 민주주의의 상관관계를 규명하는 데 있다. 이를 위하여 먼저 다중의 정치참여와 다중운동을 살펴 본 후에 다중운동으로서의 촛불집회를 대의 민주주의와의 관련성에 유의하면서 분석해 보고자 한다. 그리고 난 다음 이를 토대로 다중운동이 대의 민주주의라는 정치과정에서 어떠한 의의를 지니고 있으며, 그 한계와 발전과제는 무엇인지를 규명해 보고자 한다. 다만 여기에서 먼저 밝혀 둘 것은 이 글에서는 지면의 제한으로 다중운동으로서 촛불집회의 사례들을 모두 다룰 수가 없기 때문에 박근혜 대통령 탄핵정국에서 전개된 촛불집회로 연구의 범위를 제한하고자 한다는 점이다.

2. 다중과 정치참여의 개념

1) 다중의 개념과 특성

'다중(multitude)'이라는 용어를 처음으로 사용한 네그리(Antonio Negri)와 하트(Michael Hardt)에 의하면 "다중은 통일되어 있지 않으며 복수적이고 다양한 상태를 유지하면서 정체성에서의 차이가 제거되지 않은 특이성들의 집합으로 구성"(네그리 외 2008, 135)되어 있다고 한다. 그럼에도 불구하고 다중은 "균열되거나 파편화되기보다는 오히려 공통적으로 행동할 수 있으며, 스스로를 지배할 수 있는 능력을 가지고 있다"(네그리 외 2008, 136)고 보았다.

바로 이러한 점에서 다중은 '생기 없는 잡다함'으로 남아 있는 '민중(people)'이나 '대중(masses)'과는 차이가 있는 것이다. 민중은 개별화가 없는 통일된 집단이고, 대중은 온갖 유형의 사람들이 모였지만 외양적으로는 다양함이 드러나지 않는 무차별적 무리이다. 민중이나 대중은 국민국가의 정체성에 묻혀 개별적 특수성이 표현되지 않거나 드러내지 않도록 살아온 익명의 구성원이라고 할 수 있다. 이에 비해서 다중은 수적으로는 다수이지만 동일성으로 결코 환원될 수 없고 다양성과 내적 차이를 나타내는 사회적 주체라고 할 수 있다. 따라서 네그리와 하트는 "다중이란 공통적인 삶을 생산하는 특이성들의 분산된 집합"(네그리 외 2008, 459)이라고 하였던 것이다.

그렇다면 다중의 특성은 무엇인가? 다중은 정치적 의견이 있지만 정치적으로 하나로 통일되는 존재가 아니다. 정치적으로 항상 같은 편을 지지하는 것도 아니며, 다수가 되어서 정치권력을 장악하려고 시도하지도 않는다. 새로운 정권을 창출하겠다는 정치적 목표를 추구하지도 않지만 자신의 삶과 미래에 대해서는 당당하게 의사를 표출하는 소수자가 바로 다중이라는 존재의 독특한 성격이라고 볼 수 있다.

다중의 특성은 '인민'이라는 개념과의 비교 속에서 더욱 구체화된다. 인민이란 국가주권을 위해 준비된 구성체, 즉 국민국가의 산물이고 이들은 단일한 의지와 행동을 보여주는 것으로 상정되어 왔다. 국민국가의 인민 개념은 국민국가의 구성원들과 동일한 국민정체성을 갖고 있지 않은 사람들을 이방인으로 배제한다. 이러한 프레임을 가지고는 21세기의 두드러진 변화, 특히 이주의 증가로 인한 다문화사회의 형성과 성적 소수자 등의 문제를 제대로 다룰 수 없다는 것이다(네그리 외 2008, 151). 따라서 다중은 '특이성의 다양체이자 포괄적인 구성적 관계'로 규정된다는 점에 그 특성이 있다고 하겠다.

2) 정치참여의 개념

'정치참여(political participation)'가 무엇을 의미하는가에 대한 학자들의 견해는 참여의 자발성과 합법성 여부에 따라서 상이한 인식들을 보여주고 있다. 헌팅턴(Samuel P. Huntington)과 넬슨(J. M. Nelson)은 정치참여란 "정부의 정책결정에 영향력을 미치려는 일반시민들의 활동"(Huntington 1973, 6)으로 규정한 반면, 버바(Sidney Verba)는 "정부활동에 영향력을 행사하거나 그렇게 하려는 활동"(Verba 1995, 1)으로 정의했다. 이 활동에는 공공정책을 수립하거나 실행하는데 직접적으로 영향력을 행사하거나, 정책을 수립하는 사람을 선출하는 간접적 행위까지 포함한다. 이 두 가지의 개념 정의를 비교해 본다면 버바는 자발적 참여와 합법적인 활동만을 정치적 참여로 정의한 반면에, 헌팅턴은 비자발적 참여와 불법적인 활동도 정치참여에 포함시켰다.

이를 좀 더 구체적으로 말한다면 정치참여란 정부의 구조, 대표자의 선출 혹은 정책결정에 영향을 미치고자 하는 시민들의 행위라고 할 수 있다. 정치참여의 개념을 넓게 해석할 경우 선거기간 중 뉴스를 찾아보는 일 등의 정치에 대한 관심과 같은 수동적인 행위도 포함된다. 반면에 좁게 정의할 경우에는 시민들의 자발적인 참여를 전제로 하는 능동적인 행위만을 정치참여라고 볼 수 있다 (Conway 2000: Verba 1995).

이러한 문제의식을 가지고 반데스(Jan. W. van Deth)는 정치참여의 기준으로서 네 가지로 제시하였는데, 그것은 첫째, 성향(orientation)이나 태도(attitude), 또는 의견(opinion)이 아니라 '행위(action)'일 것, 둘째, 강제나 위협에 따른 것이 아닌 자유의지를 기반으로 한 '자발적인 행동(voluntary activity)'일 것, 셋째, 공직자나 정치인, 언론인 등과 같이 정치와 관련된 전문직업인이 아니라 영리를 추구하지 않는 '평범한 아마추어 시민에 의한 것(by citizens), 넷째, 제도정치의 영역에서 발생하는 행위일 것 등이다(Deth 2014, 349-367). 그는 최소한 이러한 조건들을 갖추고 있을 때 비로소 주권자인 국민이 정치에 참여하는 것으로 인정해 줄 수 있다는 것이다.

3. 다중의 정치참여와 다중운동

1) 다중의 정치참여 형태

다중의 정치참여 유형으로서는 우선 제도적 참여, 저항적 참여, 표현적 참여 등으로 구분할 수 있다. 제도적 참여의 구체적 사례로서는 투표, 예산회의 참가, 정당 가입, 정치인 접촉 등을 지적할 수 있으며, 저항적 참여란 진정서 서명, 시위, 가두점거, 슬로건 페인팅, 플래시 몹 등이 여기에 해당한다. 또한 표현적 참여의 유형으로는 소비자 운동, 불매운동, 인터넷 토론, 소셜 미디어의 프로필 사진 바꾸기, 홈페이지에 배너/리본 달기 등을 지적할 수 있다(김한나 2016, 86). 이러한 참여유형의 구분은 참여의 대상이나 동기를 기준으로 하여 조작적 개념화를 시도한 것이라고 할 수 있다.

나아가 다중의 정치참여에 대한 자발성 여부를 기준으로 구분할 수도 있는데, 참여자 본인의 자유의사에 의한 '자발적 참여'와 강제적 동원에 의한 '비자발적 참여'로 나누어 볼 수 있다. 물론 이 두 가지 가운데 다중의 정치참여가 자유 민주주의의 정치과정에서 의미를 갖는 것은 자발적 참여이다. 비자발적 참여는 인민 민주주의라고 하는 강권적 통제체제에서 이루어지고 있는 참여형태이기 때문이다.

참여가 일상적인가 아닌가에 따라 '인습적(conventional) 정치참여'와 '비인습적(unconventional) 정치참여'로 나누어 볼 수도 있다. 전자는 투표참여의 경우와 같이 참여자의 행위가 보편적인 사회기준이나 정치문화에 부합하는 형태를 의미하는 데 반해서 후자는 통상적인 사회기준에 부합하지 않거나 일상적으로 관찰되지 않는 행위를 말한다(윤종빈 외 2017, 20). 이러한 점에서 박근혜 대통령의 탄핵을 위한 촛불집회는 합법적이었지만 일상적인 것은 아니었다는 점에서 비인습적 정치참여였다고 하겠다.

이처럼 다중의 정치참여는 그 형태뿐만 아니라 참여의 수단과 방법에 있어서도 더욱 다양화되어가고 있는데, 특히 네트워크를 주목할 필요가 있다. 네그리와 하트에 의하면 공공이익은 다중의 공통적인 참여, 즉 네트워크를 통해서 생산할 것을 주장하고 있다. 네트워크는 본질적으로 중심이 없기 때문에 특정 세력에 의해 이끌어지지 않는다는 점에서 다중이 공통적인 것을 생산할 수 있는 수단이라고 보기 때문이다(네그리 2009, 18). 최근의 촛불집회들은 바로 이러한 정치참여의 이점을 최대한 활용하고 있다고 볼 수 있다.

2) 다중운동으로서의 촛불집회

다중운동의 전형적인 예라고 할 수 있는 촛불집회는 2002년 미군 장갑차에 의한 여중생 사망사건을 시작으로 2004년 노무현 대통령 탄핵반대 촛불집회와 2008년의 미국산 쇠고기 수입반대를 거쳐서 2016-2017년 국정농단 규탄 및 박근혜 대통령 퇴진 이슈로 이어졌다.

이러한 촛불집회들을 살펴보면 민주화와 정보화가 교차되고 동반 발전하는 흐름 속에서 촛불이라는 정치적 기표를 통해 시민들의 자발적 결사와 동원을 촉진하는 방식으로 구성되는 '경로 의존적 변화(path-dependent change)'를 보여 주었다. 구체적으로 말하면 역대 촛불집회는 공통성(지속성)과 이질성(가변성)이 존재하고 있으며, 이질성은 다중운동으로서 촛불집회의 성격을 강화시키는 현상이었다고 볼 수 있다. 왜냐하면 촛불집회 이슈의 국민적 공감대와 참여규모가 지속적으로 확장되었을 뿐만 아니라, 기성 사회운동 단체의 리더십이 약화된 반면에 시민들의 자율성과 주도성이 크게 강화되었기 때문이다.

나아가 다중운동의 자원으로서 뉴미디어 활용 비중이 증대되었고, 운동 전략으로서 폭력에 대한 무관용과 운동이슈의 통제 및 정당의 선택적 수용을 통한 운동 강령과 연합의 조절이 차별적으로 나타났다. 아울러 대안 민주주의 모델과 미래 정체에 대한 논쟁도 직접 민주주의에서부터 참여-대표 융합 민주주의로 이동하는 양상도 보여주었다. 이처럼 다중운동으로서의 역대 촛불집회들은 지속과 변화를 거듭하면서 역동적 발전을 하여왔다고 볼 수 있다.

그렇다면 가장 최근에 전개된 박근혜 대통령 탄핵국면에서 전개된 다중운동으로서의 촛불집회는 어떠한 특성을 보여주었는가? 우선 이 촛불집회는 분산적 네트워크 형태의 저항방식을 보여주었다는 사실이다. 여기에 참여하였던 수많은 크고 작은 복수의 단체와 조직들이 각각의 특성과 역량에 따라 다양한 방식으로 현실정치에 영향력을 행사하고자 하였던 것이다.

한편 '숙의 민주주의(deliberative democracy)'[1]의 관점에서 볼 때 박근혜 탄핵 촛불집회는 일종의 시민 불복종운동이었다. 그 이유는 촛불집회가 국회 및 헌법재판소 등 제도화된 숙의 기구를 '공론장'과 연결시키기 위한 노력으로 볼 수 있기 때문이다. '우리가

---

1) 숙의(deliberation)라는 용어는 심의, 토의, 토론을 뜻하는 번역어로서 숙의 민주주의는 토론과정을 거쳐 합의에 도달하는 민주적 절차를 의미한다. 흔히 공론조사(deliberative polling)와 같은 방식을 숙의 민주주의의 사례로 간주하게 된 것은 스탠포드대 교수 제임스 피시킨(James S. Fishkin)이 자신이 고안한 공론조사 기법을 숙의 민주주의라고 불렀기 때문이다.

주인이다', '국민의 명령이다', '즉시 탄핵하라' 등의 구호는 대의 민주주의를 배척하는 것이 아니라, 대의자로 하여금 주권자인 시민의 정당한 요구를 이행하도록 만드는 것이 핵심이었다(조정환 2017, 680). 촛불집회의 공론장은 시민들의 의사소통을 위한 일종의 네트워크로서, 숙의 민주주의가 추구하는 민주주의의 공공성을 실현하는데 있어서 핵심적 역할을 하였던 것이다.

이에 반해서 '파수꾼 민주주의(monitory democracy)'[2]의 관점에서 대통령 탄핵 촛불집회는 미디어 포화 사회에서 권력에 대한 시민의 감시와 견제가 자의적 권력을 행사하던 대통령을 파멸시킨 시민 봉기였다. 파수꾼 민주주의는 공론장이 민주적 의사결정의 정당한 토대를 마련하는 역할 뿐만 아니라 권력남용을 감시하고 견제하는 역할도 수행한다는 점을 일깨워 주었다. 특히 '식견을 갖춘 시민과 중립적 언론'이라는 정형화된 시각이 아니라 '감시하는 시민과 상업적 경쟁 속에서 폭로하는 언론'의 역할에 주목하게 만든다(홍성구 2018, 169).

4. 다중운동의 민주주의적 의의

오늘날 대부분의 민주주의 국가에서 운영되고 있는 '대의 민주주의(representative democracy)'의 특징은 투표의 단순 합산(aggregative

---

2) 킨은 민주주의 역사를 정리하면서, 정당과 정치인 중심의 대의제 민주주의가 한계에 이르렀으며 권력 감시자로서 시민이 중심이 되는 '파수꾼 민주주의'라는 새로운 형태가 생겼다고 하였다. 이는 정부, 국제기구, 시민사회조직 등 타인에게 권력을 행사하는 조직과 사람들에 대해 시민이 공적 감시와 통제를 실천하며 권력 집중을 방지한다는 새로운 민주주의를 뜻한다. 구체적인 내용은 (킨 2017) 참조할 것.

voting), 전문가의 지휘와 통제(experts' command and control), 전략적 거래와 협상(strategic bargaining and negotiation) 등으로 요약될 수 있는데, 이것은 대의 민주주의가 일정한 한계를 내포하고 있다는 것을 의미하는 것이기도 하다.[3] 다중운동은 바로 이러한 대의 민주주의의 한계를 보완해 줄 수 있다는 점에서 그 정치적 의의를 다음과 같이 지적해 볼 수 있겠다.

첫째, 다중운동은 '직접 민주주의(direct democracy)'의 한 형태로서 시민이 정치과정에 직접 참여함으로써 '간접 민주주의(indirect democracy)'라고 할 수 있는 대의 민주주의의 약점을 보완해준다는 사실이다. 현대의 대의제 민주주의는 주권자인 시민이 투표라는 수단을 통하여 정치과정에 참여할 수 있지만, 일단 대통령이나 국회의원을 선출한 이후에는 그들의 잘못을 통제하거나 문책할 마땅한 수단이 없다. 바로 이러한 점에서 대의 민주주의는 시민의 일상적인 정치참여가 없는 '선거 민주주의'라는 약점을 가지고 있다. 다중운동은 선거 이후에도 주권자인 시민이 권력자의 잘못에 대하여 다양한 수단을 활용하여 직접적으로 정치적 의사표시를 할 수 있다는 점에서 대의제 민주주의의 한계를 어느 정도 보완해줄 수 있는 것이다.

이러한 점에서 다중운동의 민주주의적 역할을 보다 적극적 관점에서 본다면 장훈이 표현한 것처럼 '고장난 대의제 민주주의에 대한 시민들의 혁신운동'이라고 할 수 있다. 그는 박근혜 대통령 탄핵정국에서 보여준 촛불시위가 직접적으로는 부패 연루와 더불어 심각한 정당성의 위기에 처한 대통령에 대한 시민들의 심판이며,

---

3) 이에 대한 구체적인 논의는 (홍성구 2018, 16-161) 참조.

간접적으로는 제 역할에 충실하지 못하던 정당과 국회가 대통령 탄핵이라는 궁극적 견제에 나서도록 대의제도를 압박한 대의제 민주주의의 혁신운동이라고 하였다(장훈 2017, 51).

둘째, 다중운동은 민주주의의 성공조건이라고 할 수 있는 '주권자의 정치적 관심'을 불러일으키는 데 중요한 역할을 하였다는 점이다. 민주정치과정에 있어서 정치적 무관심은 정치권력을 가진 자의 부패와 남용을 초래하게 된다는 점에서 민주주의의 최대의 적이다. 이러한 점에서 킨(John Keane)은 "민주주의의 정상적 모습은 안정된 사회통합의 상태가 아니라, 역동적이며 폭로에 시달리고 시끄러운 상태"[4]라고 지적한 바 있다. 박근혜 전 대통령의 탄핵정국에서 보여준 촛불시민들의 다중운동에서 알 수 있는 바와 같이 자유로운 네트워크를 통해서 시민의 정치적 관심을 유도하고 자발적인 정치참여를 촉진시킨다는 점에서 건전한 민주적 정치과정을 유지할 수 있도록 해준다.

바로 이러한 점에서 다중운동은 참여 민주주의의 부흥을 견인하고 있는 것이다. 오늘날 시민의 참여는 '대표실패(representation failure)'의 통제라는 일차적 역할을 넘어서 문제해결과 대안추구의 행위로서 상당히 높은 정치적 책임성을 부여받고 있는데, 다중운동은 단순한 항의로서의 참여를 넘어 정치체제의 관념, 제도, 권력 변환의 동력으로서 역할을 하고 있는 것이다.

셋째, 다중운동은 제도권의 특정 정당이나 이익단체의 영향으로부터 벗어나 비교적 자유롭게 공동관심사를 민주적으로 논의하였다

---

4) http://theconversation.com/the-cherry-blossom-uprising-monitorydemocracy-in-korea-74427
　(검색일: 2018. 7. 30.)

는 점에서 상당한 의의를 가지고 있다. 2016-2017년에 전개된 촛불 민주주의 참가자들은 기성 정당들과 제도권 정치를 강렬하게 비판하였을 뿐만 아니라, 기성 제도권을 비판하는데 주도적 역할을 해오던 시민단체, 노동조합 등과도 거리를 두면서 이들 조직의 조직적 지도력을 인정하지 않았다. 실제로 촛불시위가 대규모로 확산되면서 사회운동단체들이 시민의회를 제안하거나 혹은 일부 진보단체들이 통합진보당 사건으로 구속된 이석기 전 의원의 석방을 촛불시위 이슈에 포함시키려하자 참가자들의 반발과 거부를 일으켰던 것은 조직적 리더십 실종의 분명한 사례라고 할 수 있다(장훈 2017, 42-43).

마지막으로 다중운동의 소통과 연결수단으로 활용되고 있는 '사회관계망 서비스(SNS: Social Networking Service)'의 민주주의적 의의이다. 최근 다중운동으로서의 촛불시위는 참여자들이 두루 공감할 수 있는 간단하고도 쉬운 의제를 설정하고 이를 SNS를 통해서 공동으로 생산, 공유, 확산하면서 집회참여를 급격히 확대해나갔다는 사실이다(장훈 2017, 43). 참가자들은 SNS를 통하여 실시간으로 탄핵정국의 변화 상황을 확인하고 대처할 수 있었을 뿐만 아니라, 온라인과 오프라인의 연계를 통해서 그들의 정치적 의사를 더욱 효과적으로 확산시킬 수 있었던 점은 민주정치과정에 있어서 커다란 의미가 있는 것이다.

5. 다중운동의 민주주의적 과제

이상의 논의에서 알 수 있는 바와 같이 다중운동은 전통적인 대의제 민주주의가 가지고 있는 한계를 보완하는 한편, SNS로 대변되는 새로운 정치 환경에 대응하여 주권자의 참여로 직접 민주주의 가능성을 제고하였다는 점에서도 적지 않은 의의를 가지고 있다. 그럼에도 불구하고 다중운동은 역대 촛불집회를 통해서 알 수 있듯이 한국 민주주의의 발전이라는 관점에서 볼 때 적지 않은 발전과제를 안고 있는 것도 사실이다.

첫째, 일상적인 공간에 있어서 '시민정치(civic politics)'의 활성화에 대한 필요성이다. 다중운동은 대의제 민주주의의 약점을 어느 정도 보완할 수는 있지만 그것을 완전히 대체할 수는 없다는 데에 한계가 있다. 2008년 미국산 쇠고기 파동이나 2016-2017년의 박근혜 대통령의 탄핵과 같은 이슈로 대규모 촛불시위가 언제나 가능한 것은 아니기 때문이다. 더욱이 촛불시위로 집권한 정권이라고 하더라도 현재와 같은 대의제 민주정치 체제에서는 촛불민심을 극단적이고 광범위하게 배반한 경우가 아니라면 별 다른 제재수단이 없다. 따라서 향후 다중운동은 중대한 정치적 이슈가 발생하지 않았다고 하더라도 일상적인 공간에서 시민정치를 더욱 활성화시킬 수 있는 구체적 방안들을 모색할 필요가 있다고 하겠다.

둘째, 다중운동을 이끌어가고 있는 주도세력의 문제이다. 박근혜 탄핵 촛불집회의 경우 2016년 11월 12일 처음으로 촛불집회를 주도한 것은 '민중총궐기투쟁본부'였으며, 제4차 집회에서부터는 1,500여 시민단체가 참여하는 '박근혜 정권 퇴진 비상국민행동'으로 그 주최가 바뀌었다. 이처럼 다중운동에는 수많은 단체들이 참여하였을 뿐만 아니라, 그 어떤 단체에도 소속되지 않은 더 많은 개인들이 참여하고 있었다. 따라서 '다중 및 다중운동의 특징'이라고 할 수 있는 다양하고 이질적인 참여자들의 다양한 의견들을 '매우 느슨한 조직체'가 주도하여 체계적으로 수렴하여 민주주의 정치과정에 구체적으로 어떻게 반영할 것인가는 결코 간단한 문제가 아니기 때문이다.

사실상 다중운동은 주도세력이 없는 것이나 마찬가지이며 '자율주의(autonomia)'에 기초하고 있다. 물론 다중운동은 그 본래의 성격에 맞게 활력을 유지하기 위해서는 특정 주도세력의 지도와 관리 속으로 들어가서는 안 된다는 주장에도 일리가 있다. 그렇지만 이렇게 될 경우 다중운동의 실효성이 떨어질 수밖에 없다는 점은 분명한 사실이다.

셋째, 다중운동을 전개하는 세력의 이원화에 따른 문제점이다. 박근혜 대통령의 탄핵정국에서 '탄핵을 요구하는 촛불'과 '탄핵을 반대하는 태극기'라는 대립적인 다중의 시위와 갈등은 적지 않은 혼란을 불러일으켰다. 이처럼 대립적인 두 그룹의 다중운동이 상반된 목적을 가지고 동시적으로 전개되면서 양자 간 대화나 의견 수렴은 거의 불가능한 것이었다. 두 집단이 대립하는 경우에는 역시 '다수의 독재(dictatorship of the majority)'라는 문제점을 가지고 있음에도 불구하고 결국은 다수가 참가하는 그룹의 의견이 반영될 가능성이 높은 것이 현실이다. 태극기 집회의 참가자들이 촛불집회에 비해서 상대적으로 약세였지만 대립적인 다중운동의 갈등이 오랫동안 지속되었다는 점에서 향후 참여 민주주의 발전에 새로운 과제를 던져주고 있다.

넷째, 다중운동이 한국정치의 병폐인 이념적 균열구조를 여전히 극복하지 못하였다는 것이다. 물론 2016-2017년의 촛불집회는 영호남의 지역균열이나 세대균열 구조를 반영하지는 않았고, 사회경제적 요인에 상관없이 다양한 사람들이 집회에 참여하여 향후 항의집회 일상화의 가능성을 확대하였다. 그러나 이념적 균열구조의 반영은 만약 항의집회가 특정한 이념적 정향을 가진 사람들을 중심으로 진행될 경우, 여당 대 야당 혹은 보수 대 진보의 정치적 및 이념적 갈등 표출의 장으로 기능할 수 있다는 한계를 가질 수 있는 것이다(도묘연 2017, 140).

마지막으로 다중운동이 민주주의의 발전에 긍정적인 역할을 수행할 수 있도록 다양한 방안을 모색할 필요가 있다는 점이다. 2016-2017년 촛불집회에 참여한 1,000명을 대상으로 한 '엠브레인 트렌드 모니터(Embrain Trend Monitor)'의 조사에 따르면 응답자의 74.5%가 "국민으로서 자신의 의사를 표현하는데 집회가 효과적인 방법"이라고 응답하였다(아시아경제 2017. 04. 25.). 이것은 다중운동 참여가 저항적 시위문화로서가 아니라 시민들의 요구를 민주정치과정에 투입하는 유효한 방식이 될 수 있음을 시사한다. 따라서 다중운동이 시민들의 이해관계를 대변하는 참여 민주주의 통로로 정착될 수 있으려면 시민들의 정치적 관심을 제고하는 한편, 결사체에 대한 참여를 비롯하여 다양한 정치적 참여와 활동을 유도할 수 있는 법적, 제도적, 교육적 차원에서 실효성 있는 지원방안을 모색할 필요가 있다.

6. 맺는말

다중운동으로서의 촛불집회를 대표하였던 참여자들의 구호가 헌법 제1조의 '대한민국은 민주공화국이다'라는 것이었다. 이 구호는 '대의'와 '민주주의'가 서로 다른 방향으로 움직일 때 주권자인 국민이 직접 나서서 민주주의를 회복시키겠다는 의지의 표현이었다.

2016년 10월 말부터 2017년 4월까지 6개월 동안 전개되었던 촛불집회의 참가자들은 성숙된 시민의식을 보여주었을 뿐만 아니라, 주권자인 시민들의 정치적 지향은 대통령의 탄핵과 정권 교체에 결정적인 영향을 미쳤다. 그 결과 주권자인 시민이 대의 민주주의라는 제도권 정치가 초래한 문제점을 직접 해결하였다는 점에서 직접 민주주의와 참여 민주주의의 의의를 더욱 제고시켜 주었다. 촛불시민들의 힘에 의한 대통령의 탄핵과 구속은 헌법에 규정하고 있는 국민주권주의의 위대한 승리였다고 말할 수 있을 것이다.

이처럼 일련의 촛불집회를 통해서 알 수 있듯이 오늘날의 다중운동은 전통적인 대의제 민주주의 이론에 대한 커다란 도전이자 민주주의를 더욱 발전시키는 중요한 계기를 동시에 제공해주고 있다. 물론 이미 앞에서 지적한 바와 같이 다중운동이 정치적으로 내포하고 있는 문제점과 한계가 없는 것은 아니다. 그럼에도 불구하고 정치현실에서 제기되고 있는 대의제 민주주의의 한계를 보완해 줄 수 있다는 점에서 적지 않은 의의를 가지고 있는 것도 사실이다. 따라서 우리는 학문적 차원에서도 다중운동과 관련하여 참여 민주주의, 숙의 민주주의, 파수꾼 민주주의 등 수많은 민주주의 개념과 이론들에 대한 전반적이고 포괄적인 논의를 통하여 한국의 민주주의를 한층 더 진전시킬 수 있도록 이론적 뒷받침을 하여야 할 것이다.

참고문헌

김한나. 2016. "정치참여의 다양성과 심리적 조건." 『한국정치연구』 25집 1호, 81-110.

도묘연. 2017. "2016년-2017년 박근혜 퇴진 촛불집회 참여의 결정요인." 『의정연구』 23권 2호, 109-146.

송경재. 2018. "다중의 등장과 민주주의 심화: 2016-17년 촛불집회를 중심으로." 『한국지방정치학회보』 8집 2호, 1-27.

안토니오 네그리·마이클 하트. 조정환·정남영·서창현 역. 2008. 『다중: 제국이 지배하는 시대의 전쟁과 민주주의』. 서울: 세종서적.

존 킨. 양현수 역. 2017. 『민주주의의 삶과 죽음』. 서울: 교양인.

윤종빈·정수현 외. 2017. 『국민의 참여가 민주주의를 살린다』. 서울: 푸른길.

이화용. 2014. "네그리와 하트의 '제국'론에 대한 재성찰: 다중과 지구적 민주주의." 『국제정치논총』 54집 1호, 9-34.

장훈. 2017. "촛불의 정치와 민주주의 이론: 현실과 이론, 사실과 가치의 긴장과 균형." 『의정연구』 23권 2호, 38-66.

조정환. 2017. 『절대 민주주의』. 서울: 갈무리.

홍성구. 2018. "박근혜 탄핵 촛불집회의 민주적 함의: 숙의 민주주의와 파수꾼 민주주의를 중심으로." 『한국언론정보학보』 89호, 149-178.

Conway, Margaret M.. 2000. *Political Participation in the United States*. Washington D. C. : C. Q. Press.

Hardt, Michael, and Antonio Negri, 2004. *Multitude: War and Democracy in the Age of Empire*. New York: The Penguin Press.

Huntington, Samuel P., and J. M. Nelson. 1976. *No Easy Choice: Political Participation in Developing Countries*. Cambridge: Harvard University Press.

Keane, John. "The Cherry Blossom Uprising: Monitory Democracy in Korea." http://theconversation.com/the-cherry-blossom-uprising-monitorydemocracy-in-korea-74427(검색일: 2018. 7. 30).

Verba, Sidney. 1996. "The Citizen as Respondent: Sample Surveys and American Democracy Presidential Address, American Political Science Association,

1995." *American Political Science Review* 90(1): 1-7.

Verba, Sidney, K. L. Schlozman, and H. Brady. 1995. *Voice and Equality: Civic Voluntarism in American Politics.* Cambridge: Cambridge University Press.

9장. 촛불집회와 좋은 거버넌스: 대의정치 개혁 과제를 중심으로[*]

이현출(건국대학교) · 장우영(대구가톨릭대학교)

1. 서론

2016-2017년 촛불집회는 민주주의의 이행 30년을 경과하는 시점에서 자발적 시민참여로 총체적 국정실패에 항의하고 권력교체와 사회개혁을 추동한 전환기 사건이었다. 주지하듯이 촛불집회는 국민 요구에 대한 반응성(responsiveness)과 책임성(accountability)이 마비된 전임 정부 국정시스템에 대한 규탄과 정상화 요구에서 비롯되었다. 나아가 촛불집회의 과정에서 대의 민주주의와 대의정치제도에 대한 근본적인 개혁을 요구하는 목소리가 광범하게 분출되었다. 대의 민주주의는 구조적으로 정치적 대표와 시민 간의 이원적 경계를 축으로 작동하기 때문에, 국정농단사태에서 경험한 바처럼 대표 실패(representation failure)가 곧 정부와 국가의 실패로 파급될 가능성이 매우 크다. 현실적으로도 국내외에서 대의 민주주의에

* 이 논문은 국회입법조사처의 정책연구용역보고서 『시민참여형 정치의 확산과 정당정치 개혁 과제』를 수정 및 요약하여 작성하였음.

대한 불신이 광범하게 고조된 상황에서 소수 대표의 정치 독점은 시민과의 거리를 점점 더 확대하고 있다. 특히 대의 민주주의의 견인차인 정당이 대표 기능을 상실하고 책임정치로부터 퇴조하는 양상은 정치적 제도·관행·구조의 전향적인 탈바꿈을 요청한다.

이러한 배경에서 6개월간 21차례에 걸친 촛불집회를 통해 국민의 일반 의지(general will)를 집성한 시민참여형 정치의 의의를 강조할 수 있다. 아울러 그럼에도 촛불집회의 의미와 역할을 성찰적으로 규명할 필요가 있다. 즉 권력교체를 통하여 촛불집회의 요구가 종료되었다거나, 후속적인 제도개혁 없이 촛불혁명으로 미화하는 양극의 인식을 경계해야 한다. 다시 말해서 시민참여형 정치는 단순히 단기적 의제를 공유하고 처방하는 차원을 넘어, 한국 대의 정치의 근본적인 문제점을 성찰하고 중장기적 대안을 정초하는 방향성을 정립해야 한다. 단적으로 2000년대에 대규모 촛불집회가 정례화되다시피 하였지만 그것이 뚜렷한 제도개혁의 성과를 남겼는가에 대해서는 강한 의문이 남는다. 아울러 촛불집회 과정에서 흔하게 목도된 대표(대의 민주주의)냐 참여(참여 민주주의, 직접 민주주의)냐 식의 관념적 이원론도 제도개혁의 장애물이다. 강조하건대 참여 없는 대표와 대표 없는 참여는 각각 파편화된 엘리트 정치와 무정부형 탈정치의 첨경이다.

이러한 문제의식에 토대해서 이 연구는 2016-2017년 촛불집회를 사례로 시민참여형 정치의 특징을 분석하고 대의 민주주의를 강화할 수 있는 좋은 거버넌스(good governance)의 방향을 모색하고자 한다. 이를 위하여 첫째, 이 연구는 미시적 차원에서 촛불집회 참여자 분석을 통하여 시민참여형 정치의 특징을 고찰한다. 구체적으로 촛불집회 참가자 현장 설문조사자료를 활용하여 참가자의 사회경제적 배경의 특징, 정치적 정향(orientation)과 태도(attitude) 및 자원동원(resource mobilization)의 특징을 분석한다. 둘째, 이 연구는 촛불집회에서 제기된 대의정치 개혁 이슈를 추출·분석하여, 거시적 차원에서 대의정치 거버넌스의 변화 방향과 방안을 모색한다. 구체적으로 정치제도 개혁의 차원에서 시민참여로부터 제기된 요구를 고찰하고, 민주주의 기능부전을 해소할 제도적 과제를 제언한다. 특히 헌법 개정이 중대이슈로 부상하고 있는 상황에서 이러한 분석과 논의는 대의 민주주의의 혁신에 실천적으로 기여할 수 있을 것이다. 아울러 이 연구는 정당중심론과 참여중심론의 양 극단을 배격하고, 양자를 유기적으로 수렴한 민주주의 품질 혁신에 학술적 근거를 제공할 수 있을 것이다.

2. 연구의 시각과 분석절차

1) 선행연구 검토

당초 '인민에 의한 자기통치'를 의미하는 민주주의가 대의제와 그 중심적 행위자로서 정당을 중심으로 이해해온 것은 20세기 정치의 특징 중 하나이다. 특히 슘페터는 결정을 행할 사람들을 선출하는 것을 강조하고 선거인에 의한 문제의 결정을 고려하지 않는 것을 상정하였다. 민주주의는 겨우 인민이 스스로의 지배자 역할을 하는 사람을 승인할 것인지 거부할 것인지의 기회를 부여하고 있는 것뿐이라고 하였다(슘페터, 2011). 따라서 슘페터리언 민주주의는 주로 다수결형 민주주의를 상정하고 합의제형 민주주의를 고려하지 않았다고 할 수 있다. 이러한 초기 민주주의의 발전과정에 주권위임과 대표라는 개념에 회의적 견해가 등장하며 대의제 민주주의에 대한 보완 또는 수정을 요구하였다. 아울러 민주주의의 중심적 행위자인 정당과 노동조합의 역할과 존재형태에도 변화가 관찰되어 왔다.

먼저 대의제 민주주의의 변화에 대해 살펴보자. 1990년대 이후 선거와 다수결을 중심으로 하는 민주주의에 대한 대안 민주주의 개념이 등장하여 왔나. 그중에서도 숙의 민주주의(deliberative democracy)와 결사체 민주주의(associative democracy) 등이 주요하게 논의되어 왔다. 이러한 민주주의에 대한 이론적 논의와 함께 그것을 기반으로 한 새로운 민주주의 형태의 경험적 연구나 구체적인 제도 제안을 행하는 연구들이 등장하였다. 그러한 경험적 연구의 중심 테마의 하나는 미니 공중(mini-publics)이라 불리는 민주주의 정치과정에서의 공적 숙의와 참여 거버넌스의 혁신 방안들에 관한 것이다. 미니 공중의 개념은 달(Dahl 1989)에 의해 처음으로 제안된 것으로 다양한 형태의 무작위로 선출된 시민으로 구성되고, 정보에 기초한 숙의를 통하여 공동체 문제에 대한 정책제안 또는 건의를 하는 것을 말한다.

문제는 이러한 민주주의의 새로운 혁신 노력과 기존 대의 민주주의와의 관계를 어떻게 설정할 것인가에 있다. 새롭게 논의되고 있는 많은 대안이 대의제 민주주의의 완전한 대체를 추구하는 것이 아니라는 점은 분명한 것 같다. 그럼에도 불구하고 그러한 모델들이 대의 민주주의를 단순히 '보완'하는 것으로만 보아야 할지 여부에 대해서는 논란의 여지가 있다. 대의제 민주주의의 정통성이 불충분한 경우에는 새로운 민주주의 모델들은 단순한 보완에 머무르지 않고, 새로운 '회로'로서 중요성을 갖게 될 수도 있을 것이기 때문이다.

2008년 촛불집회를 계기로 제도정치와 광장정치에 대한 논의 당시 대의제 수렴론의 경우 "촛불집회는 민주주의 제도들이 무기력하고 작동하지 않고 그 중심적 메커니즘으로서 정당이 제 기능을 못할 정도로 허약할 때 그 자리를 대신한 일종의 구원투수 같은 역할을 수행했다"고 평하면서도 "운동만으로 민주주의를 수호하고 발전시키는 일은 불충분하다"며 제도정치 강화론을 주장한 바 있다(이순혁 2008). 이러한 주장에 따르면 다양한 새로운 민주주의 논의는 대의 민주주의의 하나의 보완재로서 기능만 인정할 따름이다. 이에 반해 민주주의를 제도정치 중심으로만 파악해서는 안 되며 제도정치와 사회운동의 관계로 인식해야 한다는 논의가 제기되기도 하였다(조희연 등 2008). 나아가 국민의 의견을 국가정책으로 전환하는 것이 민주주의의 본령이기 때문에, 직접 민주주의를 상시적으로 실현해야 한다는 주장이 제기되기도 하였다(김동성 2008). 이러한 맥락에서 광장정치의 제도화를 주장하는 입장에서는 미니 공중론에 입각하여 추첨민회(이지문 2017)나 시민의회(김상준 2017)를 주장하기도 한다.

다음으로 민주주의의 주요 행위자의 변화에 대해 살펴보자. 먼저 정당의 변화에 주목할 필요가 있다. 오늘날 정당은 그동안 정당 존립의 기초로 간주되어온 사회적 균열구조의 해체 또는 이에 수반된 정당지지의 유동화와 무당파층의 증가, 투표율의 동반 하락이 지적되어온 것이다(이현출 2000). 이러한 정당의 약화 경향은 서유럽의 여러 나라 사례에서 공통적으로 나타나고 있다(Mair 2006). 따라서 오늘날 정치과정에는 정당의 중심성이 쇠퇴하고 지도자 개인의 정치적 영향력이 강화되는 정치의 사인화(personalization of politics) 경향이 강화되어 온 것을 알 수 있다(이현출 2014). 이러한 사인화 추세 속에 정당은 새로운 지지기반을 새로운 방법으로 모색하지 않으면 안 되는 상황에서 스타 리더십에 의존하는 경향이 강해졌다. 이와 함께 인종적 유대 등에 기초한 민족주의적 포퓰리즘에 호소하거나, 지역적 차원을 중시하는 지역정당으로 지지를 넓혀가는 사례를 볼 수 있다.

마지막으로 정당 이외의 여러 사회집단의 변화에 주목할 필요가 있다. 먼저 노동조합의 정치적·조직적 기반쇠퇴가 두드러지고 있다(Offe 1985). 노동자 중에서도 인식의 다양화가 일어나고 노동환경의 급격한 변화로 인한 노동조합의 결속력이 저하하고 있는 것은 한국에서도 나타나고 있다. 이와 함께 1960년대 이래 노동운동 이외의 다양한 사회운동을 통칭하여 신사회운동이라는 이름으로 불러왔다. 그러나 이러한 사회운동도 오늘날 동력을 잃고 있다. 그동안 민주노총이나 참여연대 등 노동운동, 사회운동단체들이 외롭게 싸울 때 전혀 호응하지 않았던 일반 대중들이 이제는 더 빨리 광장으로 나가는 현실(장훈 2017)이 이를 말해주고 있다. 아울러 이러한 현실은 기존의 민주주의론에서 상정한 주체의 변화를 말하며, 이는 다시 대의 민주주의 운영방식의 변화를 요구한다고 볼 수 있다. 이러한 맥락에서 촛불집회와 같은 시민참여형 정치가 민주주의의 지속과 변화에 미치는 영향과 함의는 대단히 실체적이며 엄중하다고 할 수 있을 것이다.

2002년 미군 장갑차에 의한 여중생 사망 사건 항의를 시작으로 2004년 노무현 전 대통령 탄핵반대와 2008년 미국산 쇠고기 수입 반대 등 촛불집회는 2000년대 한국정치의 주요 격변기에서 시민참여형 정치의 전형으로 정착되었다. 그리고 이러한 촛불집회에서 나타난 시민참여의 특징 및 요구에 주목한 두 연구 흐름이 조성되었다. 대표적으로 전자의 경우 새로운 시민참여의 형태로서의 네트워크 사회운동 분석(송경재 2009; 조희정·강장묵 2008; 장우영 2010, 2012) 및 온라인 공론장의 촛불이슈 분석(장우영·박한우 2008)이 시도되었고, 후자의 경우 정당정치의 한계와 개혁과제 탐구(고원 2008; 김호기 2008) 및 민주주의의 대안모델 탐색(홍성구 2009; 강용진 2008; 홍성태 2008)이 시도되었다.

구체적으로 첫째, 미시적 차원에서는 촛불집회 참가자의 특성과 태도에 관한 연구가 수행되었다. 조기숙(2008)은 북한·미국 및 신자유주의에 대한 인식에 근거해서 참가자의 이념 성향 분석을 통해 촛불집회의 성격을 규명하였다. 그리고 조기숙·박혜윤(2008)은 특히 탈물질주의 가치를 중심으로 촛불집회 참가자의 문화적 정향을 분석하였다. 이어서 이현우(2008)는 대표성 변화에 따른 새로운 정치참여 유형으로서의 촛불집회 특징을 규명하였다. 또한 이갑윤(2010)은 사회경제적 배경 및 정치적 정향과 태도 요인을 중심으로 촛불집회 참가 강도를 분석하였다. 그리고 윤성이·장우영(2008)은 촛불집회 청소년 참가자들을 대상으로 한 현장 설문조사 결과와 청소년 온라인 커뮤니티 참여결과를 중심으로 청소년 정치참여와 정치사회화 변화 특징을 고찰하였다. 2016-2017년 촛불집회에서도 이현우(2017), 장우영(2017), 민희·윤성이(2017)가 촛불집회 참가자 설문조사자료를 바탕으로 참여 요인과 경로를 분석하고 있다. 특히 2016-2017년 촛불집회 연구에서는 개인 차원에서 정치참여를 촉진하는 정치적 인식과 효능감 및 자원동원을 주요 변수로 다루는 연구들이 제출되었다. 장우영(2017)은 세 요인을 복합적으로 반영한 경험적 분석을 통해 개인 차원의 정치참여에 미치는 영향요인을 분석하였다. 도묘연(2017)은 정치효능감을 비롯해서 사회적 신뢰와 민주주의 인식에서 촛불집회 지지자와 반대자 사이에 차이를 드러냈다는 점을 규명하였다. 그리고 민희·윤성이(2007)는 불만이라는 감정 요인이 다른 변인들과 맞물려 촛불집회 참가를 촉진한 점을 경험적으로 분석하였다.

둘째, 정치구조와 정치제도의 측면에서 촛불집회의 발생 원인을 규명하는 연구도 이어졌다. 허태회·장우영(2009)은 2008년 촛불집회에서의 시민저항이 민주주의 공고화를 지체시키는 정치구조와 대통령의 권위주의적 통치행태로 인해 발생함으로써 민주화 과정론과 맞닿아 있다는 분석을 내놓았다. 즉 인터넷과 소셜 미디어(social media) 환경에서 국민의 정치의식과 참여 욕구가 증대하고 있는 반면, 이에 대한 정부 반응성이 낮아 갈등이 심화되어 시민들이 노후한 정치 패러다임에 불복하는 대중운동으로 확산되었다는 것이다. 한편 장훈(2017)은 2016 -2017년 촛불집회는 표면적으로 정경유착, 문화인 블랙리스트, 역사교과서 국정화 등 이른바 국정농단에 대한 분노에서 기인하였다는 진단이 우세하지만, 그보다는 새로운 정치주체의 등장에 대한 대의제도의 부조응에서 발생한 결과, 특히 대통령제 민주주의의 문제를 원천적으로 혁신해야 한다고 분석하였다. 최장집·서복경·박찬표·박상훈(2017)은 대의 민주주의의 관점에서 촛불집회 성격과 정당정치를 중심으로 한 정치개혁 과제를 분석하였다. 그리고 손호철(2017)은 거시적 관점에서 촛불집회의 성격을 고찰하였는데, 박정희체제의 잔재와 87년 체제의 제도적 한계, 그리고 97년 체제의 사회경제적 모순이 중층적으로 결합되어 발생한 사회경제적 불만의 표출이라는 분석을 제시하였다.

셋째, 이러한 촛불집회에서 나타난 시민참여형 정치양태에 근거해서 대의 민주주의를 넘어서는 대안적 민주주의를 탐색하는 연구도 제출되고 있다. 김상준(2017)은 시민의회를 통한 정치참여 제도화와 대의 민주주의 혁신을 제안하고 있다. 구체적으로 2011년 당시 아일랜드의 진취적 정당들이 시민사회와 함께 시민의회를 통한 정치개혁과 개헌의 발상을 공유하면서, 정당, 의회, 정치인 전체에 대한 대중의 깊은 불신을 완화하고 정치혁신을 이끈 성공요인을 분석하였다. 그리고 임혁백(2017)은 2016-2017년 촛불집회의 성격을 '촛불혁명'으로 규정하며 전환기 정의 실현을 당면한 목표로 제시하고 있다. 특히 대의 민주주의의 구조적 문제와 대중적 피로에 대하여 제도화된 시민참여를 흡인하여 통치양식을 재조정하는 혼합정체와 헤테라키 민주주의(heterarchial democracy) 모델의 창안을 제안하였다.

2) 분석틀과 분석방법

이러한 선행연구 검토에 기반해서 이 연구는 시민참여형 정치의 인식 틀에서 2016-2017년 촛불집회의 특징과 정치개혁 과제를 분석하고자 한다. 우선 이 연구는 촛불집회 참가자 설문조사자료를 토대로 과거 사회운동과 구분되는 촛불집회의 시민참여형 정치의 특징을 고찰한다. 이 설문조사는 주최 측 추산 170만 명이 참가한 2016년 11월 26일 제5차 촛불집회 참가자들을 대상으로 3개 도시의 현장에서 동시에 시행되었으며, 총 1,230명(서울 550명, 대구 340명, 광주 340명)의 응답을 확보하여 분석에 활용하였다. 주지하듯이 2016-2017년 촛불집회는 사상 최장기간 최대 규모의 시민참여를 통해 헌정질서의 틀 안에서 정치적 불확실성을 제거하고 문제를 해결하는 역량을 선보였다. 촛불집회의 자발성과 지속성은 참가자들의 공동 목표와 정치적 반응에 대한 확신에 근거하는 바, 이러한 최고조의 정치적 효능감(political efficacy)과 확정적인 권력교체 국면을 창출한 배경을 고찰한다.

다음으로 이 연구는 촛불집회에서 발현된 시민참여형 정치의 동인과 동력이 무엇이었는지를 분석한다. 이를 위해서 두 측면의 이론적 접근을 상보적으로 활용할 필요가 있다. 우선 정치과정론의 시각에서 참여집단의 사회경제적 배경은 가장 기본적인 요인인데, 특히 소득과 교육 수준의 중요성이 강조된다. 그리고 참가집단이 공유하는 관심과 이해에 의거한 집합적 정체성(collective identity)도 정치참여의 필수적인 요인이다. 특히 이슈에 대한 공동의 목표의식과 효능감이 임계수준으로 발현되는가의 여부는 정치참여의 성패를 가늠하는 관건으로 강조된다. 또한 참가집단의 정치적 정향과 태도도 정치참여의 주요 변수로, 전자는 정치 현실에 대한 기본적인 인지적(cognitive) 정향을 그리고 후자는 정치체제에 대한 평가적(evaluative) 정향을 드러낸다.

이어서 사회운동론의 시각에서 자원동원을 설명변수로 활용한다.

자원동원은 정치참여에서 집단이나 개인이 가용할 수 있는 자원의 규모와 능력을 뜻한다. 과거에는 사회운동을 주도하는 결사체 등 운동집단의 조직 규모와, 매스미디어 PR(Public Relationship) 능력, 자금 모금액 등이 중요한 자원으로 간주되었다. 반면 세계화와 정보화 등 전 지구적 사회 환경 변화에 따라 개인 차원의 자원동원의 중요성이 크게 증대되었다. 즉 국경을 넘어서는 유동성 증대와 물질주의적 균열(materialistic cleavage)을 가로지르는 이해관계의 다변화 및 정보통신기술 활용의 개인화로 결사체 기반의 사회운동이 퇴조하고 개인 기반의 자율적 결사로 사회운동의 성격이 크게 탈바꿈되고 있다. 이 연구에서는 특히 촛불집회 과정에서의 미디어 신뢰와 활용에 초점을 맞추어 논의를 진행한다.

이 연구는 이와 같이 미시적 차원에서 촛불집회의 특징을 분석한 뒤, 나아가 거시적 차원에서 촛불집회의 정치개혁 의제를 분석하여 대의정치 거버넌스의 변화 방향을 모색한다. 구체적으로 이는 촛불집회 참가자 설문조사 검토에 이어, 촛불집회 정책이슈 분석을 통해 수행한다. 이를 위해서 촛불집회에서 제기된 정책이슈 세트를 활용한다. 이 데이터는 1차-21차 기간 동안 포털(네이버)의 언론보도기사를 대상으로 빅 데이터 분석(big data analysis)을 통해 추출한 100대 정책 키워드로 구성되었다(조인호·장우영·최성철 2017). 따라서 촛불집회 참가자들로부터 발원한 정책이슈를 도출하는데 적실성이 매우 높은 분석 데이터라고 할 수 있을 것이다. 그리고 이 중에서 대의정치 개혁에 관련된 이슈를 추출하여 분석함으로써 논의의 충실성을 기할 수 있을 것으로 기대된다.

3. 촛불집회 참가자 분석

이 장에서는 촛불집회 참가자들의 사회경제적 배경을 비롯해서 참여과정에서 나타난 제반 특징을 고찰하기로 한다. 촛불집회는 상대적으로 참여비용이 크고 참여에 개입되는 변수가 복잡한 전형적인 비제도적(비관습적) 참여방식으로 간주할 수 있다. 그럼에도 장기간 범국민적 참여와 시위가 지속될 수 있었던 이유에 대해서는 단순히 현직 대통령 탄핵이라는 이슈의 중대성을 넘어 여러 범주에서 구체적인 탐문이 요청된다. 이 문제를 규명하기 위하여 촛불집회 참가자 설문조사를 활용해서 사회경제적 정치심리적 차원의 다양한 요인들을 고찰하고자 한다. 덧붙이면 박근혜 전 대통령 탄핵이 확정되기 전까지 모두 21차례의 촛불집회가 개최되었다는 점에서 특정 차수의 설문조사만으로 주장을 합리화하는 것은 제한적이다. 그러나 자료의 한계가 불가피하다 하더라도 촛불집회 기간 동안 국민적 공분과 대통령 퇴진(탄핵, 하야 등) 목표가 일관되었다는 점에서 이는 적지 않게 상쇄된다고 여겨진다. 또한 5차 촛불집회가 6차 촛불집회에 이어 두 번째로 많은 참가자 규모를 기록했다는 점도 설문조사의 의의를 제고할 수 있을 것이라 판단된다.

1) 사회경제적 특성

우선 촛불집회 참가자의 사회경제적 특성을 고찰하면 다음과 같다. 첫째, 참가자 성비는 남성 54.4%와 여성 45.6%로 나타났다. 이는 남성의 비관습적 정치참여가 더 활발할 것이라는 통념에 배치되는 결과이다. 즉 촛불집회는 성별을 넘어 국민 일반의 공감대를 형성하였다고 볼 수 있다. 아울러 가족과 친구 단위의 비결사체적 참가가 활발했던 점도 참여과정에서의 성별 괴리를 일정하게 상쇄했을 수 있었을 것이다. 물론 이는 5차 촛불집회라는 특정 단면에서 확인되는 결과이기 때문에, 참가횟수나 참가자의 자발성 등을 기준으로 고찰할 경우 성별 간 차이가 유의하게 나타날 수 있다는 점을 배제할 수는 없다.

둘째, 참가자 연령대는 20대(31.5%)와 40대(20.3%)가 가장 많았고 이어서 50대(15.4%)와 30대(14.7%)가 비슷한 분포를 보였다. 그동안 정치참여에 가장 소극적이라고 평가받은 20대 참가율이 가장 높게 나타난 점은 특기할 만한 점이다. 이는 촛불집회의 대의에 대한 공감과 함께 신자유주의의 확산 이래 사회경제적 환경이 극도로 열악한 가운데 불안정한 고용과 흙수저 세대로서의 부침이 반영된 결과로 이해된다. 특히 촛불집회 도화선 중 하나였던 정유라 특혜 지원과 부정입학사건은 20대에게 상대적으로 더 큰 충격을 주었던 것으로 거론되어왔다.

한편 혹독한 입시환경에 둘러싸인 18세 이하(8.5%)의 참가가 활발했던 점도 특징적이다. 정치적 무관심도가 가장 높은 세대의 이러한 높은 정치참여 열기는 이례적인 현상이다. 반면 기성세대의 청소년기에 비해 현 청소년 세대가 정치지식을 더 풍성하게 습득하고 있고 민주주의 학습 역량도 더 크다는 점에서 정치적 격변기에 이들의 참여가 활발하게 나타난 것은 자연스러운 현상으로 인식할 수도 있다. 특히 386으로 불리는 이들의 부모 세대가 민주주의 이행을 경험한 주역으로서 가정에서의 정치사회화(political socialization)가 과거와 달리 탈권위적이고 민주적인 양상을 띤 점도 활발한 정치참여의 토양이 되었을 수 있다.

셋째, 참가자 학력은 대학 졸업(54.3%), 고졸(20.5%), 대학원 재학 이상(11.2%) 순으로 분포하여 학력 수준이 매우 높은 것으로 나타났다. 고졸 미만의 학력은 14.0%에 불과했는데, 이 중에 현 재학생이 상당수 포함되어 있다. 이는 우리 사회의 고학력 현황을 반영하는 한편, 높은 교육 수준이 사회운동 참가에 필요한 정보와 지식을 습득하는데 기여한 것으로 풀이된다.

넷째, 참가자의 사회경제적 배경을 살펴보면 다음과 같다. 우선 고용상태를 살펴보면, 정규직·자영업(39.8%), 학생·주부(36.8%)가 압도적으로 높은 비중으로 나타났다. 반면 그 외의 직업군은 비정규직·계약직(10.0%), 실업상태(4.4%), 일용직·아르바이트(2.8%)로 나타나 사회경제적 배경에서 전자와 뚜렷한 대조를 보였다. 이는 사회경제적 측면에서 참여 조건이 상대적으로 안정적인 계층이 주도적으로 촛불집회에 참가하였음을 방증한다. 그리고 월평균 가구소득을 살펴보면, 201~400만 원(32.4%)과 401~600만 원(32.4%)이 가장 높게 나타났고, 이어서 601~800만 원(12.6%), 200만 원 이하(11.1%), 801만 원 이상(11.1%) 순의 분포를 보여 중간층 소득집단의 참여도가 상대적으로 높았다는 것을 방증한다.

2) 참여의 동인

촛불집회의 가장 큰 특징 중 하나는 6개월 가까이 장기적으로 지속된 범국민적 운동이었으며 다소의 부침에도 참가자 수가 대규모로 유지되었다는 것이다. 5차까지의 촛불집회 참가 현황을 살펴보면 1회 참가 44.9%와 2회 이상 참가 55.1%로 나타났다. 전체 5

차까지의 촛불집회 중에서 3회 이상 참가자도 30.4%로 나타나 촛불집회 초기부터 참여도가 매우 높았다는 것을 알 수 있다. 그렇다면 이를 촉진한 요인들은 무엇이었을까?

첫째, 참가자들은 촛불집회 발생 원인으로 절대다수가 박근혜 대통령(77.2%)을 지목하였다. 이어서 최순실 일가(13.9%), 문고리 3인방 등 청와대 비서진(3.7%), 정부 내각(2.5%), 친박계 국회의원(2.0%) 순으로 촛불집회 발생 원인을 꼽았다. 이러한 결과는 국정농단사태에 대한 대통령의 개입 여부가 실체적 증거를 통해 명확하게 규명되지 않은 상황임에도, 참가자들은 확증적으로 대통령의 개입에 강한 의혹을 가진 것은 물론, 비정상적인 권력 사유화와 국정농단이 전방위적으로 이루어진 데 대한 분노가 임계점을 넘었기 때문이었다.

둘째, 참가자들은 대통령 리더십의 가장 큰 문제점을 무능력(57.2%)으로 꼽았고, 이어서 불통(17.5%), 부도덕(14.1%), 독선(8.4%), 불공정(2.5%)을 꼽았다. 무능력을 가장 큰 문제점으로 지목한 것은 유의할 만한데, 즉 참가자들은 국정농단사태에서 통치의 규범성보다 대통령의 정치적 역량과 책임감 부족을 더 큰 문제점으로 인식했다는 점이다. 또한 박근혜 정부에서 대통령의 불통은 끊임없이 제기된 문제로 국민적 반감을 누적시켰다고 볼 수 있다.

셋째, 참가자들은 집권당에 대해서도 국정농단의 연대책임을 제기하였다. 즉 집권당의 바람직한 미래에 대한 설문에 대한 응답으로 새누리당 해체(69.8%)가 압도적으로 높았고, 이어서 친박계 탈당(12.8%), 당지도부 퇴진(8.7%), 대통령 출당(5.4%), 비박계 탈당(3.0) 순의 응답 분포를 보였다. 이는 국정농단의 책임을 집권당에게 동시에 묻는 결과로서, 특히 공적인 권력을 사인화한 친박계 의원과 당 지도부에게 공분의 책임을 더 크게 추궁하였다.

넷째, 참가자들은 박근혜 정부에서의 우리나라 정치체제가 민주주의에서 상당히 퇴행하였다고 인식하였다. 즉 참가자들의 다수는 한국 정치체제를 권위주의 체제(48.1%)로 인식하였고, 이어서 민주주의 체제와 권위주의 체제의 경계(34.1%), 민주주의 체제(17.7%)로 인식하였다. 이러한 응답 분포는 우리 사회가 민주주의 이행 30년에 이른 시점에서 민주주의가 정체를 넘어 퇴행하고 있다는 평가를 시사한다. 특히 이는 권력형성의 유일한 제도이자 주기적으로 공정한 게임으로서 선거가 제도화되고 두 차례의 권력교체를 통해 절차적 민주주의가 진전되었음에도 불구하고, 우리 사회가 선거 민주주의를 넘어서는 질적인 도약을 이루지 못했다는 것을 방증한다. 나아가 후발 민주주의 국가에서 나타나는 한계를 여실히 드러냈는데, 즉 민주적으로 선출되었으나 권위주의적으로 통치하는 양태를 벗어나지 못하였다는 것이다.

3) 참여의 목표와 효능감

그렇다면 참가자들의 궁극적인 목표는 무엇이었을까? 그리고 그들은 어떠한 신념과 감정으로 참가하였으며, 주된 참가방식은 무엇이었을까? 무엇보다 참가들의 목표는 압도적으로 대통령 퇴진(91.9%)으로 나타났다. 구체적으로 대통령의 즉각적인 하야가 75.7%로 나타났고 이어서 대통령 탄핵이 16.6%로 나타나 촛불집회 초기 국면에서 이미 압도적인 지지 철회와 민심 이반이 확인되었다. 특히 국회와 헌법재판소의 탄핵 소추와 심판을 경유하지 않은 자발적인 사퇴가 참가자 대다수의 요구였던 점은 국민적 분노의 감정이 극에 달하였음을 보여준다. 이 밖에 대통령의 사과(5.0%), 거국내각 수립(2.3%), 책임총리 선출(0.7%) 등은 문제해결의 대안으로 고려되지 않았음을 알 수 있다.

이러한 결과는 국정농단사건에 대한 분노의 감정 수준으로 뒷받침된다. 최순실 게이트에 대하여 분노의 감정을 얼마나 느꼈는가에 대한 질문에 참가자들의 응답 분포는 매우 강함(82.8%)과 다소 강함(13.1%)의 순으로 나타났고, 별로 느끼지 않음(0.6%)과 전혀(0.2%) 느끼지 않음 및 보통(3.4%)은 극소수에 불과했다. 분노는 불안이나 혼란과는 달리 사회운동 참가를 촉진하는 요인이라는 점에서, 극에 달한 분노의 감정이 촛불집회 참가와 확산을 촉발하였다고 인식할 수 있다.

촛불집회 참가 목표가 어느 정도 이루어지리라고 믿고 있는가에 대한 질문에 참가자들은 어느 정도 달성(58.2%)과 완전히 달성(25.0%)으로 응답하여 정치효능감이 이례적으로 높았다는 것을 확인할 수 있다. 이 밖에 보통(9.6%), 별로 이루어지지 않음(5.8%), 전혀 이루어지지 않음(1.4%)의 응답 분포를 보였다. 이러한 정치효능감은 촛불집회 참가의 자발성과 지속성을 강화하는 데 기여했을 것으로 판단된다.

촛불집회 확산 요인 중 중요하게 검토할 수 있는 한 가지는 참가 방식이다. 누구와 함께 촛불집회에 참가했는가라는 질문에 참가자들은 친구(40.2%), 가족(30.7%), 혼자(15.1%), 직장 동료(6.4%), 사제(0.7%) 순으로 응답 분포를 보였으며 결사체를 통한 참가는 3.9%에 불과하였다. 이렇듯 2000년대에 접어들어 결사체 기반의 사회운동 레퍼토리의 변화가 상징적으로 분출하기 시작한 것이 바로 촛불집회라고 할 수 있다. 즉 사회운동의 지도부가 부재한 가운데 자발적 시민결사가 그것을 대체하였고, 획일적인 구호와 참가단체의 깃발을 앞세운 집회가 시민들의 다양한 퍼포먼스와 축제의 무대로 변모하였다. 예단하건대 촛불집회가 과거의 사회운동과 같이 시민사회단체 중심의 조직화와 참가로 전개되었다면, 범국민적 항의운동으로 확산되지 못했을 가능성을 배제할 수 없을 것이다.

4) 정치적 정향과 태도

이 절에서는 촛불집회 참가자의 정치적 정향과 태도의 특징을 고찰하기로 한다. 우선 이념, 정치적 지지, 사회적 신뢰를 중심으로 이들의 정치적 정향을 논의하면 다음과 같다. 첫째, 참가자의 이념 성향은 진보와 중도 영역에 기울어져 형성되었다. 즉 다소 진보(48.5%), 중도(31.3%), 다소 보수(12.4%), 매우 진보(8.7%), 매우 보수(1.1%)의 응답 분포를 보였다. 촛불집회 기간 동안의 제반 여론조사 결과를 종합하면 대통령 퇴진을 요구하는 국민여론은 대략 70-80%대로 나타났는데, 실제 촛불집회에서 현장에는 보수 성향 집단이 진보와 중도 성향 집단보다 소극적으로 참가했던 것으로 판단된다. 물론 보수 성향 집단의 참여가 상대적으로 저조했다는 점에 근거해서 촛불집회를 진보·중도 편향적 사회운동이었다고 규정할 수는 없다. 이보다는 형성된 여론과 전이된 행동 사이에는 일정한 간극이 존재하며, 보수 성향 집단에서 이 간극이 더 컸다는 것이 촛불집회에 대한 합리적 이해가 될 것이다.

둘째, 촛불집회 참가자의 정당 지지는 더불어민주당(39.8%)이 압도적으로 높아 대통령 퇴진 이후 유력한 수권정당으로 수용될 가능성이 큰 것으로 나타났다. 반면 지지 정당 없음(33.8%)의 응답도 호각세를 이루어 참가자들의 정당 신뢰도가 높지 않았음을 드러냈다. 한편 또 다른 특징으로는 군소정당인 정의당 지지자(10.7%)가 제3당인 국민의당 지지자(8.5%)보다 촛불집회에 더 많이 참가한 것으로 나타났다는 것이다. 물론 양 지지자 규모 차이가 작아 반드시 통계적으로 유의하다고 볼 수 없지만, 촛불집회에 참가한 중도 성향 집단이 현실적 대안으로 국민의당을 지지하는 쏠림으로 이어지지 않은 것은 눈여겨볼 현상이다. 마지막으로 집권당인 새누리당에 대한 지지(2.4%)가 가장 낮게 나타난 것은 연대책임에 대한 엄중한 경종으로 인식된다.

셋째, 촛불집회 참가자의 사회자본(social capital)과 정치문화 특징은 다음과 같이 나타났다. 우선 참가자들은 생활세계에서의 사적 신뢰가 낮은 것으로 나타났다. 이들은 우연히 마주치는 사람들을 얼마나 신뢰하느냐는 질문에 대하여 별로 신뢰하지 않음(39.8%), 보통(37.2%), 약간 신뢰함(13.7%), 전혀 신뢰하지 않음(8.9%), 매우 신뢰함(0.4%)의 응답 분포를 보였다. 반면 토론 문화의 중요성은 매우 크게 느끼는 것으로 나타났다. 참가자들은 이웃과의 토론이 지역공동체 발전에 얼마나 중요하느냐는 질문에 대하여 매우 중요함(41.0%), 약간 중요함(36.7%), 보통(14.3%), 별로 중요하지 않음(4.9%), 전혀 중요하지 않음(1.1%)의 응답 분포를 보였다. 이에 근거하면 참가자들은 사적 신뢰가 낮은 생활세계에서 공동체 문제 해결을 위하여 토론을 중요시하는 정향을 가지고 있는 것으로 유추할 수 있다.

다음으로 기존 촛불집회 참가 경험과 일상 정치참여를 중심으로 이들의 정치적 태도를 논의하면 다음과 같다. 첫째, 촛불집회 참가자의 39.6%는 이전 촛불집회에 참가한 경험이 있었고 60.4%는 없는 것으로 나타났다. 구체적으로 1-3회 참가(25.0%), 4-6회 참가(6.3%), 10회 이상 참가(6.3%), 7-9회 참가(2.0%)의 분포를 보였다. 반복적인 정치참여 경험은 상대적으로 높은 정치효능감에 기인한 바가 큰 것으로 분석되고 있는바, 신규 참가자 중 일정 비율이 촛불집회 참가 경험을 통해 정치효능감을 높이면서 재참가하는 행태를 가정해볼 수 있을 것이다.

둘째, 촛불집회 참가자의 일상 정치참여활동은 <표 1>의 양상을 보인 것으로 조사되었다. 네 정치참여 유형은 행위자의 거래비용과 액티비티 수준을 반영한다. 즉 A·B 유형보다 C·D 유형이 정치참여에 소요되는 거래비용과 액티비티 수준이 높다. 따라서 일상적으로 A와 B 유형의 정치참여가 C와 D 유형의 정치참여보다 활발할 것으로 예측되었다. 실제의 응답 결과를 살펴보면 A 유형이 일상적으로 가장 활발한 것으로 나타났다. 반면 D 유형이 B 유형보다 활발하게 나타난 점은 다소 이채로운데, 이는 일반인이 아닌 촛불집회 참가자를 대상으로 조사한 결과가 반영된 것으로 추론된다.

<표 1> 촛불집회 참가자의 일상적 정치참여활동

	빈도 (구성비)	전혀 하지 않음	거의 하지 않음	보통	자주 함	매우 자주 함	합계
A	주변 사람들과 정치문제에 대해서 토론하기	60 (4.9)	143 (11.6)	469 (38.1)	440 (35.8)	118 (9.6)	1230 (100.0)
B	인터넷이나 소셜 미디어상에서 정치적 견해를 표현하기	291 (23.7)	345 (28.0)	355 (28.9)	180 (14.6)	59 (4.8)	1230 (100.0)
C	온라인이나 오프라인의 시사·정치 모임에 참가하기	397 (32.3)	366 (29.8)	326 (26.5)	108 (8.8)	33 (2.7)	1230 (100.0)
D	거리 청원이나 집회에 참가하기	124 (10.1)	303 (24.6)	460 (37.4)	234 (19.0)	109 (8.9)	1230 (100.0)

5) 참여 자원동원

이 절에서는 사회운동에 수반되는 자원동원의 초점을 두고 촛불집회 참가자의 특징을 논의한다. 전제하면 조직 기반의 전통적 사회운동에서의 자원동원의 범위는 넓은 반면, 촛불집회와 같은 개인 기반의 사회운동은 자원 활용 여지가 좁기 때문에, 주로 참가자의 미디어 활용과 커뮤니케이션 활동에 국한에서 그 특징을 고찰하기로 한다.

수용자는 모든 미디어와 커뮤니케이션 채널을 향유할 수 없기 때문에, 개인적 신념과 선호에 따라 그것을 취사선택해서 정보를 습득하고 공론 활동을 추구한다. 미디어는 정보통신기술 발전에 매우 민감하게 영향을 받는다. 오늘날에는 기존 매스미디어와 함께 인터넷과 소셜 미디어 등 과거와 비견할 수 없는 뉴미디어가 확산되면서, 다양한 커뮤니케이션 플랫폼이 거대한 미디어 생태계를 구축하며 경쟁적으로 이슈형성과 의제설정을 추동하고 있다. 특히 정치과정과 사회운동에서 미디어는 정보순환을 통하여 정치적 이념적 동류집단(peer group) 연결망을 구축한다. 따라서 정치과정과 사회운동에서 수용자들의 미디어 정보의 신뢰와 소비 수준은 정치적 자원동원 역량에 중요한 영향을 미친다. 가령 촛불집회 발생에서 종합편성채널 JTBC의 최순실 게이트 보도 시리즈는 이슈형성에 결정적인 영향을 미쳤던 것으로 알려지고 있다. 아울러 모바일 환경에 힘입어 페이스북과 카카오톡을 중심으로 국정농단 실상과 촛불집회 공론이 광범하게 확산되며 순식간에 범국민적 여론이 조성되었다. 이렇듯 신생 매체가 촛불집회의 견인차로 역할 했다는 것은 앞서 말한 커뮤니케이션 채널의 플랫폼 다양화와 의제설정 경쟁의 강화 양상을 대변한다.

그렇다면 참가자들은 어떤 미디어의 촛불집회 정보를 가장 신뢰하거나 불신했을까? 먼저 촛불집회 정보 신뢰도는 종합편성채널(60.0%), 인터넷(33.2%), 소셜 미디어·모바일 메신저(31.2%), 종이신문(17.7%), 공중파 TV(11.7%) 순으로 나타났다. 반면 촛불집회 정보 불신도는 공중파 TV(65.1%), 종이신문(46.4%), 소셜 미디어·모바일 메신저(36.6%), 인터넷(33.4%), 종합편성채널(19.5%) 순의 분포를 보였다. 이러한 정합된 역순 관계는 미디어에 대한 신뢰와 불신 정도를 명확하게 보여준다. 덧붙이면 설문조사 현장에서 응답사들은 JTBC를 특정하여 대단히 높은 호감을 보였다는 점을 덧붙일 수 있다. 결국 참가자들은 대체적으로 전통적인 매스미디어 촛불집회 정보에는 비판적으로, 뉴미디어 촛불집회 정보에는 호의적으로 반응하였다고 정리할 수 있다. 따라서 뉴미디어가 자원동원의 기제로서 촛불집회를 점화하는데 일정한 역할을 수행했을 것으로 여겨진다.

<표 2> 미디어별 촛불집회 정보 신뢰도

빈도 (구성비)	전혀 신뢰하지 않는다	별로 신뢰하지 않는다	그저 그렇다	약간 신뢰한다	매우 신뢰한다	합계
공중파 TV	329 (26.7)	472 (38.4)	285 (23.2)	115 (9.3)	29 (2.4)	1230 (100.0)
종합편성채널	88 (7.2)	151 (12.3)	252 (20.5)	498 (40.5)	240 (19.5)	1230 (100.0)
종이신문	192 (15.6)	379 (30.8)	441 (35.9)	181 (14.7)	37 (3.0)	1230 (100.0)
인터넷	133 (10.8)	278 (22.6)	411 (33.4)	336 (27.3)	72 (5.9)	1230 (100.0)
소셜 미디어와 모바일 메신저	169 (13.7)	282 (22.9)	396 (32.2)	275 (22.4)	108 (8.8)	1230 (100.0)

이어서 참가자들의 미디어별 촛불집회 정보습득 정도를 살펴보기로 한다. 먼저 4시간 이상의 경우 종합편성채널(10.4%), 소셜 미디어·모바일 메신저(6.7%), 인터넷(5.8%), 공중파 TV(2.9%), 종이신문(0.8%) 순의 분포를 보였다. 다음으로 3시간 이상 4시간 미만의 경우는 종합편성채널(6.9%), 인터넷(5.4%), 소셜 미디어·모바일 메신저(5.0%), 공중파 TV(2.8%), 종이신문(1.7%) 순으로 나타났다. 마지막으로 2시간 이상 3시간 미만의 경우도 종합편성채널(18.1%), 인터넷(15.8%), 소셜 미디어·모바일 메신저(11.4%), 공중파 TV(6.7%), 종이신문(4.1%) 순으로 나타났다. 이러한 결과는 촛불집회 정보습득에서도 뉴미디어가 매스미디어보다 더 많이 활용되었다는 것을 알려준다. 그리고 비상한 정치변동 국면에서 신뢰와 소비 수준의 비례 관계가 확인되는 것은 음미할 만한 대목이다. 즉 정치참여자들은 신뢰도가 더 높은 미디어 정보를 준거로 정치 현실을 인지하고 재생산하여 정치참여의 자원으로 활용할 수 있다는 것이다.

<표 3> 미디어별 일일 촛불집회 정보습득시간

빈도 (구성비)	1시간 미만	2시간 미만	3시간 미만	4시간 미만	4시간 이상	합계
공중파 TV	887 (72.1)	190 (15.4)	83 (6.7)	34 (2.8)	36 (2.9)	1230 (100.0)
종편 채널	394 (32.0)	400 (32.5)	223 (18.1)	85 (6.9)	128 (10.4)	1230 (100.0)
종이신문	1003 (81.5)	144 (11.7)	51 (4.1)	21 (1.7)	10 (0.8)	1230 (100.0)
인터넷	526 (42.8)	374 (30.4)	194 (15.8)	67 (5.4)	69 (5.6)	1230 (100.0)
소셜 미디어와 모바일 메신저	684 (55.6)	261 (21.2)	140 (11.4)	62 (5.0)	83 (6.7)	1230 (100.0)

사회운동에서 참가자의 미디어 자원동원 양상은 주로 정보전달을 매개한 커뮤니케이션 활동으로 나타난다. 주지하듯이 촛불집회에서의 정보전달과 커뮤니케이션 활동은 소셜 미디어와 모바일 메신저와 같은 1인 미디어 공간에서 전개된다. 이와 관련해서 촛불집회 참가자들은 <표 4>에 정리된 바와 같이 촛불집회 정보를 공유하고 확산시킨 것으로 나타났다. 이 결과는 5차 촛불집회까지의 현황을 보여주고 있고 다른 집회에서의 활동 현황과 비교할 수 없기 때문에 자원동원 수준을 객관적으로 보여주지는 못하나 개략적으로 참가자들의 소셜 미디어 공간에서의 활동의 윤곽을 가늠할 수는 있다. 보다 중요한 것은 이러한 온라인 활동이 오프라인 촛불집회 참가와 결합되어 아래로부터의 의제설정(bottom-up agenda-setting)과 사회연결망(social networking) 기반의 자원동원을 촉진했으리라는 것이다.

<표 4> 소셜 미디어·모바일 메신저에서의 촛불집회 정보전달횟수 및 팔로어 수

	정보전달횟수					
	25회 이하	26~50회	51~75회	76~100회	101회 이상	합계
빈도 (구성비)	824 (67.0)	211 (17.2)	86 (7.0)	49 (4.0)	60 (4.9)	1230 (100.0)
	팔로어 수					
	200명 이하	201~400명	401~600명	601~800명	801명 이상	합계
빈도 (구성비)	753 (61.2)	290 (23.6)	103 (8.4)	45 (3.7)	39 (3.2)	1230 (100.0)

4. 촛불집회 정치개혁 의제와 좋은 거버넌스

그동안 학계에서는 다양한 정치개혁 의제를 제시해왔고, 그에 따라 상당한 법제 개선이 이루어진 것도 사실이다. 그러나 앞에서 살펴본 바와 같이 우리 사회의 정치개혁은 제도권 내의 점진적 개혁에 의존하기보다 광장의 시민 목소리가 정치개혁의 동력으로 작동해온 측면이 더 컸다. 반면 광장으로부터의 정치개혁 이슈가 적실하게 집성되지 못하고, 촛불집회 이후 지지부진하게 소멸된 측면 또한 간과할 수 없다. 이러한 현실을 고려해서 이 장에서는 촛불집회에서 제기된 정책이슈 중 정치개혁 이슈를 추출하여 새 정부와 20대 국회의 정치개혁 과제를 고찰하기로 한다. 이를 통해 전문가와 대비되는 대중 이슈의 현저성(salience)을 발견하고, 아래로부터의 정치개혁 논의를 확대할 수 있을 것이다.

<표 5> 촛불집회 정책이슈

1	**검찰**	26	법인세	51	테러방지법	76	반값등록금
2	사드	27	안전사고	52	파병	77	장애등급
3	**재벌**	28	**국민소환**	53	수문	78	이산가족
4	노조	29	**비례대표**	54	**고위공직자 비리수사처**	79	노동기본권
5	복지	30	원청	55	경협	80	공공병원
6	**블랙리스트**	31	대리점	56	과거사	81	노동시간
7	위안부	32	노점상	57	골목상권	82	사학법
8	원전	33	**주민소환**	58	낙태	83	노동3권
9	일자리	34	정규직	59	알권리	84	무상의료
10	미세먼지	35	**국민발안**	60	기소권	85	요양시설
11	개성공단	36	국가보안법	61	강제철거	86	사학재단
12	**국정원**	37	**공수처**	62	의료민영화	87	공공인프라
13	어린이집	38	처우	63	공공임대	88	불법파견

14	**사찰**	39	한일군사정보 보호협정	64	평준화	89	주거권
15	노동조합	40	수사권	65	중소상인	90	단체협약
16	**결선투표**	41	하청	66	학벌	91	**표현의자유**
17	**선거권**	42	프랜차이즈	67	남북대화	92	공적연금
18	입시	43	노점	68	이주노동자	93	유전자변형
19	비정규직	44	손해배상	69	평화협정	94	유보금
20	실업	45	양심수	70	비핵화	95	국방개혁
21	4대강	46	GMO	71	국방비	96	사내유보금
22	해고	47	쌀값	72	정보공개	97	노동조건
23	갑질	48	반값	73	**선거개입**	98	간접고용
24	최저임금	49	인권침해	74	직불금	99	**탈정치화**
25	급식	50	규제프리존	75	복무기간	100	징벌적 손해배상

※ 조인호·장우영·최성철(2017)

앞에서 설명했듯이 <표 5>는 1차-21차 촛불집회 동안 포털(네이버)이 제공한 언론보도기사 중에서 빈도수가 가장 많은 정책이슈를 빅 데이터 분석을 통해 추출하여 정리한 것이다. 촛불집회 100대 정책이슈 가운데 대의정치 개혁과 관련된 이슈로는 '재벌개혁, 블랙리스트, 사찰, 결선투표, 선거권, 국민소환, 비례대표, 주민소환, 국민발안, 고위공직자비리수사처(공수처), 선거개입, 표현의 자유, 탈정치화'를 들 수 있다. 다소 관련성이 떨어진다고 볼 수도 있는 재벌개혁은 정치권과 기업 간의 정경유착 근절을 뜻하는 것으로 정치개혁 이슈에 포함시켰다. 그리고 블랙리스트와 사찰도 정치와 선거에 대한 부당한 개입 과정에서 주요 인사들에 대한 감시 행위로 나타나 정치개혁 이슈에 포함시켰다. 이러한 촛불 이슈의 정치개혁 이슈를 종합해보면 특징적으로 정부와 정당을 포함해서 주로 대의정치 집단과 대의제도에 대한 불신이 근간을 이루는 것으로 이해할 수 있다. 따라서 이를 중심으로 정치개혁 과제를 제언하면 다음과 같다.

첫째, 국민의 의사와 대의정치 간의 현저한 단절 또는 왜곡의 극복을 제기하고 있다는 점에 주목할 필요가 있다. 촛불집회 정치개혁 이슈 중에서 결선투표, 선거권, 비례대표, 탈정치화 이슈는 국민의 실제 의사가 대통령과 국회로 대표되는 민주적 대의기구에 온전하게 대표되지 못하고 있다는 점에 대한 문제제기라고 볼 수 있다. 종종 국민 의사의 더 많은 부분은 사표가 되어 국민 대표의 바깥에 위치해 왔으며, 따라서 대의기구는 갈등을 수렴하고 해소하는 기능을 수행하지 못해왔다는 인식을 드러내고 있는 것이다. 이러한 경향 속에서 기권(棄權), DK그룹(Don't know group)의 증가, 정치를 쇼(show)로서 소비하는 태도 등 탈정치화 현상도 강화되고 있음을 알 수 있다. 결국 국민의 의사와 대표의 구성 사이에 현저한 단절과 왜곡현상을 해소하는 것이 중요한 과제라고 볼 수 있다. 1987년 이후 절반 정도의 투표자의 표는 그대로 죽은 표가 되어 민의로 제대로 전달되지 않았다. 즉 대표되지 않는 사람들이 획득한 표가 대표된 사람들의 표보다 많거나 크게 적지 않았다. 다수대표제의 선거제도를 채택하고 있는 대통령 선거의 경우 당선자의 득표율[1]을 보면, 노태우 36.64%, 김영삼 41.96%, 김대중 40.27%, 노무현 48.91%, 이명박 48.67%, 박근혜 51.55%, 문재인 41.08%에 불과하다. 전체 유권자에 대한 역대 대통령의 득표율은 노태우 32.6%, 김영삼 34.4%, 김대중 32.5%, 노무현 34.6%, 이명박 30.7%, 박근혜 39.1%, 문재인 31.6%에 그치고 있다. 다시 말해 민주화 이후 역대 대통령은 10명의 유권자 중에서 적어도 6명 이상이 찬성하지 않았거나 반대한 대통령이었던 것이다. 따라서 한국사회의 민주주의를

---

1) 중앙선거관리위원회 홈페이지(http://info.nec.go.kr/electioninfo/electionInfo_report.xhtml)

진전시키기 위해서는 대의 민주주의 구성 원리 자체에 대한 폭넓은 수정이 가해져야 한다는 요구는 큰 의미를 갖는다고 볼 수 있다.

둘째, 대의 민주주의의 기능부전을 보완하기 위하여 직접 민주주의를 더욱 강화하자는 제안이다. 국민주권의 원리에 입각하여 자유위임의 원칙(기속위임 금지)에 기초한 오늘날의 대표가 국민의 선호에 반응하지 않을 때에는 현행 국민투표 참여권이나 4년 주기의 선거만으로는 책임성을 확보하기 어려우므로 직접 민주주의 원리를 더욱 강화해야 한다는 의사의 표현이라고 볼 수 있다. 퇴진행동 사이트에 '국회해산을 위한 국민투표제 도입', '국회의원 국민소환제', '국민들의 대통령 해임건의안' 등 정치제도 개혁 의견들이 다수 등장한 것도 이러한 맥락에서 이해할 수 있을 것이다. 그리고 촛불집회 정치개혁 이슈 중 국민소환, 주민소환, 국민발안 등이 제시된 것은 선출된 대표에 대한 시민통제(civic control)를 더욱 강화해야 한다는 주장으로 인식된다. 이러한 이슈 제기는 촛불참가자 현장조사에서도 여실히 드러나고 있다. 참여자들은 미래의 바람직한 민주주의 방식을 묻는 질문에 "시민중심의 참여 민주주의"나 "시민참여와 대표를 융합한 새로운 민주주의"라는 응답이 지배적이라는 점(<표 6> 참조)에서 기존 대의 민주주의 작동의 한계를 실감하고 있는 것으로 나타나고 있다. 이러한 현상은 근대적 대의 민주주의가 보다 실질적으로 작동할 필요성에서 독일 바이마르공화국 헌법에서부터 국민투표와 같은 직접 민주주의적 요소를 수용한 것(성낙인 2017)과 비교한다면 대의 민주주의의 또 다른 패러다임 전환을 요구하는 대목이라고 볼 수 있다.

<표 6> 바람직한 민주주의방식에 대한 촛불집회 참가자 의견

빈도 (구성비)	선출된 대표 중심의 대의 민주주의	시민중심의 참여 민주주의	시민이 직접 정책을 결정하는 직접 민주주의	시민참여와 대표를 융합한 새로운 민주주의	합계
	74 (6.0)	537 (43.7)	137 (11.1)	482 (39.2)	1230 (100.0)

이러한 경향은 촛불집회 당시 봇물 터져 나온 시민의회[2] 논쟁에서 거듭 확인할 수 있다. 박근혜 전 대통령 탄핵정국에서 대의제가 민주공화국 정신에 입각하여 효과적으로 작동하지 않는데 대한 국민적 불만이 쏟아진 것도 이 같은 맥락에서 이해할 수 있다. 국민들은 그동안 정치권·재벌·검찰 등 기득권 엘리트들에 의한 정치 카르텔이 국민의 요구를 저버리고 개혁을 저해해왔다고 인식하며, 그들의 저항을 뛰어넘기 위해서는 국민이 직접 법을 만들 수 있는 직접 민주주의가 도입돼야 한다고 주장하고 있는 것이다(한상희 2017; 김상준 2017). 현재 시민사회의 이런 주장을 받아들여 헌법은 물론 법률안에 대한 발안권을 국민에게 직접 부여하는 개헌안이 제시되고 있다. 그리고 국회의원이 제대로 일을 하지 않으면 임기 전에 소환하는 국민소환제도의 도입도 검토되고 있다. 이러한 국민발안권·국민투표권·국민소환권은 대의제 민주주의의 한계를 극복하고 혁신하기 위한 직접 민주주의의 요청으로서, 힘든 촛불시위 대신 투표를 통해 필요할 때 실행할 수 있는 주권자인 국민의 확실한 방어 수단이 될 수 있다(이현출 2017). 아울러 소셜 미디어와 같은 온라인 기제를 창의적으로 활용해서 다양한 직접 민주주의의 실험을 시도할 수 있다. 이러한 플랫폼을 이용할 경우 대의 민주주

---

2) http://citizenassembly.net 참고.

의에 대한 국민 참여는 더욱 쉽게 이루어질 수 있을 것이다.

촛불집회 당시의 시민의회 논쟁은 2016년 12월 8일 정치벤처 '와글'(대표 이진순)과 YMCA연맹이 협력하여 '빠띠'에서 시민의회 사이트를 개설하고, 시민의회 대표 인물에 대한 의견수렴 플랫폼을 개설하면서 비롯되었다. 이는 대의 민주주의가 제대로 작동하지 않는데 대한 대응으로 직접 민주주의적 요소를 도입하자는 취지에서 그 방안으로 시민의회를 구성하자는 제안이었다. 1차로 128명, 2차로 1,013명까지 총 1,141명이 공동제안자로 참여(박근혜게이트.com에 명단 게시)하기노 하였다. 그러나 사이트 개설 후 시민 대표자 의견투표(인기투표 방식)에 대해 이견이 거듭 제기되었고, 이에 대해 대표자가 2016년 12월 10일 사과문 발표 후 서비스를 중지하면서 막을 내렸으나, 상당수 의미 있는 개혁안이 제안되었던 점에 주목할 필요가 있다(<표 7> 참조).

<표 7> 시민의회 찬반 논란의 주요 내용

시민의회 찬성	시민의회 반대
- 개방적 문제 공론화를 통한 사회문제 해결 모색(집단지성 효과: 대한민국 하면 떠오르는 단어를 공모하여 빅 데이터 분석)하고 제도 개선 요구 - 분권화를 통한 민주성 확보. 각계각층, 지역별, 직업별, 관심분야별 시민의회 분권화 필요 - 국회의원 규모와 같게 300명으로 대표단 구성(청년 50%, 여성 50%, 이진순의 의견). 50% 이상이 찬성하면 바로 대표 해임. 대표가 아닌 대리인 추첨 민주주의 적용 - 인터넷 정보공개를 통해 투명성 확보 - 다양한 토론 방식 적용: 온라인 토론회, 온라인 공청회, 온라인 오디션, 온라인 투표, 온라인 시민 청문회 등	- 대의 민주주의 무시 혹은 폄하. 국회의원 감시 역할을 강화하고 보완하는 것이 훨씬 더 생산적임 - 정치혐오 조장 - 완장권력, 엘리트주의의 반복. 혹은 NGO 들러리 세우기에 불과함 - 국민 전체 투표로 이뤄지지 않았기 때문에 대표성 없음. 시민의회 대표의 정당성 없음 - 국민이 이룩한 촛불집회 취지와 의미를 온라인 시민의회 세력 확장에 대한 도구적 활용으로 퇴색하게 함 - 촛불집회의 자발성 훼손. "온라인 시민의회를 위해 촛불을 든 것이 아니다" - 주체(와글, YMCA연맹)의 정당성 없음. 조직 정보를 투명하게 공개해야 함

- 국민입안, 국민발의, 국민소환, 국민투표 장치 마련	- 구체성 부족. 시민의회 목적 불분명. 단순 포퓰리즘? 제도적 대안 불분명 / 불분명한 실천방식. 박근혜, 전두환도 다수득표하면 대표자 역할 가능? / 법적 정당성 불분명 - 시민의회 대표단의 규모, 역할, 권한의 모호성 - 성급함. 12월 19일까지 구성 완료는 무리한 일정임

※ 자료: 온라인 시민의회 의견 토론방 의견 논쟁
(2016. 12. 8-11, http://citizensassembly.parti.xyz/p/role 참고)

셋째, 대의기구의 권력남용에 대한 견제와 감시·감독을 강화하자는 제안이다. 구체적으로 정경유착의 근절(재벌), 블랙리스트, 사찰, 선거개입 등 권한 남용과 이에 대한 고위공직자비리수사처를 신설하여 감독을 강화하자는 이슈와 집회·결사 등 국민의 표현의 자유를 강화하자는 이슈들이다. 정경유착으로 인한 정치인과 관료 부패의 척결, 블랙리스트, 사찰, 선거개입 등은 오늘날 적폐의 하나로 간주되는 권력기관의 권한남용 사례이다. 공안통치기구의 개혁과도 관련되는 분야이지만 본 과제에서는 주로 정치인의 권한 남용과 부패와 관련된 영역에 국한하여 살피고자 한다. 이러한 정책 이슈는 결과적으로 정치권의 신뢰와도 직결된다고 할 수 있다. 촛불집회 참가자 설문조사에서도 우리나라 "공공기관(선출된 공직자와 정치인 포함) 신뢰도"를 묻는 질문에 응답자의 77.7%가 신뢰하지 않는다고 응답(다음의 <표 8> 참조)한 것과 궤를 같이한다고 볼 수 있다.

<표 8> 공공기관 신뢰도에 대한 촛불집회 참가자 의견

빈도 (구성비)	전혀 신뢰하지 않는다	별로 신뢰하지 않는다	그저 그렇다	약간 신뢰한다	매우 신뢰한다	무·복수 응답	합계
	304 (24.7)	652 (53.0)	211 (17.2)	56 (4.6)	6 (0.5)	1 (0.1)	1230 (100.0)

　　마지막으로 촛불집회 참가자들은 시민의 정치적 기본권도 상당히 제약되었다고 인식하였다. 일례로 우리나라의 표현의 자유가 어느 정도 보장되고 있느냐는 질문에 대하여 참가자들은 보장되고 있지 않다(48.4%), 보장되고 있다(27.8%), 보통이다(23.8%) 순으로 응답 분포를 보였다. UN 보고서와 권고에 따르면 우리 사회는 지난 2008년 촛불시위 이후 온라인을 중심으로 표현의 자유가 위축되고 있는 것으로 국제사회에 보고되고 있다. 미네르바 사건과 같은 시민 공론에 대한 정치적 통제, 언론에 대한 정부 개입, 정보통신망법과 사이버테러법 등 정보통신법제 및 공직선거법상의 과잉규제입법, 소수자 발언에 대한 사회적 금기, 정부와 국민 간의 원활한 소통 부재 등이 여기에 광범한 영향을 미쳤다.

<표 9> 집회·결사 보장 정도에 대한 촛불집회 참가자의 의견

빈도 (구성비)	전혀 보장되지 않고 있다	별로 보장되지 않고 있다	그저 그렇다	어느 정도 보장되고 있다	매우 크게 보장되고 있다	합계
	76 (6.2)	445 (36.2)	279 (22.7)	377 (30.7)	53 (4.3)	1230 (100.0)

　　표현의 자유와 함께 집회·결사의 자유도 개선해야 할 기본권으

로 제기되었다. 이 내용은 '퇴진행동'이 2017년 2월 '촛불개혁과제'로 제시한 10대 분야·100대 과제3)에도 포함되었는데, 집회·결사의 자유가 헌법상의 국민기본권으로 엄중하게 인식되기보다는 공권력의 편의적 판단에 좌우된다는 인식이 팽배하였다. 촛불집회 참가자 조사에서도 "우리나라 집회·결사의 자유보장 정도"를 묻는 질문에 '보장되지 않는다'는 응답이 40%를 넘는 것으로 나타나 주목을 끌고 있다(<표 10> 참조). 이러한 집회·결사의 자유에 대한 요구는 결국 선거의 자유에 대한 요구와 접목되고, 이는 유권자 입장에서 선거과정에서 회고적 평가나 전망적 평가에 기초하여 정치인과 정당에 대한 책임성을 강화하겠다는 취지로 이해할 수 있다. 이상의 논의에 기초하여 분야별 대의정치 개혁 과제를 다음과 같이 정리할 수 있을 것이다.

<표 10> 촛불집회에서 제기된 대의정치 개혁 과제

■ 국민의 의사와 대표의 구성 사이의 현저한 단절 및 왜곡 극복
·대통령선거 결선투표제 도입 ·선거권 연령 18세 인하 ·비례대표제 확대 및 비례성 강화
■ 대의 민주주의의 기능부전을 보완하기 위한 직접 민주주의 요소 강화
·국민발안제 도입 ·국민소환제 도입 ·주민소환제 확대 실시
■ 대의기구의 권력남용에 대한 견제와 감시·감독 강화
·국가정보원 개혁 ·고위공직자비리수사처 신설 ·부패관료·정치인의 공개·처벌·퇴출·복귀금지 등의 제도화 ·공직자 및 국가기관의 선거개입 엄금 ·집회 및 시위의 자유 확대 및 선거운동의 자유 확대

---

3) http://bisang2016.net/b/archive03/2482 참고.

5. 결론

전임 대통령 탄핵사태를 거치면서 대의제가 공화주의 정신에 입각하여 효과적으로 작동하지 않는데 대해 국민적 불만이 고조된 한편, 전 세계적으로 확대되고 있는 직접 민주주의 요소를 대의정치에 대폭 도입해야 한다는 주장이 촛불집회에서 강하게 제기된 것으로 확인되었다. 그동안 정치권·재벌·검찰 등 기득권 엘리트 카르텔이 국민의 요구를 외면하고 저해해왔기 때문에, 이를 극복하기 위해서는 입법과정에 국민이 참기할 수 있도록 직접민주제의 기능이 도입되어야 한다는 여론이 비등하고 있는 것이다.

특히 기존 대의 민주주의를 이끌어온 주체의 변화는 대의 민주주의 방식의 혁신적 변용을 요구하고 있다고 볼 수 있다. 이 연구에서 고찰한 바와 같이 촛불집회 참가자들은 정체성과 의제 설정방식, 그리고 동원방식 전반에 있어 과거 대의 민주주의 초기의 주체와는 대조를 보인다. 즉, 집단 차원에서 조직 속의 개인이 아니라, 개체 차원에서 연결망 속의 개인으로 부상한 것이다.

이러한 문제의식을 바탕으로 이 연구에서는 대의 민주주의의 핵심 기재인 의회와 정당이 기능향상을 통하여 국민의 직접 민주주의의 요구를 수렴할 수 있을지에 대한 고민이 필요할 것이다. 2008년 이후 간헐적으로 광장의 정치가 이루어졌으나 기득권 정당과 의회 등 대의 민주주의 기제는 제대로 반응하지 못하고 2016-2017년에 또 다시 대규모로 국민을 광장으로 불러냈다. 따라서 기존의 대의 민주주의의 보완재로서 직접 민주주의 요소를 대폭 강화하여 사회운동을 제도정치로 수렴할 수 있으면 이상적일 것이다. 이와 함께 정보통신기술이 고도화되고 있는 시대에 기존의 대의 민주주의가 새로운 시대의 키워드인 수평적 소통, 정보공유, 권력분산, 집단지성, 연대와 협력, 네트워킹과 같은 요소들을 어떻게 수렴할 수 있을지에 대해서도 심층적인 검토가 요청된다.

오늘날 대의 민주주의의 중심적인 역할을 해온 정당정치가 지지기반의 형해화로 인하여 정치의 개인화 현상이 가속화되어 왔고, 이에 따라 소수 정당지도자의 정치독점화 현상이 극심해졌고, 이에 따라 기존의 대의 민주주의 기제가 책임정치로부터 멀어지고 대표 기능을 상실하는 상황에까지 이르렀다고 할 수 있다. 이러한 상황은 결국 새로운 혁신된 정치적 반응성과 책임성 확보 메커니즘을 요구하고 있는 것이다.

이러한 맥락에서 본 연구에서는 다음과 같은 세 차원에서의 대의 정치 거버넌스 개선을 위한 대안을 제시하였다. 첫째, 국민의 의사와 대표의 구성 사이의 현저한 단절 또는 왜곡현상의 극복이 필요하다는 것이다. 촛불집회 정치개혁 의제 중에서 결선투표, 선거권 연령 인하, 비례대표 확대, 탈정치화 이슈는 현행 대통령의 실패와 의회의 실패로 인해 국민의 실제 의사가 대통령과 국회로 대표되는 민주국가의 대의기구에 전혀 비례적으로 대표되지 못하고 있다는 점에 대한 문제제기라고 볼 수 있다. 종종 국민 의사의 더 많은 부분은 사표가 되어 국민 대표의 바깥에 위치해 왔으며, 따라서 대의기구는 갈등을 수렴하고 해소하는 기능을 수행하지 못해왔다는 인식에 기초하고 있다고 볼 수 있다.

둘째, 대의 민주주의의 기능부전을 보완하기 위하여 직접 민주주의를 더욱 강화하자는 제안이다. 국민주권의 원리에 입각하여 자유

위임의 원칙에 기초한 오늘날의 대표가 국민의 선호에 반응하지 않을 때에는 지금까지의 국민투표 참여권이나 4년 주기의 선거만으로는 책임성을 확보하기 곤란하므로 직접 민주주의 원리를 더욱 강화하여야 한다는 의사의 표현이라고 볼 수 있다. 촛불민심에 나타난 정책이슈 중 국민소환, 주민소환, 국민발안 등이 제시되는 것은 선출된 대표에 대한 시민통제를 더욱 강화할 필요가 있다는 주장으로 수용할 수 있다.

셋째, 대의기구의 권력남용에 대한 견제와 감시·감독을 강화하자는 제안이다. 이는 정경유착의 근절(재벌), 블랙리스트, 사찰, 선거개입 등 권한 남용과 이에 대한 고위공직자비리수사처를 신설하여 감독을 강화하자는 이슈 및 집회·결사 등 국민의 표현의 자유를 강화하자는 이슈로 집약된다.

대의 민주주의는 국민주권을 보다 실질화하기 위하여 바이마르 공화국 헌법에서 국민투표제도가 도입된 이래 혼합형이라는 새로운 패러다임을 모색해왔다. 그러나 오늘날 우리 국민은 또 다시 대한민국은 민주공화국임을 외치고 있다. 이러한 외침은 변형된 대의제마저도 제대로 작동되지 않고 있음을 의미한다. 따라서 미니 공중의 개념을 도입한 시민의회 등 광장정치의 제도화 방안도 있겠지만, 일정 부분 국민발안이나 소환제 등 국민 참여 방안을 적극적으로 도입하여 반응성과 책임성을 강화할 필요가 있을 것으로 보인다. 아울러 기득권 관료 중심의 정책결정과정에 추첨민회나 시민의회 등 민주적 거버넌스를 확충하여 대의제의 결함을 보완해 나갈 필요가 있다. 무엇보다 기존 대의제 민주주의 주체인 정당과 의회의 보다 열린 대응이 우선되어야 할 것이다.

요컨대 촛불집회의 본원적 요구는 시민참여를 통한 대의실패의 정상화와 더 좋은 민주주의를 위한 제도개혁이다. 나아가 참여를 통해 발현되는 시민 덕성(civic culture)으로 공화주의의 가치를 복원하고, 대의와 참여를 유기적으로 융합한 혼합정체(mixed constitution)를 구현하는 것이다. 이를 위해서는 대표의 측면에서 정당의 책임정치와 참여의 측면에서 숙의적 참여 민주주의(deliberative participatory democracy)가 필요조건으로 충족되어야 한다. 양 요소가 제도·관행·구조적으로 정착할 때 촛불집회는 촛불혁명으로서의 위상을 점할 수 있을 것이다.

참고문헌

강용진. 2008. "직접행동과 숙의 민주주의: 촛불집회 사례연구."『대한정치학회보』16권 2호, 233-254.

고원. 2008. "촛불집회와 정당정치의 개혁 모색."『한국정치연구』7권 2호, 95-119.

김동성. 2008. "촛불과 함께, 공공부문 사유화 저지와 사회화 투쟁을." 남구현 외,『대한민국은 민주공화국이다?』. 서울: 메이데이.

김상준. 2017. "'시민정치 헌법화'의 경로와 방법: '시민의회'를 중심으로."『한국비교공법학회·법과사회연구학회 공동학술회의 자료집』. 29-49.

김호기. 2008. "촛불집회와 세계화의 정치."『촛불집회와 한국 사회: 과제와 전망』. 한국정치사회학회 특별 심포지움 자료집.

도묘연. 2017. "2016-2017년 박근혜 퇴진 촛불집회 참여의 결정요인."『의정연구』23권 2호, 109-146.

민희·윤성이. 2017. "2016 촛불집회의 동원구조: 감정과 네트워크의 만남."『2017년 사이버커뮤니케이션학회 춘계정기학술대회 발표문』2017. 05. 12.

손호철. 2017.『촛불혁명과 2017년 체제: 박정희, 87년, 97년 체제를 넘어서』. 서울: 서강대학교 출판사.

슘페터 조지프. 변상진 역. 2011.『자본주의·사회주의·민주주의』. 경기 파주: 한길사.

이갑윤. 2010. "촛불집회 참여자의 인구·사회학적 특성 및 정치적 정향과 태도."『한국정당학회보』9권 1호, 95-120.

이순혁. 2008. "시민인권선언부터 개헌까지."『한겨레21』제719호. 2008. 07. 17.

윤성이·장우영. 2008. "청소년 정치참여 연구: 2008년 촛불집회를 중심으로." 전남대학교 세계한상문화연구단.『2008 건국60주년기념 공동학술회의 자료집』.

이지문. 2017. "광장정치와 제도정치의 보합으로서 추첨민회 모색." 한국정치학회·한국사회학회 시국토론회『대한민국 어디로 가고 있으며 어디로 가야 하는가?』발표문. 2017. 1. 18.

이현우. 2008. "정치참여 유형으로서의 촛불집회: 대표성의 변화."『한국국제

정치학회 학술대회 발표논문집』. 7-26.

이현출. 2000. "무당파층의 투표행태: 16대 총선을 중심으로." 『한국정치학회보』 34집 4호, 137-160.

이현출. 2014. "총선 투표선택과 정치지도자 요인." 『의정연구』 20권 1호, 170-198.

임혁백. 2017. "한국 민주주의의 미래를 말하다: 헤테라키 민주주의와 동시성의 극복." 대한민국 역사박물관. 『대한민국 민주화 30주년 기념 학술대회 자료집』.

장우영. 2010. "네트워크 개인주의와 시민저항: 2008년 촛불시위를 사례로." 『한국정치연구』 19권 3호, 25-55.

장우영. 2012. "온라인 공론장과 정치참여: 2008년 촛불시위에서의 아고라." 『한국정치연구』 21권 1호. 1-26.

장우영. 2017. "2016년 촛불시위 참가자들의 특성과 대선에의 함의." 『사이버커뮤니케이션학회 특별 세미나 자료집』.

장훈. 2017. "촛불의 정치와 민주주의 이론: 현실과 이론, 사실과 가치의 긴장과 균형." 『의정연구』 23권 2호, 38-66.

조기숙·박혜윤. 2008. "광장의 정치와 문화적 충돌: 2008 촛불집회에 대한 경험적 분석." 『한국정치학회보』 42집 4호, 243-268.

조기숙. 2009. "2008년 촛불집회참여자의 이념적 정향: 친북반미좌파 혹은 반신자유주의." 『한국정치학회보』, 43집 3호, 125-148.

조인호·장우영·최성철. 2017. "촛불집회 정치개혁 이슈와 헤테라키 정치 메가트렌드." 『한국정당학회·21세기정치학회·한국지방정치학회 공동학술회의 자료집』.

조희연·김동춘·유철규. 2008. "민주화 이후 민주주의의 복합적 갈등과 위기에 대한 새로운 접근." 조희연·김동춘 엮음. 『복합적 갈등 속의 한국 민주주의』 경기 파주: 한울.

최장집·서복경·박찬표·박상훈. 2017. 『양손잡이 민주주의』. 서울: 후마니타스.

한상희. 2017. "시민정치의 헌법화 - 탄핵 이후 시민정치의 제도화를 위한 시론." 『한국비교공법학회·법과사회이론학회·대구대학교 법학연구소·SSK 사회진보와 공화적 공존연구단 공동학술대회 발표논문』. 65-98.

허태회·장우영. 2009. "촛불시위와 한국정치." 『현대정치연구』 2권 1호, 33-53.

홍성구. 2009. "촛불집회와 한국사회의 공론 영역." 『사이버커뮤니케이션학보』 26권 1호, 78-118.

홍성태. 2008. "촛불집회와 민주주의." 『경제와 사회』 80호, 10-39.

Dahl, R. A.. 1989. *Democracy and Its Critics*. New Haven, Connecticut: Yale

University Press.

Mair, Peter. 2006. "Party System Change." In *Handbook of Party Politics*, edited by Richard S. Katz and William Crotty. London: Sage Publication.

Offe, Claus. 1985. *Disorganized Capitalism: Contemporary Transformations of Work and Politics*. Cambridge: Polity Press.

김범수

연세대학교 디지털사회과학센터 연구교수

도묘연

영남대학교 통일문제연구소 연구원

변창구

대구가톨릭대학교 정치외교학과 교수

송경재

경희대학교 인류사회재건연구원 연구교수

이현출

건국대학교 정치학과 교수

임혁백

고려대학교 정치외교학과 명예교수

장우영

대구가톨릭대학교 정치외교학과 교수

조희정

서강대학교 사회과학연구소 책임연구원

차재권

부경대학교 정치외교학과 교수

촛불집회와
다중운동

초판발행 2019년 1월 25일
초판 2쇄 2020년 2월 10일

지은이 장우영
펴낸이 채종준
펴낸곳 한국학술정보(주)
주소 경기도 파주시 회동길 230 (문발동)
전화 031 908 3181(대표)
팩스 031 908 3189
홈페이지 http://ebook.kstudy.com
E-mail 출판사업부 publish@kstudy.com
등록 제일산–115호(2000. 6. 19.)

ISBN 978-89-268-8655-7 93330